C0-DXC-726

Second Edition

DEUTSCH:
ERLEBEN WIR ES!

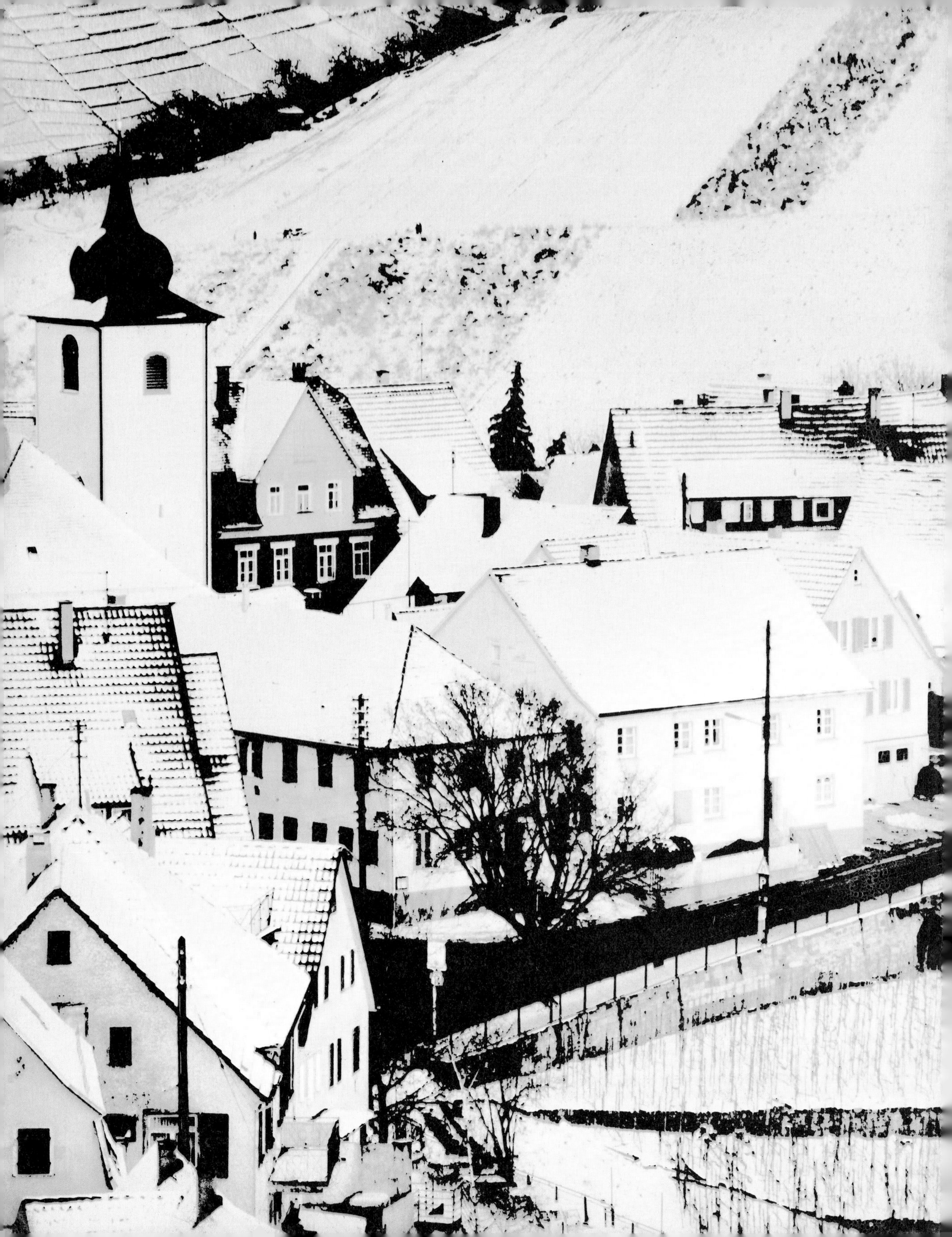

Second Edition

DEUTSCH: ERLEBEN WIR ES!

Edda Weiss

Webster Division, McGraw-Hill Book Company

New York   St. Louis   San Francisco   Atlanta   Auckland
Bogotá   Dallas   Hamburg   Johannesburg   London   Madrid
Mexico   Montreal   New Delhi   Panama   Paris   São Paulo
Singapore   Sydney   Tokyo   Toronto

Credits

Editor: Joan Saslow
Design Supervisor: Bennie Arrington
Production Supervisor: Angela Kardovich
Illustrations: Ric Del Rossi
Design: Bill Dippel
Photo Editing Supervisor: Rosemary O'Connell
Photo Research: Alan Forman

The author is indebted to the following persons and organizations for permission to include the following photographs: Opener, 3, 9, Culver Pictures; 6 Harvey Stein; 15 Bettman Archives; 16, 19 German Information Center; 20 Owen Franken/Stock, Boston; 21 Sybil Shelton/Peter Arnold; 22 Peter Menzel; 27 Bruce Roberts/Photo Researchers; 29, 31, 32 German Information Center; 36, 38 Ute Hoffman; 40, 42 German Information Center; 44 Ute Hoffman; 45 Paolo Koch/Photo Researchers; 50 Stephen L. Feldman/Photo Researchers; 53 Timothy Eagan/Woodfin Camp; 54 Sybil Shelton/Monkmeyer; 58 Timothy Eagan/Woodfin Camp; 59 Cary Wolinsky/Stock, Boston; 63 Laimute Druskis; 64 Timothy Eagan/Woodfin Camp; 66, 68, 70, 72, 75 German Information Center; 73 Culver Pictures; 79 Peter Menzel; 80 Ellis Herwig/Stock, Boston; 82 Ingbert Grüttner/Peter Arnold, Inc.; 83 Frank Siteman/Stock, Boston; 84, 88 Ken Karp; 98 Gerhard Gscheidle/Peter Arnold, Inc.; 101 Lufthansa Airlines; 102 German Information Center; 105 Ute Hoffmann; 106 Nat Norman/Photo Researchers; 107 Thomas Hopker/Woodfin Camp; 108 Lufthansa Airlines; 114 Owen Franken/Stock, Boston; 117 Laimute Druskis (Courtesy of Mayflower Hotel); 118 Peter Menzel; 121, 123 Laimute Druskis (Courtesy of Mayflower Hotel); 128 The Port Authority of New York & New Jersey; 130 Peter Arnold/Peter Arnold, Inc.; 134 Edith Reichmann/Monkmeyer; 137, 138 Peter Menzel; 149 German Information Center, 153 Sybil Shelton/Peter Arnold, Inc.; 154 United Press International; 156 Daniel S. Brody/Stock, Boston; 158 German Information Center, (insert) United Press International; 159 Culver Pictures; 162 United Press International; 164 Peter Menzel; 166, 170 Horst Schafer/Peter Arnold, Inc.; 173 Peter Menzel; 174 Christa Armstrong/Photo Researchers; 177 German Information Center; 180 Christa Armstrong/Photo Researchers; 183 German Information Center; 184 Horst Schafer/Peter Arnold, Inc.; 186 Robert A. Isaacs/Photo Researchers; 189 Laimute Druskis; 194 Guy Gillette/Photo Researchers; 197 Laimute Druskis; 198 Monkmeyer; 204, 212, 215 Klaus D. Francke/Peter Arnold, Inc.; 216 German Information Center; 218 Laimute Druskis; 221 German Information Center; 225 Downstate Medical Center; 228 Mimi Forsyth/Monkmeyer; 230 German Information Center; 232 Downstate Medical Center; 234 Mimi Forsyth/Monkmeyer; 237 Peter Menzel; 238, 239 Horst Schafer/Peter Arnold, Inc.; 241 Peter Menzel; 242 Reynolds Metals Company; 246 Swift and Company; 252, 254, 255 Peter Menzel; 256 German Information Center; 259 Peter Menzel; 261 German Information Center; 264 Peter Menzel; 266 German Information Center; 269 Gabor Demjen/Stock, Boston; 270 German Information Center; 271 Culver Pictures; 273 German Information Center; 278 Culver Pictures; 280 German Information Center; 284 Robert Capece/McGraw-Hill; 287 Owen Franken/Stock, Boston; 288, 290 Horst Schafer/Peter Arnold, Inc.; 292, 298 Christa Armstrong/Photo Researchers.

All color photographs in the text are from EDITORIAL PHOTOCOLOR ARCHIVES, INC. (EPA) or from Robert Rapelye from EDITORIAL PHOTOCOLOR ARCHIVES.

This book is set in 10 point Century Schoolbook with 10 point Helvetica.

Library of Congress Cataloging in Publication Data

Weiss, Edda.
   Deutsch, erleben wir es!

   Companion vol. to the author's Deutsch: Entdecken wir es.

   SUMMARY: A second-year German text for high school students covering listening to, speaking, reading, and writing the language.

   Includes index.
   1. German language—Grammar—1950-   [1. German language—Grammar]   I. Title.
PF3112.W363   1981   438.2'421   80-16484
ISBN 0-07-069215-7

Copyright © 1981, 1973 by McGraw-Hill, Inc. All Rights Reserved. Printed in the United States of America. No part of this publication may be reproduced, stored in a retrieval system, or transmitted, in any form or by any means, electronic, mechanical, photocopying, recording, or otherwise, without the prior written permission of the publisher.

Acknowledgments

The author wishes to express her gratitude to the many people who assisted in making this project a reality. A special word of thanks is due Ms. Joan Saslow, senior editor, for her faithful guidance and assistance throughout the development of the entire manuscript. The author also expresses particular thanks to Mr. Ernst Unger, Paramus High School, Paramus, New Jersey, for the constructive criticisms and many suggestions he offered after reading the original manuscript, and to Erica Unger of Hackensack High School for typing the manuscript. The author is also indebted to Ms. Kate Scott for the suggestions she offered.

In addition to the specific acknowledgments above, the author also wishes to express her appreciation to the many foreign language teachers throughout the United States who have shared their thoughts and experiences with us. With the aid of the information supplied by these educators, she has attempted to provide a text that is interesting, appealing, and useful to a wide variety of students from all geographic areas.

Preface

The second editions of *Deutsch: Entdecken wir es!* and *Deutsch: Erleben wir es!* are balanced courses designed to teach the basic concepts of the German language over a two-year period at the senior high school level. The two texts and their supplementary materials are the result of nationwide study and observation. In this second edition of *Deutsch: Erleben wir es!*, the author has attempted to maintain those qualities that teachers found so successful in the original edition. Minimal changes have been made in the organization of structure. All stories and conversations have been rewritten to place more emphasis on contemporary life styles to meet the changing needs and desires of today's students. The cultural focus is to give students an understanding of the way in which the peoples of the German-speaking world live. All socioeconomic groups are included, and contrasts are made between urban and rural life styles. In addition, all lessons have been shortened. Puzzles and games have been added, all artwork has been redrawn, and all photographs have been replaced in order to present an authentic view of the German-speaking world of today.

Deutsch: Erleben wir es! is organized in lessons that adhere to the following pattern:

Vokabeln
The new vocabulary to be taught is presented in context with an illustration to assist the students with comprehension. The comprehension of each individual word should be stressed along with the overall understanding of the sentence. Filmstrips are provided so that this section may be taught with books closed.

Übungen
A series of exercises follows the presentation of the new vocabulary. These vocabulary exercises give students the opportunity to practice and use the new words of each lesson before encountering them again in the structure drills, conversation, and reading selection for further reinforcement.

Nomen
In order to facilitate the learning of gender and the plural forms of nouns, a series of short noun drills is presented.

Lesestück

Each lesson contains a reading selection or a reading Gespräch. The purpose of the selection is not only to present interesting, culturally authentic reading material, but also to reinforce the structure concept of that lesson. These narratives and conversations provide an opportunity for the students to compare and contrast cultures and to learn about the history, geography, literature, and customs of the German-speaking world. New words are sidenoted for ease in reading.

Fragen

The questions that follow the reading selection are designed to assist the instructor in checking the students' comprehension. These will provide an opportunity for students to talk about the material they are reading.

Struktur

The structure concepts of each lesson are logically presented through oral drills. A varied series of exercises with realistic stimuli provides ample practice of each individual concept.

Grammatik

Immediately following the structure-drill presentation of each grammatical concept there is a brief explanation, in English, of the particular point presented. Following the explanation there are additional examples. After the grammatical explanation, one or more drills of a more challenging nature appear in order to check mastery of the grammatical point being studied.

Zur Wortbildung

A short series of exercises dealing with the peculiarities of German word development appears frequently throughout the text.

Übungen zum Schreiben

These exercises are designed to give specific assistance in transferring from oral to written language. Every phase of the lesson is reinforced through these written exercises.

Zum Sprechen/Zum Schreiben

Each lesson ends with a conversation or a composition activity designed to help students apply the lesson's content in free form.

Included at the end of the book are lists of cardinal numbers, hours, days, and months, as well as verb charts, a German-English vocabulary, and a grammatical index.

About the author

Ms. Weiss, a native of Germany, is a German instructor at Hackensack Senior High School in New Jersey. She has done undergraduate and graduate work at Hunter College in New York City. Ms. Weiss has attended two NDEA institutes: one sponsored by Rutgers University, and one advanced-level institute in Mannheim, Germany, sponsored by New York University. Ms. Weiss has also attended summer courses at the University of Vienna, the Goethe Institute in Berlin, and at the University of Trier. Her background includes graduate study in linguistics, teaching in New York City, demonstration lessons for purposes of teacher training, and extensive travel throughout her native Germany.

Contents

Aufgabe 1

Vokabeln 1
Nomen 4
Lesestück Der Held Siegfried 5
Struktur 7
  Das Imperfekt 7
    Schwache Verben, Modalverben und *haben* 7
    sein 10
  Akkusativpräpositionen 12
    durch, für, gegen, ohne, um 12
Persönliches 12
Übungen zum Schreiben 13
Zum Schreiben 15

Aufgabe 2

Vokabeln 17
Nomen 19
Lesestück Mein „Junior year" in Kiel 21
Struktur 23
  Das Imperfekt 23
    mit *a* 23
    mit *ie, i* 25
    denken, wissen, kennen, bringen 27
Persönliches 28
Übungen zum Schreiben 28
Zum Schreiben 31

Aufgabe 3

Vokabeln 33
Nomen 35
Gespräch Eine deutsche Familie auf dem „Highway" 37
Struktur 39
  Adjektive vor Nomen—der- und ein- Wörter 39
    Nominativ 39
    Dativ 42
  Wiederholung 44
    in mit Dativ und Akkusativ 44
Persönliches 46
Übungen zum Schreiben 46
Zum Sprechen 47
Rätsel 48

Aufgabe 4

Vokabeln 51
Nomen 52
Lesestück   Der menschliche Körper   54
Struktur 56
   Adjektive vor Nomen—der- und ein- Wörter   56
     Akkusativ   56
   welcher und *dieser*   58
   Zur Wortbildung: zwei Nomen zusammen   60
Persönliches 62
Übungen zum Schreiben 62
Zum Schreiben 65

Aufgabe 5

Vokabeln 67
Nomen 69
Lesestück   Berlin—gestern und heute   70
Struktur 72
   Adjektive vor Nomen—ein- und der- Wörter   72
     Plural—Nominativ   72
     Plural—Dativ, Akkusativ   73
   jeder und *alle*   74
   Wiederholung   76
     Nomen mit *-en, -n* im Dativ und Akkusativ   76
   wohin und *woher*   77
Persönliches 77
Übungen zum Schreiben 77
Zum Schreiben 79

Aufgabe 6

Vokabeln 81
Nomen 83
Gespräch   Erster April in der Chemiestunde   84
Struktur 89
   Wortfolge mit *dass, weil, wenn, als, ob*   89
     mit *obwohl, während, seit (seitdem)*   89
   Zur Wortbildung: Nomen + Nomen und Adjektiv + Nomen   91
Persönliches 91
Übungen zum Schreiben 92
Zum Sprechen 93
Rätsel 94

Aufgabe 7

   Vokabeln   99
   Nomen   101
   Lesestück   Jeffrey und Jonathan in München   103
   Struktur   105
     Wortfolge   105
       wann?/wo?   105
       wann?/wie?/wo?   107
     Das Futur   109
     Zur Wortbildung: *etwas* + Adjektiv   110
   Persönliches   111
   Übungen zum Schreiben   111
   Zum Schreiben   113

Aufgabe 8

   Vokabeln   115
   Nomen   117
   Lesestück   Kathleen arbeitet im Hotel   119
   Struktur   121
     Der Genitiv—Singular   121
       Plural   122
     Adjektive vor Nomen—ein- und der- Wörter   124
       Genitiv   124
     Das Verb *gefallen*   125
   Persönliches   127
   Übungen zum Schreiben   127
   Zum Schreiben   129

Aufgabe 9

   Vokabeln   131
   Nomen   133
   Gespräch   Ein Ferngespräch auf der Post   134
   Struktur   136
     Der Genitiv   136
       Maskulin und Neutrum   136
     Genitivpräpositionen   137
     wessen   138
     Zeitausdrücke mit *an, in, vor*   139
   Persönliches   140
   Übungen zum Schreiben   140
   Zum Sprechen   151
   Rätsel   152

Aufgabe 10

Vokabeln 155
Nomen 157
Lesestück Die Inflation 159
Struktur 162
   wo mit Präpositionen 162
   da mit Präpositionen 163
   Adjektive 165
      Der Positiv, der Komparativ, der Superlativ 165
Persönliches 167
Übungen zum Schreiben 167
Zum Schreiben 169

Aufgabe 11

Vokabeln 171
Nomen 172
Lesestück So ist das Einkaufen in Deutschland. 174
Struktur 176
   Positiv, Komparativ, Superlativ 176
      Adjektive mit einer Silbe 176
      Unregelmässige Adjektive 178
         gut, gern, viel, hoch 178
   Wiederholung 179
      Das Imperfekt 179
   Die Präpositionen *auf, hinter, neben* 180
      Dativ und Akkusativ 180
   Zur Wortbildung 181
      Nomen + *in* 181
Persönliches 182
Übungen zum Schreiben 182
Zum Schreiben 185

Aufgabe 12

Vokabeln 187
Nomen 190
Gespräch Bei der Zahnärztin 191
Struktur 193
   Relativpronomen—Singular 193
      Nominativ 193
   Verbale Ausdrücke mit dem Dativ 196
   Zeitausdrücke im Akkusativ 197
   Adverbiale Zeitausdrücke 198

Persönliches   199
Übungen zum Schreiben   199
Zum Sprechen   201
Rätsel   202

Aufgabe 13

Vokabeln   205
Nomen   207
Lesestück   Ein Brief von Schleswig-Holstein   208
Struktur   210
   Relativpronomen—Singular   210
    Dativ   210
   Wiederholung   212
    Das Perfekt   212
   Zur Wortbildung   214
    Präfixe und Suffixe— -ig, -lich, un-, -isch   214
Persönliches   215
Übungen zum Schreiben   216
Zum Schreiben   217

Aufgabe 14

Vokabeln   219
Nomen   220
Lesestück   Wie man in Deutschland Arzt wird   222
Struktur   224
   Relativpronomen—Singular   224
    Akkusativ   224
   Reflexivpronomen im Dativ   226
   aber . . . sondern   227
   Zur Wortbildung   229
    Verb + Nomen   229
Persönliches   231
Übungen zum Schreiben   231
Zum Schreiben   233

Aufgabe 15

Vokabeln   235
Nomen   237
Gespräch   Herr Ober, bitte!   239
Struktur   214
   Relativpronomen—Singular   241
    Genitiv   241
   Verben mit Präpositionen—Dativ und Akkusativ   243

    Wiederholung   243
        Pronomen im Dativ   243
        Pronomen im Akkusativ   244
        Zwei Pronomen in einem Satz   244
    Zur Wortbildung   245
        Infinitive, die Nomen werden   245
        Zum + Infinitive   246
Persönliches   247
Übungen zum Schreiben   247
Zum Sprechen   249
Rätsel   250

Aufgabe 16

Vokabeln   253
Nomen   254
Lesestück   An der deutschen Universität   256
Struktur   258
    Relativpronomen—Plural   258
        Nominativ   258
        Der Genitiv   259
        Dativ   259
        Akkusativ   260
    Das Passiv   261
    nicht nur . . . sondern auch   262
Persönliches   263
Übungen zum Schreiben   263
Zum Schreiben   265

Aufgabe 17

Vokabeln   267
Nomen   269
Lesestück   Portrait eines Mannes (Beethoven)   271
Struktur   273
    Der Konditional   273
    Der Konjunktiv   274
        mit *wenn*   278
Persönliches   279
Übungen zum Schreiben   280
Zum Schreiben   283

Aufgabe 18

Vokabeln 285
Nomen 287
Gespräch Schlachter Nielsen 288
Struktur 290
   Mehr über den Konjunktiv 290
   Der Konjunktiv mit *wenn* 292
   Der Konjunktiv bei der indirekten Rede 293
   Zur Wortbildung 295
     Nomen mit *-heit* und *-ung* 295
Persönliches 296
Übungen zum Schreiben 296
Zum Sprechen 299
Rätsel 300

To my brother, Frank-Dietmar Weiss

NORDSEE
Kappeln
Schlei
Kiel
SCHLESWIG-
HOLSTEIN
Lübeck
Hamburg
Bremerhaven
Bremen
NIEDERSACHSEN
Weser
Ems
NIEDERLANDE
Hannover
Braunschweig
Wolfenbüttel
Münster
NORDRHEIN-WESTFALEN
Essen
Dortmund
Duisburg
Ruhr
Düsseldorf
HARZ
BELGIEN
BRD
Köln
Aachen
Bonn
Erfurt
HESSEN
Koblenz
EIFEL
TAUNUS
Wasserkuppe
Frankfurt
Trier
LUX
Mosel
Mainz
Main
Aschaffenburg
Coburg
RHEINLAND-
PFALZ
ODENWALD
Bamberg
SAAR-
LAND
Würzburg
Saarbrücken
Heidelberg
Rothenburg
Nürnberg
FRANKREICH
BADEN-WÜRTEMBERG
BAYERN
Rhein
Stuttgart
Regensbur
SCHWARZWALD
Neckar
Donau
SCHWÄBISCHE ALP
Ulm
Augsburg
Freiburg
München
Bodensee
Zugspitze
SCHWEIZ
Garmisch-Partenkirchen

OSTSEE

DDR

- Rostock
- Berlin
- Halle
- Leipzig
- Gera
- Dresden

ERZGEBIRGE
Elbe
Oder
Neisse
Isar
BAYRISCHER WALD

unter polnischer Verwaltung

DANZIG

OSTPREUSSEN
unter sowjetischer Verwaltung
unter polnischer Verwaltung

POLEN

TSCHECHOSLOWAKEI

ÖSTERREICH
- Wien

| Km | 0 | 50 | 100 | 150 | 200 |
| Englische Meilen | 0 | | 62 | | 124 |

Aufgabe 1

Vokabeln

1 Das Feuer macht Qualm.
Ein Kind schreit.

2 Der Zwerg arbeitete in einer Schmiede.
Er brauchte Siegfried, weil Siegfried stark war.

3 Fafnir war ein Drache.
Sein Körper war grün,
und seine Zunge
war lang und rot.
Er war furchtbar hässlich.
Siegfried wollte mit
Fafnir kämpfen, weil Fafnir
einen Schatz hatte.

4 Siegfried ist der Held.
Er tötete Fafnir.
Siegfried badete im Drachenblut.
Er war dann unverwundbar.

■ **lieben**   sehr, sehr gern haben
  reich sein   viel Geld haben
  die Waffe   Ein Revolver ist eine Waffe.
  die Stimme   Peter singt gut. Seine Stimme ist schön.
  der Vogel   Papageien und Kanarienvögel sind Vögel.

■ der Helm   kochen
  das Schild   reiten
  das Gold   aufwecken
  das Silber

Übungen

A *Beantworten Sie die Fragen, bitte!*

1. Was macht das Feuer?
2. Wer schreit?
3. Warum brauchte der Zwerg Siegfried?
4. Wer war der Drache?
5. Wie war Fafnir?
6. Wer wollte mit ihm kämpfen?
7. Was ist Siegfried?
8. Wer tötete Fafnir?
9. Wer war unverwundbar?

B *Ergänzen Sie, bitte!*

1. Er fliegt im Wald herum, aber auch in der Stadt. Er ist ein _____.
2. Du hast fünfhundert Mark. Du bist _____.
3. Du hast deinen Hund wirklich sehr gern. Du _____ deinen Hund.
4. Ich stehe nicht gern auf. Mein Bruder muss mich immer _____.
5. Ist dein Ring aus _____ oder aus _____?
6. Das Blut ist so _____!
7. Für das Motorrad braucht man auch einen _____.
8. Seine Eltern sind heute nicht zu Hause. Karl-Heinz muss für die Familie _____.
9. Im Sommer ist der Wald _____.

Siegfried und Brünhilde

Nomen

A *Ersetzen Sie, bitte!*

Ist der | Vogel / Schatz / Zwerg / Drache / Qualm | im Wald?

Die Schmiede / Die Waffe / Das Gold / Das Silber | ist alt.

B *Beantworten Sie die Fragen, bitte!*

Ist der Vogel klein?
Ist der Schatz gross?
Ist der Körper stark?
Ist der Zwerg nett?
Ist der Drache nicht furchtbar?

Ist die Schmiede auch im Wald?
Ist die Stimme schön?
Ist die Zunge lang?
Ist die Waffe aus Silber?
Ist das Feuer nicht warm?
Ist das Gold teuer?

C *Ersetzen Sie, bitte!*

Die | Vögel / Zwerge / Stimmen / Drachen / Schmieden | sind laut.

D *Beantworten Sie die Fragen, bitte!*

Sind die Feuer im Wald?
Sind die Zwerge freundlich?
Singen die Vögel gut?
Kämpfen die Drachen gut?
Sind die Schmieden modern?

Grammatik

In this lesson the nouns presented for active use are:

Singular	Plural
der Vogel	die Vögel
der Schatz	die Schätze
der Zwerg	die Zwerge
die Zwergin	die Zwerginnen
der Drache	die Drachen
der Körper	die Körper
der Qualm	
die Schmiede	die Schmieden
die Waffe	die Waffen
die Zunge	die Zungen
die Stimme	die Stimmen
das Feuer	die Feuer
das Gold	
das Silber	

Lesestück

Der Held Siegfried

Der Gott Odin tötete Siegmund und Sieglinde. Ihr Kind, Siegfried, musste ganz allein im Wald bleiben. In dem Wald wohnte der Zwerg Regin. Er arbeitete in einer Schmiede und machte Waffen, Schilde, Helme, usw. Plötzlich hörte er ein Kind schreien. Das Kind war natürlich Siegfried. Regin wollte Siegfried zur Schmiede mitnehmen und sein Vater werden— aber nicht, weil er das Kind liebte. Siegfried war als Baby schon so gross und stark, dass Regin sofort für die Zukunft plante. Siegfried sollte ihm in der Schmiede helfen. Später sollte er auch Fafnir töten. (Fafnir war ein Drache. Er hatte einen Schatz von Gold und Silber und Edelsteinen.)

    Regin erzählte Siegfried von Fafnir und vom Schatz, als Siegfried vielleicht 18 Jahre alt war. Siegfried hatte natürlich keine Angst und wollte wirklich mit Fafnir kämpfen. Fafnir war furchtbar—furchtbar stark und furchtbar hässlich. Sein

plötzlich suddenly

werden become

sofort immediately
die Zukunft future

der Edelstein jewel

5

Körper war grün. Seine Zunge war lang und rot. Qualm und Feuer konnte man auch da sehen, wo Fafnir war.

Natürlich tötete Siegfried Fafnir. Er wollte Fafnirs Herz kochen und essen und machte ein Feuer. Er schmeckte aber einen Bluttropfen, und plötzlich hörte er Stimmen. Es waren die Stimmen von den Vögeln. Siegfried konnte sie verstehen! Sie sagten ihm, dass er in Fafnirs Blut baden sollte. Im Drachenblut baden macht unverwundbar. Regin, seinen „Vater", sollte er auch töten. Er sollte ihn töten, erklärten die Vögel, weil Regin ihn, Siegfried, töten wollte. (Regin wollte den Schatz für sich haben.)

Siegfried tötete Regin wirklich und badete im Drachenblut. Einen Schatz hatte er jetzt auch. „Der Held Siegfried" war sehr reich. Seine Abenteuer konnten beginnen.

Die Vögel erzählten Siegfried dann von der Walküre Brünhilde. „Sie ist sehr, sehr schön, Siegfried", sagten sie, „aber sie liegt in einem Zauberschlaf hinter einer Feuerwand. Du musst durch das Feuer reiten und sie aufwecken."

Brünhilde? Nun, wenn euch die Geschichte interessiert, müsst ihr sie in einem Buch lesen.

der Bluttropfen *drop of blood*

das Abenteuer *adventure*

der Zauberschlaf *magic sleep*
hinter *behind*
die Feuerwand *wall of fire*

Wo arbeitet der Mann?

Fragen

1. Wo musste Siegfried ganz allein bleiben?
2. Wo wohnte der Zwerg Regin?
3. Wo arbeitete er?
4. Wie war Siegfried schon als Baby?
5. Wer sollte Regin in der Schmiede helfen?
6. Wen sollte Siegfried einmal töten?
7. Was bewachte Fafnir?
8. Wer war furchtbar stark und furchtbar hässlich?
9. Wer tötete Fafnir?
10. Warum machte Siegfried ein Feuer?
11. Was konnte Siegfried plötzlich verstehen?
12. Wen sollte Siegfried jetzt töten?
13. Wer war jetzt sehr reich?
14. Von wem erzählten die Vögel Siegfried dann?
15. Wo ist sie?

Struktur

Das Imperfekt

Schwache Verben, Modalverben und *haben*

Dritte Person—Singular

A *Wiederholen Sie, bitte!*

Siegfried badete im Drachenblut.
Siegfried hatte keine Angst.
Siegfried wollte mit Fafnir kämpfen.

B *Ersetzen Sie, bitte!*

Fafnir | brauchte / liebte / suchte | den Schatz.

Fafnir | wollte / sollte / musste | nicht kämpfen.

C *Beantworten Sie die Fragen, bitte!*

Hatte Monika Angst?
Hatte sie Zeit?
Wohnte der Zwerg im Wald?
Arbeitete er in einer Schmiede?
Kämpfte Siegfried mit Fafnir?
Hörte Siegfried Stimmen?
Wollte Regin den Schatz haben?
Sollte Siegfried mit Fafnir kämpfen?

Dritte Person—Plural

A *Wiederholen Sie, bitte!*

Sie arbeiteten in der Schmiede.
Die Zwerge hatten Angst.
Die Vögel wollten Siegfried helfen.

B *Ersetzen Sie, bitte!*

Sie | hatten / kauften / bestellten / schickten | das Gold und Silber.

Die Zwerge | wollten / sollten / mussten | Siegfried töten.

Die Götter | durften / konnten / mochten | Siegfried nicht töten.

C *Beantworten Sie die Fragen, bitte!*

Hatten Siegmund und Sieglinde ein Kind?
Hatten die Zwerge eine Schmiede?
Badeten die Kinder gern im Bach?
Sagten die Kinder „danke schön"?
Mieteten die Feriengäste Strandkörbe?
Bestellten sie hier ihr Eis?
Hörten sie auch Musik?
Spendierten die Opas den Kuchen?
Durften Edward und Alexander auch kommen?
Konnten die beiden gut fotografieren?
Mochten sie das Buch auch lesen?

Erste Person—Singular

A *Wiederholen Sie, bitte!*

Ich fragte meinen Vater.
Ich hatte kein Geld.
Ich wollte nicht gehen.

B *Ersetzen Sie, bitte!*

Ich | machte / hörte / lernte | es nicht gern.

Ich | sollte / musste / durfte | viel lesen.

Ich mochte | den Mann. / Sport. / es.

C *Beantworten Sie die Fragen, bitte!*

Hattest du viel Gepäck?
Hattest du einen Freund?
Mit wem plaudertest du gern?
Feiertest du deinen Geburtstag im Mai?
Was schenktest du deiner Schwester?
Besuchtest du deine Oma gern?
Was sagtest du zu Ingrid?
Wolltest du auch nach Heidelberg fahren?
Wann solltest du deine Hausarbeiten machen?
Musstest du früh aufstehen?

Erste Person—Plural

A *Wiederholen Sie, bitte!*

Wir gratulierten ihm.
Wir hatten wirklich keine Zeit.
Wir wollten ein Geschenk aussuchen.
Wir mochten es sehr.

B *Ersetzen Sie, bitte!*

Wir | badeten / plauderten / schwitzten | auch.

Wir mochten nichts | sagen. / fragen. / hören. / essen.

C *Beantworten Sie die Fragen, bitte!*

Hattet ihr einen Anhänger?
Hattet ihr Windjacken?
Spieltet ihr auch Tennis?
Wartetet ihr?
Brauchtet ihr das Zelt?
Belegtet ihr die Brötchen?
Glaubtet ihr mir?
Durftet ihr ganz allein nach Wien fahren?
Konntet ihr alles verstehen?
Mochtet ihr Siegfried?

Grammatik

Until now, you have only used one past tense, *das Perfekt,* which is often referred to as the conversational past tense. The new past tense presented here is often referred to as the simple past tense or *das Imperfekt.* This past tense is used to tell or write about a series of events that took place in the past. In normal everyday conversation, the conversational past tense (*das Perfekt*) is more frequently used than the simple past tense (*das Imperfekt*). For this reason the use of the past tense with *du, ihr,* and *Sie* is rather infrequent.

To form the *Imperfekt* tense of regular weak verbs, modal auxiliaries, and *haben,* add *-t* plus the appropriate endings to the verb stem.

lernen
ich lern**te**
du lern**test**
er, sie, es lern**te**
wir lern**ten**
ihr lern**tet**
sie, Sie lern**ten**

machen
ich mach**te**
du mach**test**
er, sie, es mach**te**
wir mach**ten**
ihr mach**tet**
sie, Sie mach**ten**

Siegfried tötete Fafnir.

Note that when a verb stem ends in -t, an extra -e is inserted.

mieten	**arbeiten**
ich mietete	ich arbeitete
du mietetest	du arbeitetest
er, sie, es mietete	er, sie, es arbeitete
wir mieteten	wir arbeiteten
ihr mietetet	ihr arbeitetet
sie, Sie mieteten	sie, Sie arbeiteten

Here are the conjugations for the simple past tense of the modal auxiliary verbs.

	wollen	**sollen**	**müssen**	**dürfen**	**können**
ich	wollte	sollte	musste	durfte	konnte
du	wolltest	solltest	musstest	durftest	konntest
er, sie, es	wollte	sollte	musste	durfte	konnte
wir	wollten	sollten	mussten	durften	konnten
ihr	wolltet	solltet	musstet	durftet	konntet
sie, Sie	wollten	sollten	mussten	durften	konnten

Note the very irregular simple past tense form for the verb *mögen*.

ich mochte	wir mochten
du mochtest	ihr mochtet
er, sie, es mochte	sie, Sie mochten

The verb *haben* in the past tense is also slightly irregular.

ich hatte	wir hatten
du hattest	ihr hattet
er, sie, es hatte	sie, Sie hatten

Das Imperfekt

sein

Dritte Person—Singular und Plural

A *Wiederholen Sie, bitte!*

Siegfried war stark.
Die Zwerge waren hässlich.

B *Beantworten Sie die Fragen, bitte!*

War der Zwerg böse?
War die Geschichte interessant?
War Siegfried schön?
Waren die Drachen hässlich?
Waren die Helden unverwundbar?
Waren die Vögel auch im Wald?

Erste Person—Singular und Plural

A *Wiederholen Sie, bitte!*

Ich war in der Schule.
Ich war krank.
Wir waren immer gesund.
Wir waren nicht reich.

B *Beantworten Sie die Fragen, bitte!*

Warst du auch in München?
Warst du auch froh?
Warst du am Strand?
Wart ihr zu Hause?
Wart ihr bei Oma?
Wart ihr im Einkaufszentrum?

Zweite Person und Höflichkeitsform

A *Wiederholen Sie, bitte!*

Warst du auch da?
Warst du im Wald?
Wo wart ihr denn?
Wo waren Sie denn?

B *Folgen Sie den Anweisungen, bitte!*

Fragen Sie Maria, ob sie krank war!
Fragen Sie Peter und Maria, wo sie waren!
Fragen Sie Herrn Jürgens, wann er hier war!
Fragen Sie die Damen, wann sie in München waren!

Grammatik

The verb *sein* is irregular in the past tense. Study the following forms.

ich war	wir waren
du warst	ihr wart
er, sie, es war	sie, Sie waren

In contrast to other verbs in the simple past tense, the *du*, *ihr*, and *Sie* forms of *sein* are frequently used in conversation.

Zusammenfassung

Folgen Sie dem Beispiel, bitte!

Arno war krank. Und du?→
Ich war nicht krank.

Wir waren in Spanien. Und ihr?
Das Fernsehprogramm war interessant. Und die Klasse?
Fafnir war hässlich. Und Siegfried?
Sie waren da. Und Herr Zucker?
Ich war faul. Und du?

Akkusativpräpositionen

durch, für, gegen, ohne, um

A *Wiederholen Sie, bitte!*

Wir gehen durch den Wald.
Ist das Geschenk für deinen Freund?
Ich bin wirklich gegen ihn.
Sie fahren ohne ihren Bruder.
Wir gehen um den Camping Platz.

B *Beantworten Sie die Fragen, bitte!*

Gehst du gern durch den Wald?
Gehen die Freundinnen durchs Café?
Ist das die Zeitung für den Fluggast?
Hast du einen Helm fürs Motorrad?
Fährst du ohne deinen Bruder nach Frankfurt?
Bist du gegen die Idee?

Grammatik

The following prepositions always take the accusative case.

durch *through*
für *for*
gegen *against*
ohne *without*
um *around*

Durch, für, and *um* often contract with the neuter article *das* to form one word: *durchs, fürs, ums.*

Viele Leute gehen durchs Geschäft.
Er hat kein Geld fürs Bier.
Wir gehen jetzt ums Haus.

Persönliches

1. Liest du gern?
2. Möchtest du mehr über Siegfried lesen?
3. Glaubst du, dass Siegfried ein Held ist?
4. Glaubst du, dass es heute auch Helden (Heldinnen) gibt?
5. Hast du Helden (Heldinnen)?
6. Wer sind sie?

Übungen zum Schreiben

A *Ergänzen Sie mit einem passenden Wort!*

1. Das Feuer macht _____ .
2. Regin arbeitete in einer _____ .
3. Siegfried war sehr _____ .
4. Der _____ heisst Fafnir.
5. Siegfried und Fafnir mussten _____ .
6. Fafnir hatte einen _____ .
7. Siegfried war ein _____ .
8. Er badete im _____ .

B *Ergänzen Sie mit den passenden Artikeln!*

1. _____ Vogel singt schön.
2. _____ Schmiede ist im Wald.
3. _____ Schatz ist auch im Wald.
4. _____ Gold ist furchtbar teuer.
5. _____ Zwerg ist stark.
6. _____ Drache heisst Fafnir.

C *Schreiben Sie die Sätze im Plural!*

1. Die Stimme ist sehr schön.
2. Der Vogel fliegt im Wald herum.
3. Die Schmiede ist ziemlich alt.
4. Der Schatz ist sehr gross.
5. Der Zwerg war nicht freundlich.

D *Ergänzen Sie mit der passenden Form des Imperfekts!*

1. Regin _____ eine Stimme im Wald. *hören*
2. Er _____ Waffen in seiner Schmiede. *machen*
3. Im Sommer _____ wir immer ein Auto. *mieten*
4. _____ Sie auch Deutsch? *lernen*
5. Wir _____ gern mit ihnen. *plaudern*
6. Gabi _____ stundenlang. *warten*
7. Wo _____ du denn? *arbeiten*
8. Was _____ sie denn zu dir? *sagen*
9. Klaus _____ seinen Geburtstag im Sommer. *feiern*
10. Wann _____ ihr denn die Fete? *planen*

E *Schreiben Sie die Sätze im Imperfekt!*

1. Siegfried muss Fafnir töten.
2. Siegfried will natürlich mit Fafnir kämpfen.
3. Er soll dann im Drachenblut baden.
4. Ich mag das nicht sehen.
5. Kannst du das verstehen?
6. Wir müssen um neun Uhr zu Hause sein.
7. Ihr wollt etwas sagen.
8. Wir mögen Fafnir und Regin nicht.
9. Ich soll auch mitfahren.

F *Schreiben Sie die Sätze im Imperfekt!*

1. Ich habe wirklich Herzklopfen.
2. Hat er denn Zeit?
3. Wir haben kein Glück.
4. Oma hat einen BMW.
5. Die beiden haben Kopfschmerzen.

G *Folgen Sie dem Beispiel!*

>Habt ihr zehn Mark? →
>Nein, aber wir hatten
>   zehn Mark.

1. Hast du die Hausarbeiten?
2. Haben Sie einen Porsche?
3. Habt ihr einen Opa?
4. Haben Sie Skier?
5. Hast du ein Zelt und eine Luftmatratze?

H *Ergänzen Sie mit der passenden Form des Imperfekts für das Verb* sein!

1. Ich _____ immer gesund.
2. Wir _____ auch im Kiel.
3. Mein Vater und meine Mutter _____ in Ibiza.
4. Wo _____ du denn um ein Uhr?
5. _____ ihr zu Hause?
6. Herr Braun, _____ Sie auch nervös?

I *Beantworten Sie die Fragen!*

1. Für wen machst du das?
2. Für wen kaufst du das?
3. Für wen bestellst du das?
4. Für wen arbeitest du?
5. Für wen suchst du das aus?

J *Folgen Sie dem Beispiel!*

Kommst du mit deinem Bruder?→
Nein, ich komme ohne meinen Bruder.

1. Fliegst du mit deiner Mutter nach Deutschland?
2. Geht ihr mit euren Eltern aus?
3. Läufst du mit deiner Kusine in der Stadt herum?
4. Schwimmt ihr mit euren Freunden?
5. Machst du mit deiner Schwester Hausarbeiten?

Zum Schreiben

Schreiben Sie einen Aufsatz von fünf oder mehr Sätzen! Dieses Foto hilft Ihnen.
Ich war Siegfried, der Held...

Aufgabe 2

Vokabeln

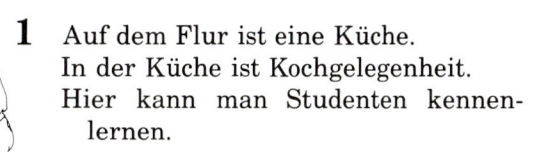

1 Auf dem Flur ist eine Küche.
In der Küche ist Kochgelegenheit.
Hier kann man Studenten kennenlernen.

2 Sonntags gab es immer einen Kaffeeklatsch.
Ein Student brachte Blumen mit.
Er schüttelte der Studentin die Hand.

3 Auf dem Flur ist ein Badezimmer.
Es ist ein Gemeinschaftsbadezimmer.
Martina muss warten.
Da ist nur eine Dusche.

- **leben** existieren, wohnen
  fleissig sein nicht faul sein, viel arbeiten
  sich duschen sich waschen
  das Studentenheim Im Studentenheim wohnen die Studenten und Studentinnen.
  weinen Wenn man sehr traurig ist, weint man.
  der Ausländer In Deutschland ist ein Amerikaner ein Ausländer.
  der Nachbar Wir wohnen in der Goethestrasse 20, und der Nachbar wohnt in **der** Goethestrasse 18.

- der Schock   formell   diskutieren
  die Universität   frei   kritisieren
  die Toilette   luxuriös   analysieren

Übungen

A *Beantworten Sie die Fragen, bitte!*

1. Wo ist eine Küche?
2. Was ist in der Küche?
3. Wo kann man Studenten kennenlernen?
4. Wann gab es immer einen Kaffeeklatsch?
5. Wer brachte Blumen mit?
6. Was ist auf dem Flur?
7. Wer muss warten?

B *Ergänzen Sie, bitte!*

1. Oma und Opa _____ schon 40 Jahre in Amerika.
2. Warum _____ das Kind denn?
3. Carsten hat nur Einser im Zeugnis. Carsten ist sehr _____ .
4. Nach dem Dauerlauf wollen wir uns _____ .

C *Beantworten Sie die Fragen, bitte!*

1. Diskutierst du gern?
2. Ist euer Nachbar sehr alt?
3. Möchtest du die Universität besuchen?
4. Ist euer Auto luxuriös?
5. Habt ihr zwei Badezimmer zu Hause?
6. Ist euer Badezimmer morgens frei?

Nomen

A *Ersetzen Sie, bitte!*

Der | Student / Ausländer / Nachbar / Kaffeeklatsch | war wirklich nett.

Die | Kochgelegenheit / Universität / Dusche | ist ja wirklich modern.

B *Beantworten Sie die Fragen, bitte!*

War der Ausländer auch da?
Muss der Student fleissig sein?
Ist der Flur auch sauber?
Ist der Kaffeeklatsch heute?
Heisst der Nachbar Hans?
Ist die Universität gross?
Ist das Studentenheim bei der Universität?

C *Ersetzen Sie, bitte!*

Wo sind denn die | Ausländer? / Studenten? / Eltern? / Nachbarn? / Duschen?

D *Beantworten Sie die Fragen, bitte!*

Sind die Eltern nett?
Waren die Duschen sauber?
Sind die Kaffeeklatsche gemütlich?
Kommen die Studenten auch?
Sind die Studentenheime auch modern?

Studenten an der Technischen Universität

Grammatik

In this lesson the nouns presented for active use are:

Singular	Plural
der Ausländer	die Ausländer
die Ausländerin	die Ausländerinnen
der Flur	die Flure
der Kaffeeklatsch	die Kaffeeklatsche
der Student	die Studenten
die Studentin	die Studentinnen
der Nachbar	die Nachbarn
die Nachbarin	die Nachbarinnen
die Kochgelegenheit	die Kochgelegenheiten
die Universität	die Universitäten
die Dusche	die Duschen
das Studentenheim	die Studentenheime
	die Eltern

Die Studentinnen lernen zusammen.

Lesestück

Mein „Junior year" in Kiel

Ich, Annette Connelly, sollte also wirklich meine Universität verlassen—die Universität von Wisconsin in Madison. Ich sollte ein Jahr ohne meine Freunde, ohne meine Freundinnen leben. Dieses Jahr war mein „junior year" in Deutschland. Wir alle „wussten" doch: die Deutschen sind kalt; die Deutschen arbeiten nur; sie sind so furchtbar fleissig und sauber, so schrecklich formell!

    Ich kam in Deutschland an, in Kiel, am Institut für Meereskunde. Ich kam an, und der Regen begann. Es regnete und regnete—tagelang, wochenlang. Der Regen war wirklich ein Schock für mich—der erste Schock. Dann kam der zweite.

    Ich bekam kein Zimmer im Studentenheim, fand aber eins in der Stadt—mit Gemeinschaftsbadezimmer und ohne Kochgelegenheit. Für mich ist ein Gemeinschaftsbadezimmer nicht sehr angenehm. „Bitte nicht jeden Morgen duschen", sagte die Zimmerwirtin nach einer Woche zu mir. Ich konnte es nicht

verlassen to leave

ankommen to arrive

die Zimmerwirtin landlady

glauben! „Und keine Gäste nach zehn Uhr im Zimmer". Aber ich kannte doch keinen Menschen! Ich war allein, und ich war furchtbar einsam. Ich hatte Heimweh nach meinen Eltern, nach Carole, nach Mike, nach meiner Universität. Ich weinte oft.

einsam lonely
das Heimweh homesickness

Ich wusste, dass ich in einem Studentenheim wohnen *musste.* Da gab es keine Zimmerwirtinnen. Da waren die Gespräche intelligent und interessant. Da war Leben.

Endlich hatte ich Glück. Im Studentenheim wurde ein Zimmer frei. Im Zimmer waren eine Dusche und eine Toilette. Wie luxuriös! Meine Nachbarn kamen zu mir und zeigten mir die Küche. (Es gibt eine auf jedem Flur.) „Sonntag nachmittag ist hier Kaffeeklatsch. Du kommst doch, Annette?" „Sehr, sehr gern", sagte ich. (Ich wusste, dass ich ein paar Blumen oder etwas Kuchen mitbringen musste.) Wir schüttelten uns die Hand. Ja, ich war glücklich.

wurde became

Dann aber kam der dritte Schock—die Universität selbst. Ich ging zu Vorlesungen und zu einem Seminar. Im Seminar kam ich aber nicht mit. Die Studenten und Studentinnen diskutierten, kritisierten und analysierten. Wieder glaubte ich, dass ich furchtbar fremd und dumm war.

die Vorlesung lecture
mitkommen to "make it"

Aber in einer Übung waren auch andere Ausländer. Ich musste ein Referat halten. Auf deutsch natürlich. Alle fanden mein Referat so interessant, dass wir nach einer Stunde in eine Studentenkneipe gingen und weiter diskutierten.

das Referat halten to give a report

Jetzt war ich nicht mehr einsam und unglücklich. Ich hatte ein Zimmer im Studentenheim, und ich lernte viel Deutsch. Sehr, sehr wichtig für mich war, dass ich Studenten und Studentinnen kennenlernte.

wichtig important

Plötzlich fand ich Kiel, Deutschland und Deutsch furchtbar interessant.

Sonntag nachmittag ist hier Kaffeeklatsch.

Fragen

know these!

1. Was sollte Annette verlassen?
2. Was war dieses Jahr?
3. Was „wussten" wir?
4. Wo kam Annette an?
5. Was begann?
6. Was war der zweite Schock für Annette?
7. Wo fand Annette ein Zimmer?
8. Was war für sie nicht angenehm?
9. Warum weinte Annette oft?
10. Wo waren die Gespräche intelligent und interessant?
11. Wo wurde ein Zimmer frei?
12. Was war luxuriös?
13. Was ist sonntagnachmittags in der Küche?
14. Was war der dritte Schock?
15. Wo kam Annette nicht mit?
16. Wo musste Annette ein Referat halten?
17. Wie fanden alle ihr Referat?
18. Was war für Annette wichtig?

Struktur

Das Imperfekt

mit a

Erste und dritte Person—Singular

A Wiederholen Sie, bitte!

Ich spreche Deutsch. Ich sprach Deutsch.
Ich esse Torte. Ich ass Torte.
Er kommt um zwei Uhr. Er kam um zwei Uhr.
Sie gibt es uns. Sie gab es uns.

Ich las das Buch.
Ich trank eine Limonade.
Es begann.
Sie sass im Strandkorb.
Er fand das Geld.
Ich sah den Hund.

B Beantworten Sie die Fragen, bitte!

Trankst du oft Kaffee?
Bekamst du auch ein Geschenk?
Sprachst du gern Deutsch?
Sahst du das Fernsehprogramm?
Trafst du deinen Freund?
Gab es eine Kochgelegenheit?
Half Karin euch?
Schwamm Erika gut?
Fand Annette das Studentenheim warm?
Nahm sie Blumen mit?

Erste und dritte Person—Plural

A Wiederholen Sie, bitte!

Wir stehen nicht gern auf. Wir standen nicht gern auf.
Sie treffen uns. Sie trafen uns.

B *Ersetzen Sie, bitte!*

Wir | kamen / sprachen / lasen / assen | gern mit ihnen.

Sie | sahen / nahmen / gaben / bekamen | die Blumen.

C *Beantworten Sie die Fragen, bitte!*

Spracht ihr gern Deutsch zusammen?
Bekamt ihr das Zimmer im Studentenheim?
Last ihr immer die Zeitung?
Gabt ihr ihnen die Hand?
Nahmt ihr eure Rucksäcke mit?
Tranken sie lieber Wein oder Bier?
Fanden die Studenten das Gemeinschaftsbadezimmer furchtbar?
Lagen die Mädchen gern in der Sonne?
Verstanden die Studentinnen Deutsch?
Standen die Studenten um sechs Uhr auf?

Grammatik

The following verbs change their stem to *-a* in the simple past tense.

$e \rightarrow a$	Present	Imperfect (Simple Past)	Perfect
speak sprechen	ich spreche	ich sprach	gesprochen
eat essen	ich esse	ich ass	gegessen
taste nehmen	ich nehme	ich nahm	genommen
see sehen	ich sehe	ich sah	gesehen
read lesen	ich lese	ich las	gelesen
meet treffen	ich treffe	ich traf	getroffen
help helfen	ich helfe	ich half	geholfen
give geben	ich gebe	ich gab	gegeben
stand stehen	ich stehe	ich stand	gestanden
get up aufstehen	ich stehe auf	ich stand auf	aufgestanden
understand verstehen	ich verstehe	ich verstand	verstanden

$i, ie \rightarrow a$			
drink trinken	ich trinke	ich trank	getrunken
find finden	ich finde	ich fand	gefunden
swim schwimmen	ich schwimme	ich schwamm	geschwommen
lie liegen	ich liege	ich lag	gelegen
begin beginnen	ich beginne	ich begann	begonnen
sit sitzen	ich sitze	ich sass	gesessen

$o \rightarrow a$			
come kommen	ich komme	ich kam	gekommen
receive bekommen	ich bekomme	ich bekam	bekommen

Note the conjugation pattern for these irregular verbs.

geben	**trinken**	**kommen**
ich gab	ich trank	ich kam
du gabst	du trankst	du kamst
er, sie, es gab	er trank	er kam
wir gaben	wir tranken	wir kamen
ihr gabt	ihr trankt	ihr kamt
sie, Sie gaben	sie tranken	sie kamen

Remember that the *ich* form and the *er, sie, es* forms of irregular verbs have no personal endings. The other verb forms have the same endings as verbs in the present tense.

---

mit ie, i

Erste und dritte Person—Singular

A *Wiederholen Sie, bitte!*

Ich schlafe gut. Ich schlief gut.
Sie geht nicht. Sie ging nicht.

B *Ersetzen Sie, bitte!*

Ich | rufe / laufe / schlafe / gehe | dann.

Ich | rief / lief / schlief / ging | dann.

Walter | läuft. / schreibt. / ruft.

Walter | lief. / schrieb. / rief.

C *Beantworten Sie die Fragen, bitte!*

Schliefst du gut in dem Bett?
Riefst du ihn?
Liefst du zur Schule?
Gingst du gern in die Kneipe?
Bliebst du?
Hiess das Mädchen Erika?
Schien die Sonne im Juli?
Schrieb Uwe aus Deutschland?
Verschrieb der Arzt die Arznei?
Ging Peter auch?

Erste und dritte Person—Plural

A *Wiederholen Sie, bitte!*

Wir schreiben euch. Wir schrieben euch.
Sie heissen Erika und Karla. Sie hiessen Erika und Karla.

B *Beantworten Sie die Fragen, bitte!*

Schlieft ihr wirklich immer neun Stunden?
Bliebt ihr eine Stunde?
Lieft ihr auch?
Schriebt ihr euren Eltern?
Schliefen die Mädchen im Zelt?
Riefen sie euch?
Gingen die Jungen auch Camping?
Verschrieben die Ärzte viel Arznei?

Grammatik

Study the following verbs that change to *i* or *ie* in the simple past.

	Present	**(Simple Past)** _Imperfekt_
ge schlafen	ich schlafe	ich schlief
ge rufen	ich rufe	ich rief
ge laufen	ich laufe	ich lief
gegangen gehen	ich gehe	ich ging
verschrieben verschreiben	ich verschreibe	ich verschrieb
geschrieben schreiben	ich schreibe	ich schrieb
geschienen scheinen	(die Sonne) scheint	(die Sonne) schien
geblieben bleiben	ich bleibe	ich blieb

Note the special spelling of *heissen* and *verlassen*.

heissen	verlassen
ich hiess	ich verliess
du hiessest	du verliessest
er hiess	er verliess
wir hiessen	wir verliessen
ihr hiesset	ihr verliesset
sie hiessen	sie verliessen

Zusammenfassung

Folgen Sie dem Beispiel bitte!

Er hiess Klaus. Und der Junge?→
Der Junge hiess auch Klaus.

Ich schlief nicht gut. Und ihr?
Meine Oma schrieb oft. Und deine Oma?
Sie liefen auf dem Sportplatz. Und die Frauen?
Susanne ging in die Gastwirtschaft. Und er?
Der Arzt verschrieb Arznei. Und die Ärztin?

denken, wissen, kennen, bringen

Erste und dritte Person—Singular

A *Wiederholen Sie, bitte!*

Ich kenne dich. Ich kannte dich.
Sie weiss das. Sie wusste das.

B *Ersetzen Sie, bitte!*

Ich | denke viel.
    | weiss es.
    | kenne euch.
    | bringe es.

Ich | dachte viel.
    | wusste es.
    | kannte euch.
    | brachte es.

Sigrid | denkt viel.
       | weiss es.
       | kennt euch.
       | bringt es.

Sigrid | dachte viel.
       | wusste es.
       | kannte euch.
       | brachte es.

C *Beantworten Sie die Fragen, bitte!*

Dachtest du, dass es ein Uhr ist?
Wusstest du, wo Kiel ist?
Kanntest du die Studentin?
Brachtest du ein Geschenk?
Dachte er, dass du Paul heisst?
Wusste er, wo wir wohnen?
Kannte er uns?
Brachte er den Hustensaft?

Erste und dritte Person—Plural

A *Wiederholen Sie, bitte!*

Wir denken es. Wir dachten es.
Sie wissen das. Sie wussten das.

B *Ersetzen Sie, bitte!*

Wir | wussten es.
    | kannten sie.
    | brachten sie.

Sie | dachten es.
    | wussten es.
    | brachten sie.

C *Beantworten Sie die Fragen, bitte!*

Dachtet ihr, dass heute Freitag ist?
Was wusstet ihr denn?
Kanntet ihr den Film schon?
Was brachtet ihr denn mit?
Dachten sie, dass Spanien schön ist?
Wussten deine Eltern es?
Kannten die Jungen die Universität?
Brachten sie alles mit?

Das Mädchen schreibt.

Grammatik

Study the following verbs.

denken	wissen	kennen	bringen
ich dachte	ich wusste	ich kannte	ich brachte
du dachtest	du wusstest	du kanntest	du brachtest
er dachte	er wusste	er kannte	er brachte
wir dachten	wir wussten	wir kannten	wir brachten
ihr dachtet	ihr wusstet	ihr kanntet	ihr brachtet
sie dachten	sie wussten	sie kannten	sie brachten

Persönliches

1. Möchtest du in Deutschland studieren? Warum? Warum nicht?
2. Möchtest du in einem Studentenheim oder bei einer Familie wohnen?
3. Glaubst du, dass du Heimweh bekommst?
4. Wo kann man in Amerika Studenten kennenlernen?

Übungen zum Schreiben

A *Ergänzen Sie mit einem passenden Wort!*

1. Das Zimmer hat keine _____? Dann möchte ich es nicht.
2. Sie möchte natürlich viele Studenten und Studentinnen _____.
3. Sonntags um vier Uhr ist _____.
4. Wer hat denn die _____ mitgebracht?
5. Das ist Claire. Das ist Uwe. Schüttelt euch die _____.
6. Natürlich muss das Badezimmer eine _____ haben.
7. Ein _____ ist immer voll.

Eine von den Hauptstrassen in Kiel

B *Ergänzen Sie mit den passenden Artikeln!*

1. _____ Student heisst Johann.
2. _____ Ausländer kommt aus Frankreich.
3. _____ Studentenheim war ganz neu und modern.
4. _____ Kochgelegenheit ist natürlich wichtig.
5. _____ Dusche ist auch modern.
6. _____ Kaffeeklatsch war immer ganz toll.
7. _____ Universität ist in Tübingen.
8. _____ Nachbar war auch ziemlich nett.

C *Schreiben Sie die Sätze im Plural!*

1. Die Küche ist doch hoffentlich sauber.
2. Das Studentenheim ist zehn Jahre alt.
3. Die Universität ist deutsch.
4. Der Ausländer war ziemlich unglücklich.
5. Der Nachbar kam auch.

D *Ergänzen Sie mit der passenden Form des Imperfekts!*

1. Warum _____ ihr denn kein Deutsch? *sprechen*
2. Wir _____ Kaffee nicht so gern. *trinken*
3. Wem _____ du denn das Geschenk? *geben*
4. Uwe _____ nicht zum Kaffeeklatsch? *kommen*
5. Er _____ wirklich gut. *schwimmen*
6. Die Eltern _____ das. *verstehen*
7. Ich _____ so gern im Sand. *liegen*
8. Wir _____ so um 9 Uhr auf. *stehen*
9. Er _____ schon. *sitzen*
10. Die Studentinnen _____ ein Zimmer im Studentenheim. *bekommen*

E *Schreiben Sie die Sätze im Imperfekt!*

1. Ich finde die Mädchen nicht freundlich.
2. Wir treffen sie in der Kneipe.
3. Wann beginnt denn der Film?
4. Die Studenten kommen im September.
5. Annette spricht Deutsch gern.
6. Hilfst du ihm?
7. Sie sehen das Fernsehprogramm nicht.
8. Was trinkt sie denn?

F *Beantworten Sie die Fragen im Imperfekt!*

1. Schläft er wirklich neun Stunden?
2. Rufen sie uns dann?
3. Wie heisst denn dein Freund?
4. Bleibt ihr ein paar Wochen?
5. Wohin geht ihr denn?
6. Was verschreibt die Ärztin denn?
7. Scheint die Sonne im Juni auch?

G *Folgen Sie dem Beispiel!*

Findest du es? →
Ich fand es schon.

1. Weisst du, dass ein Seminar schwer ist?
2. Kennt ihr das Institut in Kiel?
3. Bringen Sie die Blumen?
4. Denkst du, dass die Grammatik schwer ist?

H *Schreiben Sie alles im Imperfekt!*

Ich stehe immer um sieben Uhr auf. Frühstück esse ich nicht, weil ich lieber 30 Minuten länger schlafe. Meine Mutter versteht das nicht. Um sieben Uhr dreissig nehme ich meine Aktentasche mit den Büchern und Heften und treffe meinen Freund. Er steht immer draussen und ruft mich. Dann gehen wir zusammen zur Schule. Der Schule gegenüber ist ein Schnellimbiss. Da trinken wir unseren Kaffee und sprechen über unsere Hausarbeiten.

Zum Schreiben

A Schreiben Sie einen Aufsatz von fünf oder mehr Sätzen! Erklären Sie, warum Sie in Deutschland studieren möchten! (oder warum nicht!)

B Schreiben Sie fünf oder mehr Sätze in Ihr deutsches Tagebuch!

Im Studentenheim

Aufgabe 3

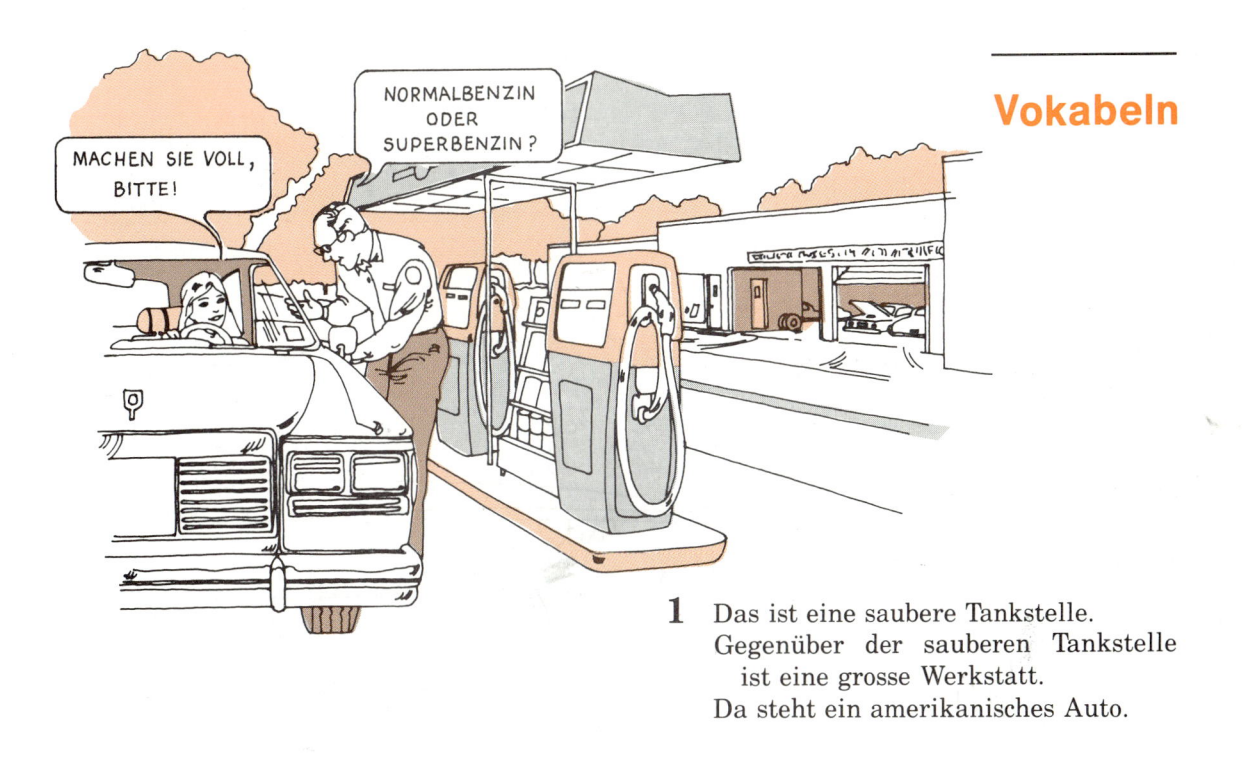

Vokabeln

1 Das ist eine saubere Tankstelle.
Gegenüber der sauberen Tankstelle ist eine grosse Werkstatt.
Da steht ein amerikanisches Auto.

2 Die Motorhaube steht hoch.
Der Motor kühlt ab.
Der Tank wird voll.
Der Mechaniker sieht nach dem Öl.
Die Mechanikerin wechselt die Reifen.
Ein Junge wäscht die Windschutzscheibe.

3 Der neue Reifen ist gut.
Sein Reifendruck ist richtig.
Der alte Reifen hat eine Panne.
Im grossen Kofferraum ist ein Reserverad.
Hinter den zwei Koffern liegt das Reserverad.

- **berühmt**   Beethoven ist für seine Fünfte Symphonie berühmt.
  die Höchstgeschwindigkeit   In Amerika ist sie 55 Meilen die Stunde.
  der Führerschein   Ohne ihn darf man nicht Auto fahren.
  die Autobahn   Der Pennsylvania Turnpike ist eine Autobahn.
  der Wagen   ein anderes Wort für Auto
  langsam   nicht schnell

- die Meile   elegant
  die Polizei
  das Ding
  das Tachometer

Übungen

A   *Beantworten Sie die Fragen, bitte!*

1. Wie ist die Tankstelle?
2. Was ist gegenüber der sauberen Tankstelle?
3. Was steht da?
4. Was steht hoch?
5. Wer wechselt die Reifen?
6. Was wäscht der Junge?
7. Wie ist der neue Reifen?
8. Was hat der alte Reifen?
9. Wo ist das Reserverad?

B *Ergänzen Sie, bitte!*

1. Beethoven, George Washington, Abraham Lincoln usw. sind ———.
2. Man braucht es im Auto. Es ist ein ———.
3. Nicht so schnell! Sprechen Sie ———, bitte!
4. Der Wagen ist sehr schön. Er ist ———.
5. 1,48 Kilometer ist eine ———.

Nomen

A *Ersetzen Sie, bitte!*

Der | Mechaniker / Reifen / Wagen / Motor | ist in der Tankstelle.

Wo ist denn die | Polizei? / Tankstelle? / Panne? / Werkstatt?

Das | Benzin / Ding / Reserverad | war teuer.

B *Beantworten Sie die Fragen, bitte!*

Spricht der Mechaniker kein Deutsch?
Ist der Koffer im Schliessfach?
Ist der Wagen gross?
Ist der Führerschein im Wagen?
Ist der Kofferraum zu klein?
Steht die Motorhaube hoch?
Muss die Windschutzscheibe immer sauber sein?
Ist die Werkstatt gut?
Ist denn die Höchstgeschwindigkeit 55 Meilen die Stunde?
Kostet das Benzin viel?
Ist das Ding hier?
Ist das Öl neu?

C *Ersetzen Sie, bitte!*

Wo sind denn die | Reserveräder? / Mechaniker? / Koffer? / Reifen? / Tankstellen? / Pannen? / Werkstätte?

D *Beantworten Sie die Fragen, bitte!*

Sind die Reserveräder auch im Wagen?
Sind die Reifen teuer?
Stehen die Wagen in der Tankstelle?
Sind die Führerscheine gut?
Sind die Windschutzscheiben auch sauber?
Sind die Werkstätte gut hier?

Grammatik

In this lesson the nouns presented for active use are:

Singular	Plural
der Reifendruck *air pressure*	
der Mechaniker	die Mechaniker
die Mechanikerin	die Mechanikerinnen
der Reifen *tire*	die Reifen
der Koffer *suitcase*	die Koffer
der Wagen *car*	die Wagen
der Motor *motor*	die Motore
der Führerschein *driver's license*	die Führerscheine
der Kofferraum *trunk*	die Kofferräume
der Tank *tank*	die Tanke
die Polizei *Police*	
die Tankstelle *gas station*	die Tankstellen
die Motorhaube *hood*	die Motorhauben
die Panne *flat-tire*	die Pannen
die Windschutzscheibe *windshield*	die Windschutzscheiben
die Höchstgeschwindigkeit *speed limit*	die Höchstgeschwindigkeiten
die Werkstatt *workshop*	die Werkstätten
das Benzin	
das Öl	
das Ding	die Dinge
das Reserverad	die Reserveräder

Der Mann wäscht die Windschutzscheibe.

Gespräch

Eine deutsche Familie auf dem „Highway"

Herr Lenz	Kinder, helft mir! Wir müssen zum berühmten Ohio Turnpike.	
Anni	Papa, da ist die Einfahrt zum Turnpike.	die Einfahrt *entrance*
Hans	Du, Papa, fahr doch nicht so schnell! Die amerikanische Höchstgeschwindigkeit ist 55 Meilen die Stunde. Auf deinem Tachometer stehen 80! Das sind Meilen, nicht Kilometer!	
Herr Lenz	Ach, ich hab' das ja ganz vergessen. In Amerika muss man langsam fahren. Seht ihr vielleicht die Polizei? Die Fahrzeugpapiere und der deutsche Führerschein sind hoffentlich im Handschuhfach und nicht im Kofferraum.	vergessen *to forget* die Fahrzeugpapiere *papers for car* das Handschuhfach *glove compartment*
Anni	Guck mal, Mutti! Das ist aber ein grosser Wagen—ein eleganter Wagen, aber der verbraucht bestimmt viel Benzin. Das grosse Ding fährt so langsam!	
Hans	Du, Papa, ist unser Mietwagen ein neues Auto? Ich höre etwas. Was kann das sein? Haben wir vielleicht eine Panne? Die vier Reifen sind doch neu, oder? Oder ist was mit dem Öl los? Guck mal auf den Öldruckmesser, Mutti!	der Mietwagen *rented car* der Öldruckmesser *oil pressure gauge*

37

Frau Lenz	Nun, Kinder, macht doch euren Vater nicht so nervös! Aber ich muss sagen, dass ich etwas rieche. Karl, fahr doch in die nächste Tankstelle! Was kann mit unserem schönen neuen Wagen los sein?
Hans	Vielleicht braucht die Batterie Wasser?
Anni	Aber nein. In einem neuen Auto braucht die Batterie kein Wasser.
Herr Lenz	Vielleicht überhitzt der Motor.
Anni	Aber wie sagt man das auf englisch?
Herr Lenz	Hier sind wir, in einer modernen Tankstelle. Da ist ja eine grosse Werkstatt! Jetzt müssen wir mit den Händen und Füssen sprechen. Vielleicht spricht der Mechaniker Deutsch.
Anni	Papa, auf dem Ohio Turnpike Deutsch? Wir sind doch nicht auf der deutschen Autobahn!
Mechaniker	Ich höre, Sie sprechen Deutsch. Ich spreche ein bisschen Deutsch . . . drei Jahre in der Schule.
Herr Lenz	Das ist ja wunderbar. Meine Frau und meine Kinder glauben, dass etwas mit dem Wagen los ist. Sie riechen etwas. Sie hören etwas.
Mechaniker	Ein paar Minuten warten. Der Motor kühlt ab. Der Reifendruck—O.K. Der Öldruck—auch O.K. Brauchen Sie Benzin? Normalbenzin, ja?
Herr Lenz	Ja, Normalbenzin. Und bitte, waschen Sie doch auch die Windschutzscheibe!

überhitzen to overheat

Eine Tankstelle in München

Fragen

1. Welchen *Turnpike* sucht Herr Lenz?
2. Was sieht Anni?
3. Wer fährt schnell?
4. Was ist die amerikanische Höchstgeschwindigkeit?
5. Wie muss man in Amerika fahren?
6. Was verbraucht ein grosser Wagen?
7. Wer hört etwas?
8. Wer riecht etwas?
9. Warum muss Herr Lenz mit Händen und Füssen sprechen?
10. Wer spricht Deutsch?
11. Wo hat er Deutsch gelernt?
12. Was glauben Frau Lenz, Anni und Hans?
13. Sind der Reifendruck und der Öldruck O.K.?
14. Welches Benzin braucht Herr Lenz?
15. Was wäscht der Mechaniker?

Struktur

Adjektive vor Nomen—der- und ein- Wörter

Nominativ

Maskulin

A Wiederholen Sie, bitte!

Der grosse Junge heisst Robert.
Ein grosser Junge ist stark.
Dein kleiner Bruder ist nicht nett.
Deutscher Wein schmeckt auch gut.

B Ersetzen Sie, bitte!

Der | tolle / elegante / schnelle | Wagen ist ein Mercedes.

Ein | guter / neuer / fantastischer | Mechaniker arbeitet hier.

Deutscher / Frischer / Italienischer | Aufschnitt wird teuer.

C Beantworten Sie die Fragen, bitte!

Verbraucht der grosse Wagen viel Benzin?
Ist der neue Reifen gut?
Ist der deutsche Nachbar nett?
Ist ein neuer Wagen immer gut?
Ist hier denn kein guter Mechaniker?
Ist dein neuer Koffer im Auto?
Ist französischer Wein sehr teuer?
Ist deutscher Aufschnitt nicht prima?
Ist französischer Kaffee sehr stark?

Feminin

A Wiederholen Sie, bitte!

Die reiche Tante besucht uns.
Eine reiche Tante besucht uns.
Unsere reiche Tante besucht uns.
Deutsche Musik ist wunderbar.

B *Ersetzen Sie, bitte!*

Die | saubere / neue / moderne | Tankstelle ist da.

Eine | gute / alte / berühmte | Universität ist in Heidelberg.

Deutsche / Italienische / Britische | Schokolade schmeckt fantastisch.

C *Beantworten Sie die Fragen, bitte!*

Ist die amerikanische Höchstgeschwindigkeit gut?
Ist die deutsche Autobahn schön?
Macht die lange Wanderung Spass?
Wohnt deine deutsche Tante in Amerika?
Wird eure sportliche Mutter schlank?
Ist eine schöne Blume teuer?
Ist kalte Limonade gut?
Ist britische Musik auch berühmt?
Ist amerikanische Schokolade teuer?

Neutrum

A *Wiederholen Sie, bitte!*

Das amerikanische Flugzeug fliegt jetzt.
Ein amerikanisches Flugzeug fliegt jetzt.
Kein amerikanisches Flugzeug fliegt jetzt.
Deutsches Bier ist stark.

B *Ersetzen Sie, bitte!*

Das | schnelle / teure / rote | Auto war ein Porsche.

Ein | warmes / grosses / modernes | Zimmer ist schön.

Frisches / Deutsches / Französisches | Brot schmeckt prima.

C *Beantworten Sie die Fragen, bitte!*

Ist das deutsche Benzin teuer?
Ist das neue Reserverad gut?
Ist das elegante Auto ein Porsche?
Ist dein kleines Zimmer gemütlich?
Ist euer neues Zelt gut?
Ist ein grosses Feuer nicht schön?
Schmeckt frisches Obst?
Ist italienisches Brot mit Salami gut?

Auf der Autobahn durch den Spessart

Grammatik

Whenever an adjective comes before the noun it modifies, it must agree with the noun. This means that it takes special endings.

All adjectives in the nominative singular end in -e if used with the definite articles (*der, die, das*) and if they precede the noun.

    Der kleine Wagen ist nicht so teuer.
    Die neue Batterie ist nicht gut.
    Das schöne Zimmer kostet zu viel.

Adjectives end in *-er, -e, -es* for the masculine, feminine, and neuter nominative singular respectively, when they are used with any *ein-* words (*ein, kein, mein, dein, sein, ihr, unser, euer, ihr, Ihr*).

    Ein (mein) kleiner Wagen ist nicht so teuer.
    Eine (deine) neue Batterie ist nicht so gut.
    Ein (unser) schönes Zimmer kostet zu viel.

These same adjective endings are used when the noun is not preceded by a definite article or an *ein-* word.

    Deutscher Wein ist gut.
    Deutsche Wurst ist gut.
    Deutsches Bier ist gut.

Note that *teuer* drops the middle *-e* when it has an adjective ending.

    Der teure Wagen ist ein Mercedes.
    Unser teurer Wagen ist ein Mercedes.

Note the irregular conjugation of *werden*.

ich werde	wir werden
du wirst	ihr werdet
er, sie, es wird	sie, Sie werden

Werden changes the *e* to *u* in the *Imperfekt*.

Zusammenfassung

Folgen Sie dem Beispiel, bitte!

    Der Führerschein ist nicht hier. *neu→*
    Der neue Führerschein ist nicht hier.

Ein Studentenheim ist gemütlich. *alt*
Bier ist nicht kalt. *deutsch*
Der Mechaniker arbeitet wirklich
  schnell. *neu*
Unser Junge ist wirklich schlau. *klein*
Die Autobahn ist berühmt. *deutsch*
Käse schmeckt wirklich fantastisch.
  französisch

Adjektive vor Nomen—der- und ein-Wörter

Dativ

Maskulin

A *Wiederholen Sie, bitte!*

Wir fahren mit dem neuen Wagen.
Wir fahren mit einem neuen Wagen.
Wir fahren mit unserem neuen Wagen.
Das ist gut mit deutschem Wein.

B *Ersetzen Sie, bitte!*

Wir sprachen von dem (vom) | neuen / deutschen / alten | Mechaniker.

Ich muss | meinem / deinem / seinem | netten Bruder schreiben.

Das ist gut mit frischem | Aufschnitt. / Schinken. / Kuchen. / Kaffee.

Die Autobahn: Bremen

C *Beantworten Sie die Fragen, bitte!*

Bringst du dem guten Mechaniker dein Auto?
Schreibst du deinem deutschen Onkel gern?
Kaufst du deinem kleinen Bruder ein Geschenk?
Fährst du gern mit dem deutschen Wagen?
Sprichst du von eurem schönen Camping Platz?
Schmeckt der Kaffee mit deutschem Kuchen?
Schmeckt das Brot mit französischem Käse?

Feminin

A *Wiederholen Sie, bitte!*

Wir fahren gern auf der deutschen Autobahn.
Wir fahren gern auf einer deutschen Autobahn.
Wir fahren gern auf eurer deutschen Autobahn.
Das ist gut mit deutscher Torte.

B *Ersetzen Sie, bitte!*

Die Tankstelle ist in der | neuen / schönen / alten | Stadt.

Wir bringen | unserer / eurer / ihrer | netten Oma Schokolade.

Wir sprechen von guter | Musik. / Schokolade. / Torte.

C *Beantworten Sie die Fragen, bitte!*

Zeight ihr der alten Frau den Hauptbahnhof?
Gebt ihr der netten Lehrerin die Hausarbeiten?
Schreibt ihr eurer deutschen Grossmutter einen Brief?
Sprecht ihr von der neuen Werkstatt?
Ist der Schnellimbiss neben seiner sauberen Tankstelle?
Kommt ihr mit guter Musik zur Fete?
Kommt ihr mit amerikanischer Schokolade in die Klasse?

Neutrum

A *Wiederholen Sie, bitte!*

Wir sind gern in dem schönen Hotel.
Wir sind gern in einem schönen Hotel.
Wir sind gern in Ihrem schönen Hotel.
Das ist gut mit deutschem Bier.

B *Ersetzen Sie, bitte!*

Die Fete ist in dem | grossen / eleganten / schönen | Zimmer.

Herr König gibt seinem | guten / schlauen / freundlichen | Kind ein Geschenk.

Wir sprechen von teurem | Obst. / Bier. / Benzin.

C *Beantworten Sie die Fragen, bitte!*

Erklärst du dem kleinen Mädchen, wo die Strasse ist?
Gibst du dem freundlichen Kind Schokolade?
Kommt ihr mit dem neuen Auto?
Sprecht ihr oft von dem teuren Benzin?
Badete Siegfried in dem roten Drachenblut?
Schlaft ihr in eurem neuen Zelt?
Schmeckt die Butter mit frischem Brot?
Schmeckt der Aufschnitt mit kaltem Bier?

Grammatik

All dative singular adjectives end in -en. The -en ending is used when the noun is preceded by either a definite article (*der die, das*) or an *ein* word (*ein, kein, mein, dein, sein,* etc.).

Ich spreche mit dem netten Freund.
Ich spreche mit einem (keinem, meinem) netten Freund.
Ich spreche mit der netten Freundin.
Ich spreche mit einer (keiner, meiner) netten Freundin.
Ich spreche mit dem netten Mädchen.
Ich spreche mit einem (keinem, seinem) netten Mädchen.

However, an *-em* or *-er* is used for the dative adjective endings when the noun is not preceded by any article. (These *-em* and *-er* endings replace the dative articles themselves: *dem, der, dem*.)

Wir sprechen von deutschem Käse.
Wir sprechen von deutscher Musik.
Wir sprechen von deutschem Brot.

Wiederholung

in mit Dativ und Akkusativ

A *Ersetzen Sie, bitte!*

Wir laufen in | dem Wald / der Stadt / dem Hotel | herum.

Wir gehen in | den Hauptbahnhof. / die Universität. / das Studentenheim.

B *Folgen Sie dem Beispiel, bitte!*

Wohin bist du gegangen? *die Schule*→
Ich bin in die Schule gegangen.

Wo hat Rotkäppchen den Wolf getroffen? *der Wald*
Wohin ist Rotkäppchen gegangen? *der Wald*

Wo steht denn euer Wagen jetzt? *die Werkstatt*
Wohin seid ihr denn gegangen? *die Werkstatt*
Wo haben Sie denn ein Zimmer gefunden? *das Studentenheim*
Wohin sind Sie denn zum Kaffeeklatsch gegangen? *das Studentenheim*

Hier kommt die Polizei.

Was ist die Höchstgeschwindigkeit?

Grammatik

When the preposition *in* is used with a verb of motion, and the motion is toward a definite point, the accusative follows the preposition. *In* contracts with *das* to form *ins*.

> Wir gehen jetzt in den Schnellimbiss.
> Wir sind gestern in die Stadt gegangen.
> Steigen wir jetzt ins Flugzeug ein?

When *in* is used with any verb that does not denote motion toward a goal, the dative case follows the preposition. Remember that it contracts with *dem* to form *im*.

> Die Kinder sitzen schon im Wagen.
> Wir essen heute in der Gastwirtschaft.
> Hans liegt im Bett.

Remember that the answer to a question with *wo* requires a dative case and the answer to a question with *wohin* requires an accusative case.

> Wo bist du? Ich bin im Wohnzimmer.
> Wohin gehst du? Ich gehe ins Wohnzimmer.

Note also that when a verb of motion is used with a prefix such as *herum*, the preposition *in* is followed by the dative instead of the accusative, since the action is confined within a place.

> Wir laufen nicht gern im Hauptbahnhof herum.
> Wir laufen gern in der Stadt herum.
> Wir wandern gern im Einkaufszentrum herum.

Persönliches

1. Fährst du einen Wagen?
2. Ist er immer sauber?
3. Fährst du gern schnell?
4. Ist er schon alt oder ziemlich neu?
5. Wie findest du die amerikanische Höchstgeschwindigkeit?
6. Hast du viele Pannen?
7. Möchtest du in einer Werkstatt arbeiten?
8. Verstehst du etwas von Motoren?

Übungen zum Schreiben

A *Ergänzen Sie mit einem passenden Wort!*

1. Wir suchen eine _____, weil wir Benzin brauchen.
2. Der Reifendruck ist nicht _____.
3. Der _____ muss abkühlen.
4. Ein neuer _____ arbeitet in der Werkstatt.
5. Das Reserverad liegt natürlich im _____.

B *Ergänzen Sie mit den passenden Artikeln!*

1. _____ Reifen war nicht neu.
2. Wo ist denn _____ Führerschein?
3. _____ Benzin ist furchtbar teuer.
4. _____ Tankstelle ist ganz neu.
5. _____ Ding ist aber dumm!
6. _____ Reifendruck ist doch richtig!

C *Schreiben Sie die Sätze im Plural!*

1. Die Werkstatt ist zu teuer für uns.
2. Der Kofferraum in diesen Autos ist wirklich gross.
3. Die Tankstelle ist nicht immer voll.
4. Die Windschutzscheibe muss doch sauber sein.
5. Der Wagen ist wirklich luxuriös.

D *Folgen Sie dem Beispiel!*

>Der Motor läuft gut. *neu*→
>Der neue Motor läuft gut.
>Ein neuer Motor läuft gut.

1. Der Führerschein liegt im Handschuhfach. *deutsch*
2. Das Ding geht nicht. *dumm*
3. Die Höchstgeschwindigkeit ist eine gute Idee. *amerikanisch*
4. Wo ist denn die Tankstelle? *modern*
5. Wo steht denn der Wagen? *toll*

E *Schreiben Sie Sätze!*

1. Französisch/ Wein/ sein/ herrlich.
2. Italienisch/ Kaffee/ sein/ stark.
3. Deutsch/ Bier/ schmecken/ wunderbar.
4. Frisch/ Schlagsahne/ machen/ dick.
5. Frisch/ Obst/ sein/ gesund.

F *Folgen Sie dem Beispiel!*

>Mein kranker Freund liegt im Bett.→
>Ich habe von meinem kranken Freund gesprochen.

1. Unser neues Auto hatte schon eine Panne.
2. Mein kleiner Kofferraum ist wirklich voll.
3. Ihr deutscher Mechaniker ist sehr gut.
4. Ein grosser Wald ist romantisch.
5. Meine neue Arznei ist furchtbar.

Zum Sprechen

Mit Ihrer Freundin (Ihrem Freund) machen Sie eine Reise per Auto. Auf der Autobahn haben Sie eine Panne. Bereiten Sie mit Ihrem Freund ein Gespräch vor, und führen Sie es vor der Klasse auf! (vorbereiten *prepare*   aufführen *act out*.)

Rätsel

Siegfried

Waagerecht

1. ein kleiner Mann
4. Ein Revolver ist eine _____.
9. _____verwundbar
10. _(sehr)_ hässlich
11. Fuss_____
13. ein Kanarien_____
14. Wir haben eine_____ im Mund.
15. Blut ist _____
17. _____, sie, es
18. Fafnirs _____ war grün.
22. _____ und?
23. das Gegenteil von „vor"
25. Odin tötete _____.
28. Brünhilde liegt hinter der _____.
29. Fafnir hatte einen _____.

Senkrecht

1. Brünhilde liegt in einem _____.
2. Ein Schatz hat viele _____.
3. nicht furchtbar
5. Brünhilde schläft. Siegfried muss sie _____.
6. das Gegenteil von „gegen"
7. Siegfried musste Fafnir _____.
8. er _____ (werden)
12. Silber kostet viel, _____ kostet mehr.
16. Haus_____
19. Pronomen für „das Schild"
20. Regin wohnt im _____.
21. Es kostet viel. Es ist _____.
24. _____ zehn Uhr
26. kurz für „Amerika"
27. _____ der Schule

Studentenleben

Rearrange the letters to form words. Then rearrange the letters on the colored lines to form the key word.

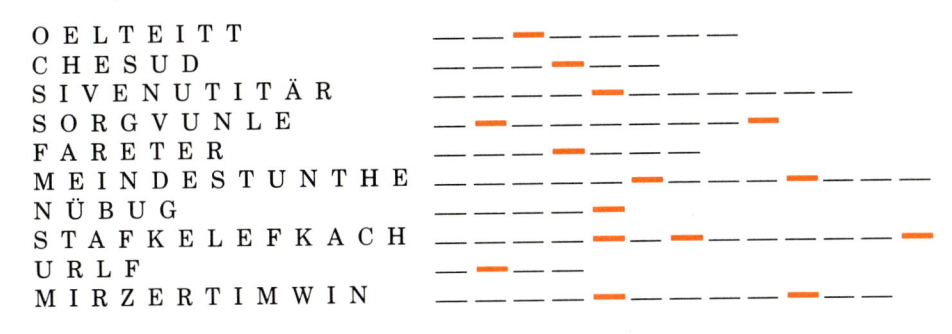

```
O E L T E I T T          __ __ __ __ __ __ __
C H E S U D              __ __ __ __ __ __
S I V E N U T I T Ä R    __ __ __ __ __ __ __ __ __ __
S O R G V U N L E        __ __ __ __ __ __ __ __ __
F A R E T E R            __ __ __ __ __ __ __
M E I N D E S T U N T H E __ __ __ __ __ __ __ __ __ __ __ __ __
N Ü B U G                __ __ __ __ __
S T A F K E L E F K A C H __ __ __ __ __ __ __ __ __ __ __ __
U R L F                  __ __ __ __
M I R Z E R T I M W I N  __ __ __ __ __ __ __ __ __ __ __ __
```

Studenten haben in der Küche:

__ __ __ __ __ __ __ __ __ __ __ __ __ __

Eine Autofahrt

With the following words form 14 compound words related to auto travel. The remaining words will form an essential part of every automobile.

PAPIERE	AUTO	DRUCK	RAD
WIND	STELLE	FÜHRER	BAHN
TACHO	AUTO	DRUCK	TANK
WERK	MESSER	FAHRT	MOTOR
SCHUH	METER	WAGEN	REIFEN
SCHUTZ	FACH	KARTE	RESERVE
SCHEIBE	EIN	SCHEIN	STATT
FAHRZEUGS	HAUBE	HAND	MIET
ÖL			

1. _____
2. _____
3. _____
4. _____
5. _____
6. _____
7. _____
8. _____
9. _____
10. _____
11. _____
12. _____
13. _____
14. _____

Jedes Auto hat eine _____

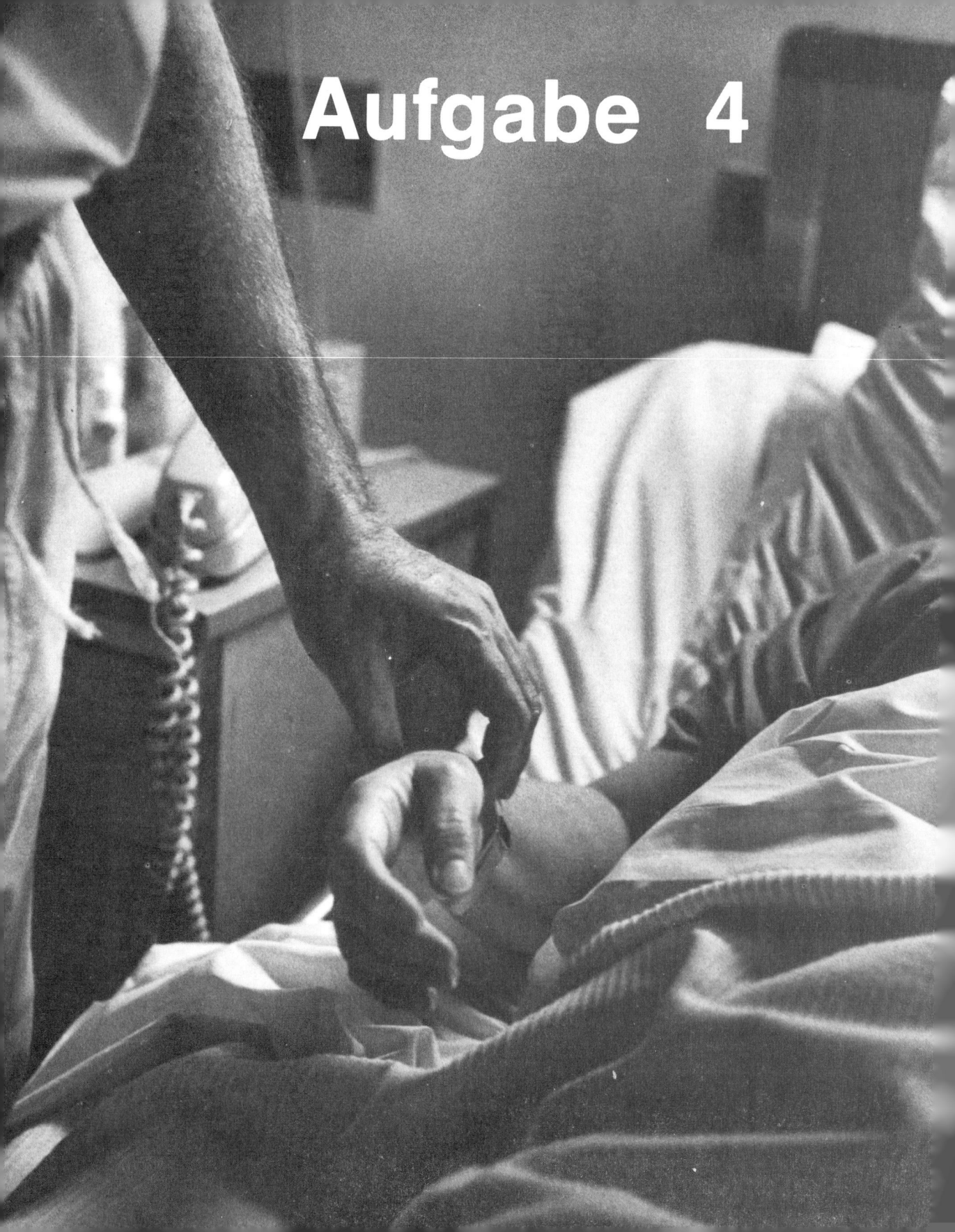

Aufgabe 4

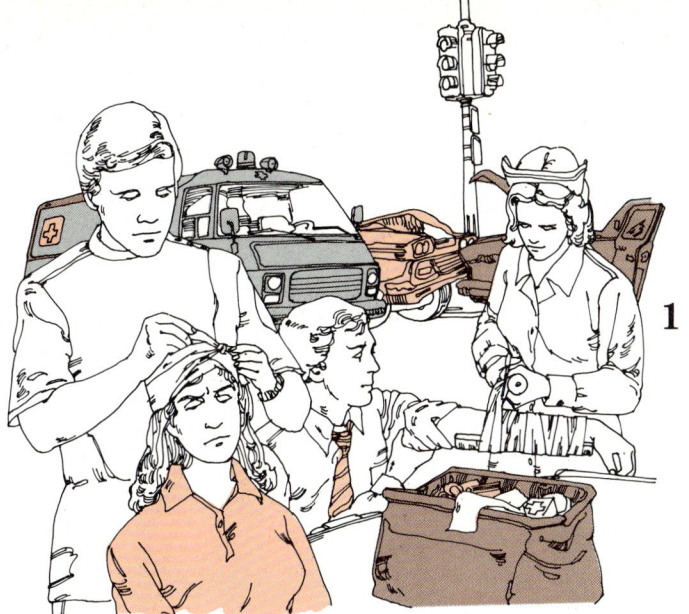

Vokabeln

1 Hier war ein Unfall.
Die Erste Hilfe ist da.
Diese Frau hat eine schwere Verletzung.
Der Junge verbindet sie.
Die Krankenschwester behandelt einen Knochenbruch.

2 In der Ambulanz behandelt die Ärztin den Herzinfarkt.
Der Pulsschlag ist nicht normal.
Der Blutdruck ist auch nicht normal.
Eine Krankenschwester gibt Sauerstoff.

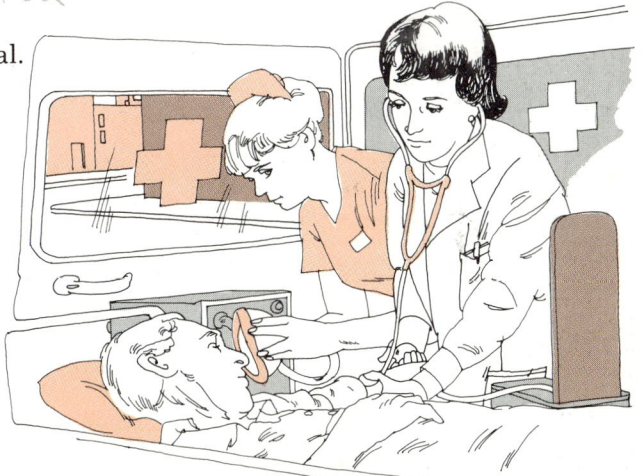

■ **das Fleisch** Steak, Hamburger und Bratwürste sind Fleisch.
  der Sportler der Athlet

■ der Artikel
  der Vegetarier
  die Maschine
  die Kalorie

Übungen

A Beantworten Sie die Fragen, bitte!

1. Was war hier?
2. Was ist da?
3. Was hat die Frau?
4. Was verbindet der Junge?
5. Was behandelt die Krankenschwester?
6. Wer behandelt den Herzinfarkt?
7. Was ist nicht normal?

B Was ist das richtige Wort?

1. Klaus isst kein Steak. Er ist schon zwei Jahre _____. (Maschine, Fleisch, Vegetarier)
2. Unsere _____ fliegt um 13 Uhr. (Maschine, Artikel, Vegetarier)
3. Ich esse die Obsttorte nicht. Sie hat zu viele _____. (Kalorien, Fleisch, Vegetarier)
4. Dieser _____ war wirklich interessant. Du musst ihn lesen. (Fleisch, Artikel, Maschine)
5. Sind Sie auch _____? (Kalorie, Sportler, Artikel)

Nomen

A Ersetzen Sie, bitte!

Der | Unfall / Knochenbruch / Herzinfarkt / Artikel | war furchtbar.

Die | Ambulanz / Hilfe / Krankenschwester | kommt jetzt.

Ist der Pulsschlag normal?
Ist der Sportler stark?
Kommt jetzt die Ambulanz?
Ist die Krankenschwester auch da?
Schmeckt das Fleisch?

C Ersetzen Sie, bitte!

Wie waren denn die | Pulsschläge? / Knochenbrüche? / Unfälle? / Verletzungen?

B Beantworten Sie die Fragen, bitte!

War der Blutdruck normal?
Ist der Sauerstoff in der Ambulanz?
War der Artikel in der Zeitung interessant?
War der Unfall schwer?

D Beantworten Sie die Fragen, bitte!

Arbeiten die Krankenschwestern viel?
Sind die Unfälle immer hier?
Essen die Vegetarier Käse?
Fahren die Ambulanzen schnell?

Grammatik

In this lesson the nouns presented for active use are:

Singular	Plural
der Blutdruck *blood pressure*	
der Sauerstoff *oxygen*	
der Sportler *athlete*	die Sportler
die Sportlerin	die Sportlerinnen
der Artikel *article*	die Artikel
der Vegetarier	die Vegetarier
die Vegetarierin	die Vegetarierinnen
der Unfall *Accident*	die Unfälle
der Knochenbruch *Fracture*	die Knochenbrüche
der Pulsschlag *Pulse*	die Pulsschläge
der Herzinfarkt *heart attack*	die Herzinfarkte
die Verletzung *Injury*	die Verletzungen
die Ambulanz *Ambulance*	die Ambulanzen
die Hilfe *help*	
die Kalorie *Calorie*	die Kalorien
die Krankenschwester *nurse*	die Krankenschwestern
der Krankenpfleger	die Krankenpfleger → *male nurse*
das Fleisch *meat*	

Der Arzt hat ein Stethoskop.

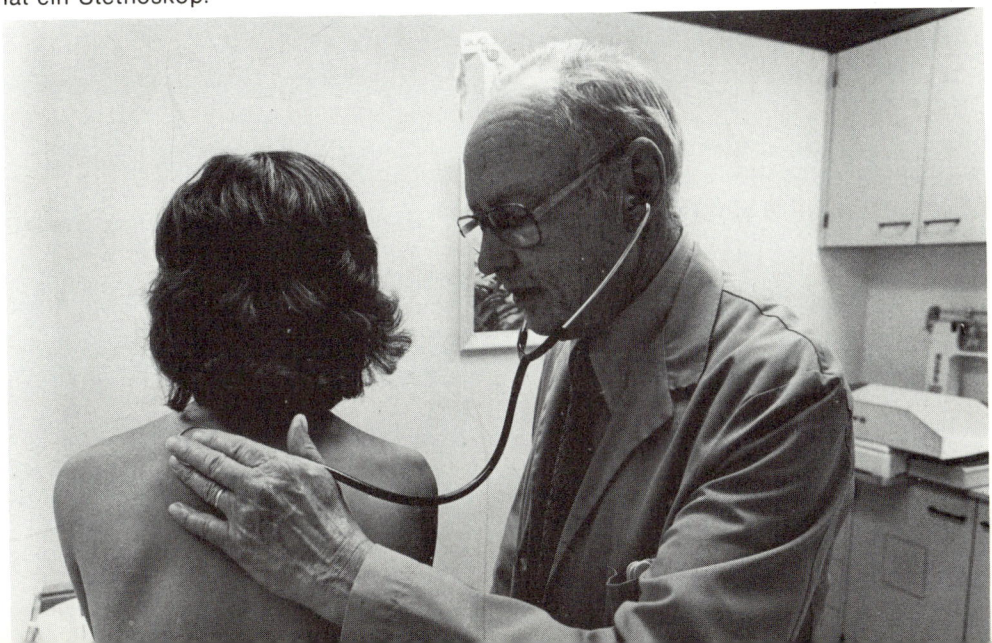

Lesestück

Der menschliche Körper

Warum will ich Arzt werden? Für mich, Paul Novak, ist der menschliche Körper eine Maschine. Ich finde eine gute Maschine schön und bewundernswert. Eine „gesunde" Maschine, ein Rennwagen zum Beispiel, braucht und hat einen guten Mechaniker. Ein gesunder Mensch braucht einen Arzt oder eine Ärztin.

In der „high school" war ich Sportler. Ich war Sprinter—100 Meterlauf. Ich las gern Bücher und Artikel über Trainingsmethoden und über Verletzungen bei Athleten. Auch interessierten mich diese Fragen: soll ich Vegetarier sein, oder

bewundernswert *admirable*
der Rennwagen *racing car*

soll ich Fleisch essen? Wieviele Kalorien braucht der Athlet? Haben die Athleten einen „normalen" Blutdruck und Pulsschlag? Meine Liebe zum Sport erweckte also in mir ein Interesse für Sportmedizin.

    In meinem letzten Jahr, als ich „senior" war, half ich bei der Ambulanz aus. Von acht Uhr abends bis acht Uhr morgens musste ich bereit sein. Wir behandelten Vergiftungen, Brandwunden, Knochenbrüche usw, usw. Wir mussten Verletzungen verbinden, Sauerstoff geben und Herzinfarkte behandeln. Wir gaben Erste Hilfe bei Unfällen, im Haus, auf der Strasse, auf der Autobahn.

    Jetzt studiere ich Biologie, Chemie und Deutsch an meiner amerikanischen Universität. Ich weiss, dass ich Arzt werden will. Herzspezialist—denn was braucht und hat der Athlet? Ein gesundes, starkes Herz. Und Deutsch lerne ich, weil Heidelberg eine berühmte Universitätsklinik hat: Das Klinische Institut für Herzinfarktforschung an der Medizinischen Universitätsklinik Heidelberg! Ja, so heisst das Institut wirklich! Da studiere ich einmal Medizin.

    Toller Plan, nicht wahr?

erwecken   to awaken

bereit sein   to be ready
die Vergiftung   poisoning
die Brandwunde   burn

die Forschung   research

Fragen

1. Was ist der menschliche Körper für Paul?
2. Wie findet er eine gute Maschine?
3. Was braucht ein gesunder Mensch?
4. Was war Paul in der „high school?"
5. Was las er gern?
6. Was erweckte in ihm ein Interesse für Sportmedizin?
7. Was machte Paul in seinem letzten Jahr?
8. Wann musste Paul für die Ambulanz bereit sein?
9. Was behandelten sie?
10. Was mussten sie verbinden?
11. Wo gaben sie Erste Hilfe?
12. Was studiert Paul jetzt an seiner amerikanischen Universität?
13. Was will er werden?
14. Warum will er Deutsch lernen?
15. An welchem Institut will Paul Medizin studieren?

Struktur

Adjektive vor Nomen—der- und ein-Wörter

Akkusativ

Maskulin

A *Wiederholen Sie, bitte!*

Sie kauft den deutschen Käse.
Sie kauft einen deutschen Käse.
Sie kauft keinen deutschen Käse.
Sie kauft auch deutschen Saft.

B *Beantworten Sie die Fragen, bitte!*

Hast du den schweren Unfall gesehen?
Habt ihr den guten Artikel gelesen?
Kennst du den jungen Sportler?
Hast du einen normalen Blutdruck?
Kennst du einen gesunden Vegetarier?
Hast du einen normalen Pulsschlag?
Isst du gern deutschen Aufschnitt?
Trinkst du starken Kaffee?
Kennt ihr deutschen Käse?

Feminin

A *Wiederholen Sie, bitte!*

Er hat die gute Idee gehabt.
Er hat eine gute Idee gehabt.
Er hat keine gute Idee gehabt.
Wir hören gern deutsche Musik.

B *Beantworten Sie die Fragen, bitte!*

Hat die Krankenschwester die schwere Verletzung behandelt?
Habt ihr die neue Ambulanz schon gesehen?
Kennst du die französische Studentin auch?
Hat Claire eine deutsche Zeitung gelesen?
Habt ihr eine nette Familie?
Hast du immer eine saubere Windschutzscheibe?
Hat sie eine schwere Verletzung gehabt?
Kennst du deutsche Musik?
Kaufst du oft amerikanische Schokolade?

Neutrum

A *Wiederholen Sie, bitte!*

Sie haben nur das gute Fleisch gegessen.
Sie haben nur ein gutes Fleisch gegessen.
Sie haben nur ihr gutes Fleisch gegessen.
Sie haben natürlich deutsches Bier getrunken.

B *Beantworten Sie die Fragen, bitte!*

Habt ihr das billige Hotel gefunden?
Hast du das teure Benzin gekauft?
Hat er das neue Reserverad gesucht?
Habt ihr ein grosses Feuer gemacht?
Hat sie ein modernes Studentenheim gefunden?
Hat Opa ein neues Zelt gekauft?
Isst er gern frisches Obst?
Trinkt sie gern kaltes Bier?

Grammatik

Adjectives in the accusative singular end in -en, -e, -e if they are used with the definite article and if they precede the noun.

>Ich kaufe den billigen Wagen.
>Ich kenne die nette Amerikanerin.
>Ich kaufe das alte Auto.

Adjectives end in -en, -e, -es for the masculine, feminine, and neuter accusative singular respectively, if they are used with *ein-* words (*ein, kein, mein, dein, sein,* etc.).

>Ich kaufe einen (deinen) billigen Wagen.
>Ich kenne eine (keine) nette Amerikanerin.
>Ich kaufe ein (sein) altes Auto.

These same adjective endings are used when the noun is not preceded by a definite article or an *ein-* word.

>Wir mögen deutschen Käse.
>Wir mögen deutsche Wurst.
>Wir mögen deutsches Brot.

Note that the same rule governs accusative prepositions.

>Sie gehen durch den schönen Wald.
>Wir gehen jetzt in eine schöne Kneipe.
>Er braucht das für sein neues Auto.

Zusammenfassung

Folgen Sie dem Beispiel, bitte!

>Ich kenne meinen Onkel gut.
>>*deutsch*→
>
>Ich kenne meinen deutschen Onkel gut.

Sie kauft den Käse. *frisch*
Wir brauchen eine Übung. *neu*
Gehst du auch in die Gastwirtschaft? *schön*
Er hat einen Pulsschlag gehabt. *normal*

welcher und *dieser*

Singular

Nominativ

A *Wiederholen Sie, bitte!*

Welcher Artikel war langweilig? Dieser Artikel war langweilig.
Welche Frage ist dumm? Diese Frage ist dumm.
Welches Fleisch ist gut? Dieses Fleisch ist gut.

B *Beantworten Sie die Fragen mit* dieser, diese *oder* dieses, *bitte!*

Welcher Pulsschlag ist nicht normal?
Welcher Wagen ist furchtbar teuer?
Welcher Blutdruck ist nicht gesund?
Welche Frage ist gut?
Welche Idee ist fantastisch?
Welche Krankenschwester kommt?
Welches Fleisch ist nicht gesund?
Welches Benzin ist teuer?
Welches Buch ist schwer?

Dativ

A *Wiederholen Sie, bitte!*

Mit welchem Zug kommst du? Ich komme mit diesem.
In welcher Kneipe esst ihr? Wir essen in dieser.
Von welchem Café kommst du? Ich komme von diesem.
Welchem Mädchen dankst du? Ich danke diesem.

Beantworten Sie die Fragen mit diesem *oder* dieser, *bitte!*

Welchem Freund gibst du das Geschenk?
Zu welchem Arzt gehst du?
Von welchem Unfall sprecht ihr?
Welcher Freundin gibst du das Geschenk?
Bei welcher Tankstelle ist das Benzin nicht so teuer?
Welcher Tante schreibst du?
Welchem Kind schenkst du die Schokolade?
Mit welchem Mädchen geht Werner aus?

Das Mädchen braucht Sauerstoff.

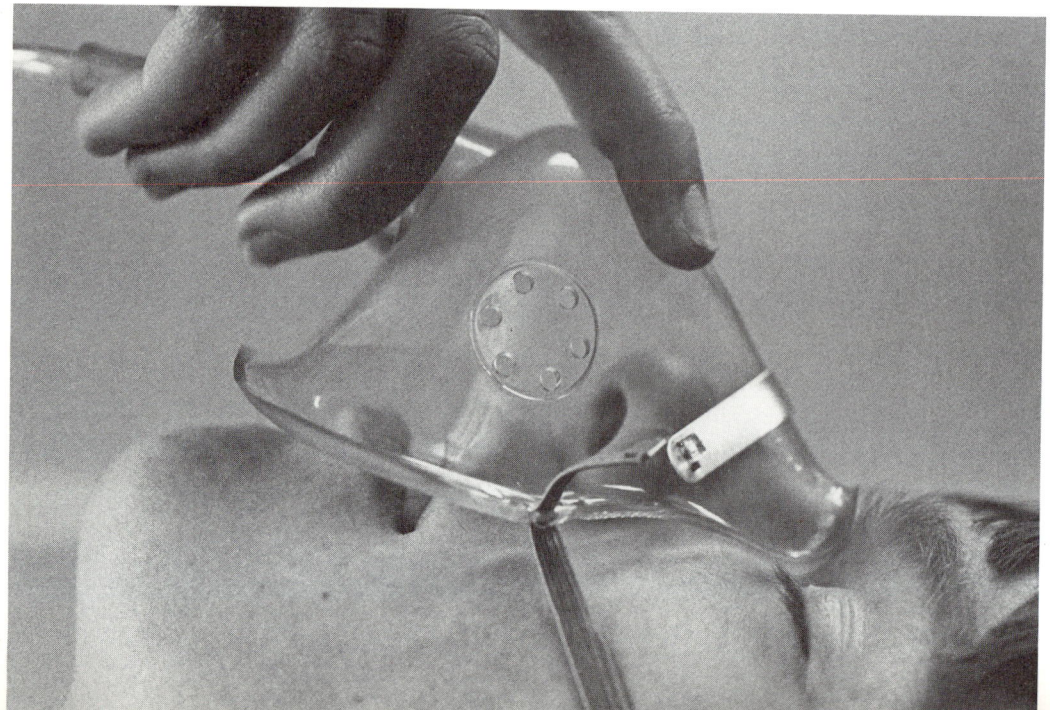

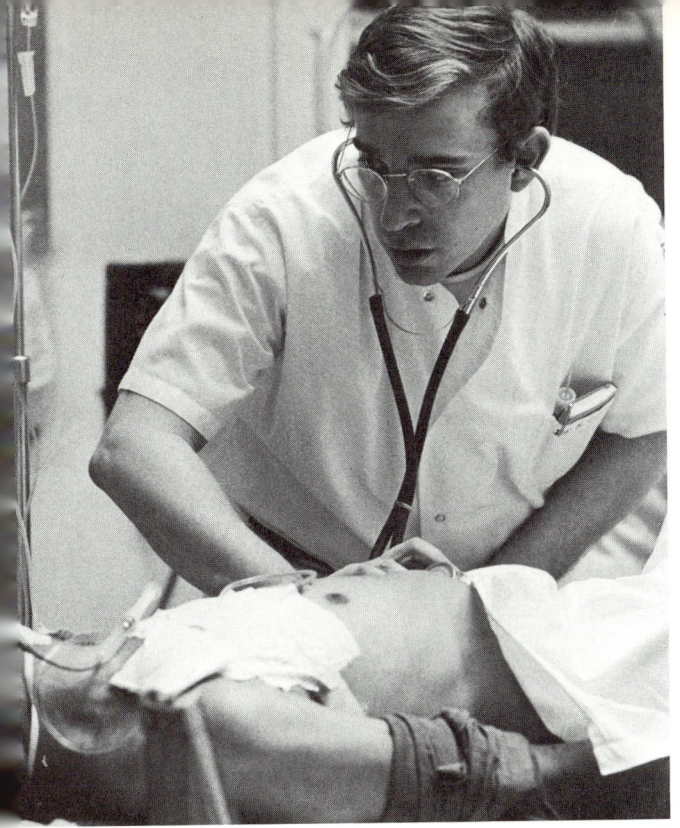

Ist der Pulsschlag normal?

Akkusativ

A Wiederholen Sie, bitte!

Welchen Wagen wollen Sie? Ich will diesen.
Welche Tankstelle finden Sie gut? Ich finde diese gut.
Welches Fleisch kaufen Sie? Ich kaufe dieses.
In welches Café gehen sie oft? Ich gehe oft in dieses.

B Beantworten Sie die Fragen mit diesen, diese **oder** dieses, **bitte!**

In welchen Zug steigst du ein?
Welchen Koffer brauchst du?
Welche Ärztin hat er gerufen?
Welche Stadt kennt ihr?
Für welche Lehrerin macht Gabi immer Hausarbeiten?

Welche Arznei hat sie gebraucht?
Welches Mädchen kennst du nicht?
In welches Café gehen sie heute?
Welches Fleisch ist nicht gut?

Plural

Nominativ, Dativ, Akkusativ

A Wiederholen Sie, bitte!

Welche Motore sind gut?
Diese Motore sind gut.

Mit welchen Freunden sprichst du gern?
Ich spreche mit diesen Freunden gern.

Welche Artikel hat er gelesen?
Er hat diese Artikel gelesen.

B Ersetzen Sie, bitte!

Welche | Pulsschläge / Wagen / Ärzte | sind gut?

Von welchen | Freunden / Mädchen / Nachbarn | sprecht ihr?

Welche | Städte / Freundinnen / Universitäten | kennt ihr?

C Ersetzen Sie, bitte!

Diese | Pulsschläge / Wagen / Ärzte | sind gut.

Wir sprechen von diesen | Freunden. / Mädchen. / Nachbarn.

Wir kennen diese | Städte. / Freundinnen. / Universitäten.

Grammatik

Welcher and *dieser* are considered *der-* words since their endings are the same as those of the definite articles *der, die, das*. Adjectives used with *welcher* and *dieser* have the same endings as the adjectives used with *der, die, das*.

    Das nette Mädchen ist meine Schwester.
    Welches nette Mädchen ist deine Schwester?
    Dieses nette Mädchen ist meine Schwester.

To summarize the *der-* words you have learned so far:

Singular

Nominative
der	die	das
welcher	welche	welches
dieser	diese	dieses

Dative
dem	der	dem
welchem	welcher	welchem
diesem	dieser	diesem

Accusative
den	die	das
welchen	welche	welches
diesen	diese	dieses

Plural

Nominative	die	welche	diese
Dative	den	welchen	diesen
Accusative	die	welche	diese

Zusammenfassung

Folgen Sie dem Beispiel, bitte!

    Dieser Film ist furchtbar.→
    Welcher Film?

Wir haben gern mit diesen Jungen gesprochen.
Er hat von diesem Helden gesprochen.
Wir sind mit dieser Maschine geflogen.
Dieser Rennwagen ist zu teuer.
Diese Pannen sind furchtbar.
Ich kenne diesen Mechaniker nicht.

Zur Wortbildung

Zwei Nomen zusammen

A *Ersetzen Sie, bitte!*

Der | Volkswagen / Weihnachtsmann / Trainingsanzug / Geburtstag | ist hier!

Die | Mittagspause / Abschiedsfeier / Ansichtskarte / Trainingsmethode | ist schön.

B *Ersetzen Sie, bitte!*

Der Hauptbahnhof
Der Sommerschlussverkauf
Der Öldruckmesser
Die Windschutzscheibe | ist da.

Das | Einkaufszentrum / Weihnachtsessen / Geburtstagsgeschenk | ist teuer.

Grammatik

As has been pointed out, many German nouns are compound nouns. These compound nouns can be formed in many ways. Often two singular nouns are combined to form one noun.

    der Wind, die Jacke→die Windjacke
    das Zimmer, die Wirtin→die Zimmerwirtin

Another group of compound nouns consists of a combination of two or more nouns connected by an *-s-*.

    das Training, der Anzug→der Trainingsanzug
    die Geburt, der Tag, das Geschenk→das Geburtstagsgeschenk

A third group of compound nouns is formed by combining three or more nouns.

    das Haupt, die Bahn, der Hof→der Hauptbahnhof

Note that the article for the newly formed compound noun is the same as that of the very last noun used.

Zusammenfassung

Ergänzen Sie, bitte!

Der Flug und der Hafen werden der _____.
Das Obst und die Torte werden die _____.
Die Hand, der Schuh und das Fach werden
    das _____.
Der Advent und der Kranz werden der
    _____.
Das Fieber und das Thermometer werden
    das _____.

Persönliches

1. Glaubst du, dass du gesund lebst?
2. Interessiert dich die Sportmedizin?
3. Bist du Vegetarier (Vegetarierin)?
4. Glaubst du, dass das Fleischessen gut oder nicht gut ist?
5. Verstehst du etwas von Blutdruck und Pulsschlag?
6. Weisst du, was „normal" ist?
7. Möchtest du Arzt (Ärztin) oder Krankenschwester (Krankenpfleger) werden?

Übungen zum Schreiben

A Ergänzen Sie mit einem passenden Wort!

1. Ein schwerer _____ war auf der Autobahn.
2. Die Erste _____ kommt.
3. Du musst die _____ verbinden.
4. Die _____ war auch da.
5. Der Patient ist wirklich krank. Er braucht _____.

B Ergänzen Sie mit den passenden Artikeln!

1. _____ Herzinfarkt war nicht schwer.
2. _____ Fleisch ist jetzt zu teuer.
3. _____ Blutdruck ist ganz normal.
4. _____ Ambulanz kommt schon.
5. _____ Unfall war um 14 Uhr.
6. _____ Sauerstoff ist in der Ambulanz.
7. _____ Krankenschwester hilft auch.
8. _____ Knochenbruch ist hier.

C Schreiben Sie die Sätze im Plural!

1. Der Vegetarier isst kein Fleisch.
2. Die Krankenschwester muss viel wissen.
3. Der Artikel war wirklich interessant.
4. Der Pulsschlag ist doch normal.

D *Folgen Sie dem Beispiel!*

> Wir kennen den Arzt. *gut*→
> Wir kennen den guten Arzt.
> Wir kennen einen guten Arzt.

1. Ich mag den Körper. *gesund*
2. Wir brauchen den Kofferraum. *gross*
3. Er kauft den Motor. *deutsch*
4. Wir wollen den Pulsschlag haben. *normal*
5. Die Krankenschwester behandelt den Mann. *krank*

E *Schreiben Sie Sätze!*

1. Wir / kaufen / auch / italienisch / Käse
2. Wir / trinken / auch / deutsch / Kaffee
3. Wir / kennen / auch / britisch / Musik
4. Wir / studieren / auch / deutsch / Medizin
5. Wir / essen / auch / amerikanisch / Brot

Hat der Patient einen Knochenbruch?

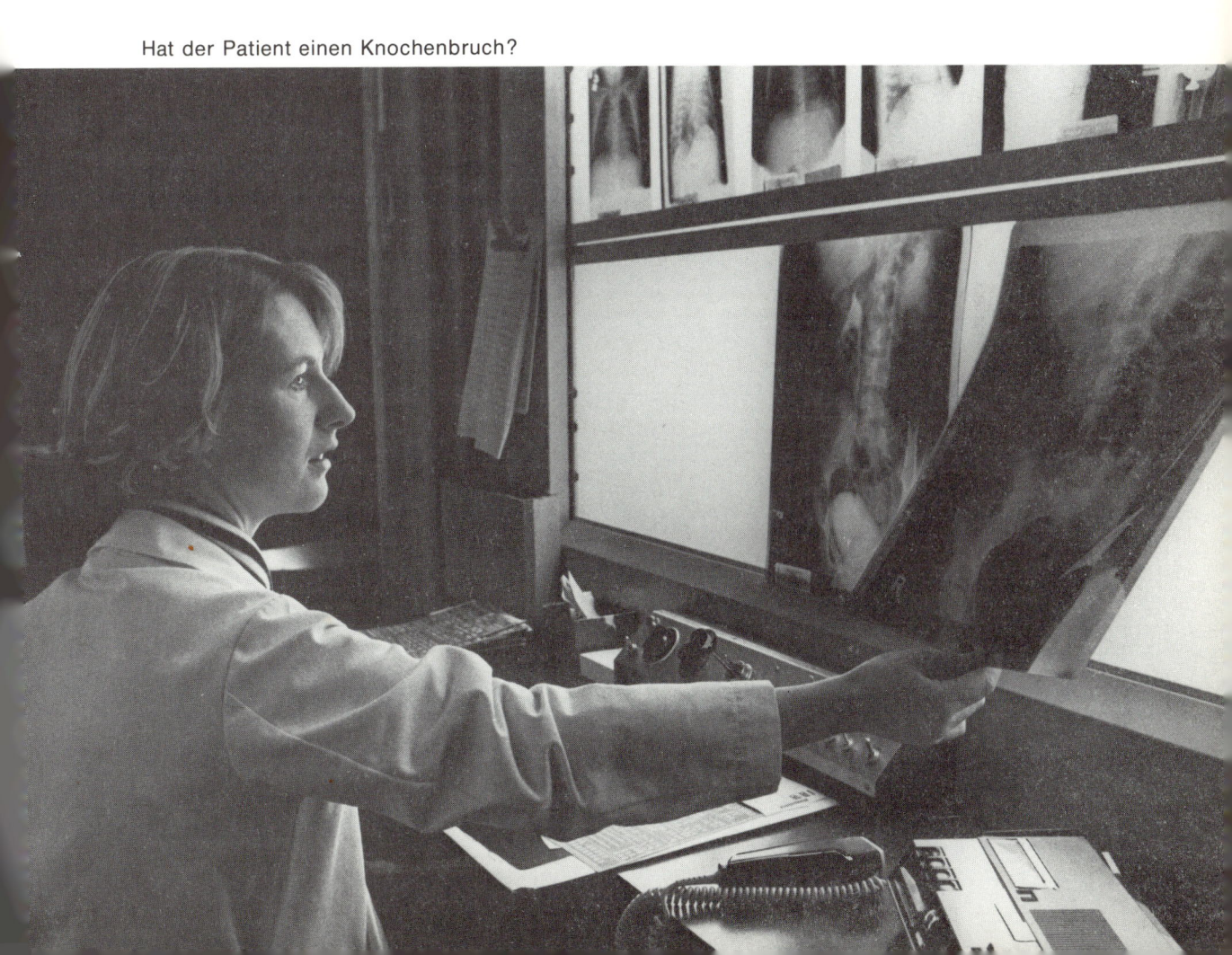

F *Folgen Sie dem Beispiel!*

Helga und Heidi kauften das schöne Geschenk. →
Helga und Heidi kauften ein schönes Geschenk.

1. Ich möchte den modernen Flughafen sehen.
2. Wir lernen heute die nette Nachbarin kennen.
3. Sonntags machen sie den schönen Kaffeeklatsch.
4. Ich möchte nur das gute Fleisch essen.
5. Er kaufte die teure Rückfahrkarte.
6. Sie suchte das grosse Schliessfach.
7. Ich mag den kalten Bach nicht.
8. Wie findest du das neue Studentenheim?

In der Ambulanz

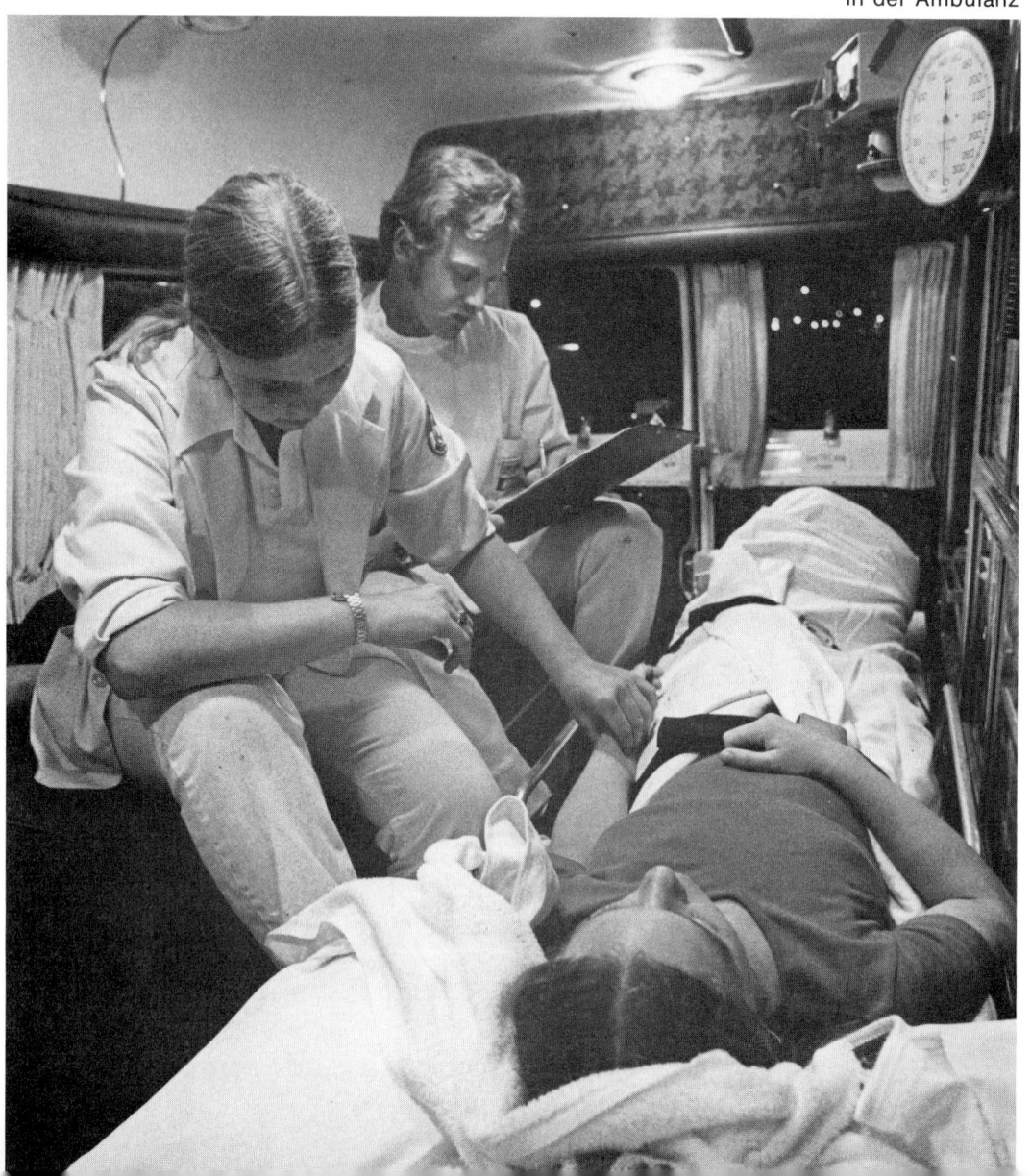

G *Schreiben Sie Fragen mit* welch- *für diese Sätze!*

1. Dieser Rennwagen ist luxuriös.
2. Ich habe diese Krankenschwester nicht gesehen.
3. Wir haben diese Arznei gekauft.
4. Er fliegt mit dieser Maschine.
5. Dieses Brot schmeckt nicht gut.
6. Wir sprechen gern von diesem Sport.
7. Diese Blumen sind schön.
8. Ich habe nicht viel über diese Helden gelesen.
9. Mit diesem Wagen fahren wir nicht langsam.

H *Folgen Sie dem Beispiel!*

Das kleine Mädchen ist meine Freundin.→
Dieses kleine Mädchen ist meine Freundin.

1. Ich bringe dem kranken Freund die Hausarbeiten.
2. Hast du den amerikanischen Lehrer schon gesehen?
3. Das grosse Hotel ist sehr teuer.
4. Wir haben die amerikanische Höchstgeschwindigkeit nicht gern.

I *Schreiben Sie diese Wörter zusammen!*

1. der Motor, das Rad
2. das Herz, das Klopfen
3. das Öl, der Druck, der Messer
4. der Puls, der Schlag
5. die Reserve, das Rad
6. der Wind, der Schutz, die Scheibe
7. der Sport, der Platz
8. die Geburt, der Tag, das Geschenk
9. das Volk, der Wagen

Zum Schreiben

Welche Fragen interessieren Sie über Sportmedizin? (Zum Beispiel: Welcher Blutdruck ist normal? usw.)

Aufgabe 5

Vokabeln

1. Diese Stadt ist ein Trümmerfeld. Sie ist 100 Prozent zerstört.

2. Berlin hat verschiedene Wohnviertel. Es hat zwei Seen und einen Fluss. Mitten durch Berlin geht eine Mauer.

67

- **frieren** Es ist sehr kalt draussen. Ich friere.
- **die Hauptstadt** Washington, D.C., ist die Hauptstadt von den U.S.A.
- **der Spitzname** Tommy ist ein Spitzname für Thomas.
- **der Lastwagen** Ein Lastwagen ist ein grosser, grosser Wagen. Er bringt viele Sachen von einer Stadt zur anderen.
- **jeder, jede, jedes** Singular für alle
- **weltberühmt** in der ganzen Welt berühmt

- der Triumph   faszinierend   blockieren
  der Humor   psychologisch
  die Existenz
  die Identität
  das Drama
  das Museum

Übungen

A *Beantworten Sie die Fragen, bitte!*

1. Was ist diese Stadt?
2. Was ist 100 Prozent zerstört?
3. Was hat Berlin?
4. Wo ist eine Mauer?

B *Beantworten Sie die Fragen, bitte!*

1. Was ist Rom? (die Hauptstadt von Italien)
2. Warum ziehst du deine Daunenjacke an? (ich friere)
3. Wie sind Beethoven, Bach und Brahms? (weltberühmt)
4. Was sind Tommy, Timmy und Janie? (Spitzname)

Nach dem zweiten Weltkrieg war Berlin ein Trümmerfeld.

Nomen

A *Ersetzen Sie, bitte!*

Der Fluss
Der See
Der Humor
Die Hauptstadt ist auch berühmt.
Die Mauer
Das Wohnviertel
Das Trümmerfeld
Das Museum

B *Beantworten Sie die Fragen, bitte!*

Dauerte der Krieg fünf Jahre?
Heisst der Fluss die Donau?
Ist der See gross?
Ist der Spitzname nett?
Ist die Hauptstadt von Deutschland Bonn?
Ist die Mauer klein?
Ist das Wohnviertel schön?
War das Drama interessant?
Ist das Dorf romantisch?

C *Ersetzen Sie, bitte!*

Wo sind denn die | Flüsse?
Seen?
Wohnviertel?
Trümmerfelder?
Dörfer?

D *Beantworten Sie die Fragen, bitte!*

Sind die Dramen weltberühmt?
Sind die Spitznamen schön?
Waren die Kriege lang?
Existieren die Trümmerfelder?
Sind die Wohnviertel luxuriös?

Grammatik

In this lesson the nouns presented for active use are:

Singular	Plural
der Krieg	die Kriege
der Fluss	die Flüsse
der See	die Seen
der Spitzname	die Spitznamen
der Humor	
die Hauptstadt	die Hauptstädte
die Mauer	die Mauern
das Wohnviertel	die Wohnviertel
das Drama	die Dramen
das Trümmerfeld	die Trümmerfelder
das Museum	die Museen

69

Lesestück

Berlin—gestern und heute

Berlin hat Geschichte. Sie ist eine traurige, aber doch faszinierende Geschichte. Nach dem Krieg, 1945, war die Stadt so 70 Prozent zerstört—ein Trümmerfeld. Wer baute denn Berlin wieder auf, während die Männer noch in Russland oder in Frankreich waren? Wer räumte den Schutt von den Strassen? Es waren die Frauen. Man nannte sie „Trümmerfrauen".

1945 war Berlin am Ende — kaputt. 1948 blockierten dann die Russen Berlin. Lastwagen, Züge und Autos durften nicht durch die Ostzone nach Berlin fahren. Berlin war also nicht nur zerstört. Berlin hatte auch Hunger, und Berlin musste frieren. Warum haben die Berliner nicht aufgegeben? Warum haben sie Berlin nicht verlassen?

räumen *to clear*
der Schutt *rubble*
nennen *to call*

Sie waren Berliner, diese Menschen, und Berlin war ihre Stadt. Auch versorgten dann von 1948 bis 1949 amerikanische und britische Flugzeuge Berlin. Diese Luftbrücke war ein psychologischer Triumph im neuen „Kalten Krieg".

    die Luftbrücke airlift

In der Zwischenzeit wurde Ostberlin die Hauptstadt von der Deutschen Demokratischen Republik (DDR). Westberlin kämpfte um seine Existenz und um seine Identität als Weltstadt. Man darf nicht vergessen, dass Westberlin mitten in der DDR liegt. Das Drama war aber noch nicht vorbei. 1961 erschien eine Mauer mitten durch Berlin.

    vergessen to forget
    erscheinen to appear

Aber die Berliner haben dann auch nicht aufgegeben. Sie hatten immer ihre „Berliner Grossschnauze," und sie haben sie auch heute noch. Wie immer geben sie ihrer Welt Spitznamen, und wie immer haben sie ihren alten Berliner Humor. Nur ein kleines Beispiel: Sie nennen den Platz der Nationen vor dem Olympiastadion (Olympiade 1936) den „Platz der Idioten," weil hier jeder neue Autofahrer das Autofahren lernt.

    „Berliner Grossschnauze"
      big mouth

Berlin ist eine grosse Stadt. Es hat eine Innenstadt, ein Dorf, verschiedene Wohnviertel, Seen, einen Wald und einen Fluss. Aber plötzlich ist da die Mauer oder die Grenze, und man kann nicht weiterfahren.

    das Dorf village
    die Grenze border

Dann muss man ein bisschen traurig und nachdenklich werden.

    nachdenklich thoughtful

Fragen

1. Was hat Berlin?
2. Wie ist diese Geschichte?
3. Was war Berlin nach dem Krieg?
4. Wo waren die Männer?
5. Wer räumte den Schutt von den Strassen?
6. Wann blockierten die Russen Berlin?
7. Was hatte Berlin?
8. Was war die Luftbrücke?
9. Was wurde Ostberlin in der Zwischenzeit?
10. Was darf man nicht vergessen?
11. Was hatten die Berliner?
12. Was geben sie immer ihrer Welt?
13. Was ist der „Platz der Idioten"?
14. Ist Berlin wirklich eine grosse Stadt?
15. Was hat Berlin?

Struktur

Adjektive vor Nomen—ein- und der-Wörter

Plural

Nominativ

A *Wiederholen Sie, bitte!*

Die amerikanischen Flugzeuge sind über die Ostzone geflogen.
Unsere amerikanischen Flugzeuge kamen.
Viele amerikanische Flugzeuge kamen.
Amerikanische Flugzeuge kamen.

B *Beantworten Sie die Fragen, bitte!*

Sind die grossen Städte interessant?
Sind die italienischen Opern schön?
Sind die deutschen Flüsse berühmt?
Sind die schnellen Wagen teuer?
Sind eure amerikanischen Dörfer schön?
Fahren eure modernen Züge schnell?
Arbeiten eure neuen Krankenschwestern gut?
Sind eure alten Freunde nett?
Sind eure sportlichen Schwestern auch hier?

Sind viele französische Städte berühmt?
Sind viele grosse Hauptstädte teuer?
Wohnen nette Studenten hier?
Sind hier gemütliche Kneipen?
Sind hier schöne Wohnviertel?

Berlin: heute

Die Luftbrücke

Dativ

A *Wiederholen Sie, bitte!*

Wir sprachen mit den netten Ärztinnen.
Wir sprachen mit euren netten Ärztinnen.
Wir sprachen mit vielen netten Ärztinnen.
Wir sprachen mit netten Ärztinnen.

B *Ersetzen Sie, bitte!*

Wir geben den (unseren) | kleinen kranken fleissigen | Brüdern ein Geschenk.

Wir waren in vielen | deutschen französischen italienischen | Städten.

Wir sitzen gern in | alten romantischen deutschen | Gastwirtschaften.

C *Beantworten Sie die Fragen, bitte!*

Habt ihr oft in den Gastwirtschaften gegessen?
Warst du auch in den teuren Hotels?
Schenkst du seinen kleinen Schwestern Schokolade?
Sagst du deinen netten Eltern etwas?

Wart ihr in vielen deutschen Dörfern?
Sprecht ihr oft von vielen guten Freunden?
Warst du auch in alten Museen?
Fährst du gern mit alten Zügen?

Akkusativ

A *Wiederholen Sie, bitte!*

Wir besuchen die grossen Städte.
Wir besuchen ihre grossen Städte.
Wir besuchen viele grosse Städte.
Wir besuchen grosse Städte.

B *Ersetzen Sie, bitte!*

Sie besuchten auch die (eure) | französischen / italienischen / amerikanischen | Museen.

Sie sahen viele | gute / moderne / faszinierende | Dramen.

Sie wollten | interessante / deutsche / neue | Zeitungen lesen.

C *Beantworten Sie die Fragen, bitte!*

Wer behandelt die schweren Verletzungen?
Habt ihr die grossen Muscheln gebracht?
Hast du die billigen Schuhe gekauft?
Habt ihr eure guten Museen auch besucht?
Habt ihr über ihre alten Kriege gelesen?
Hast du viele romantische Dörfer gesehen?
Hat der Arzt viele schwere Verletzungen behandelt?
Liest du deutsche Zeitungen?
Hast du gute Ideen?

Grammatik

The adjective endings for plural nouns in all three cases (nominative, dative, accusative) are *-en* for both *der-* and *ein-* words.

When *viele* precedes the adjective, or when no article is present, then the adjective endings are *-e, -en, -e* for the nominative, dative, and the accusative plurals respectively.

Nominative   Die(unsere) deutschen Städte sind schön.
BUT
Viele deutsche Städte sind schön.
Deutsche Städte sind schön.

Dative   Wir sprechen von den(unseren) deutschen Städten.
Wir sprechen von vielen deutschen Städten.
Wir sprechen von deutschen Städten.

Accusative   Wir besuchen die(eure) deutschen Städte.
BUT
Wir besuchen viele deutsche Städte.
Wir besuchen deutsche Städte.

jeder und *alle*

Maskulin, Feminin, Neutrum

Wiederholen Sie, bitte!

Spricht jeder Schüler Deutsch?
Ja, alle Schüler sprechen Deutsch.

Sprechen alle Schüler Deutsch?
Ja, alle Schüler sprechen Deutsch.
Wart ihr in jeder Kneipe?
Ja, wir waren in allen Kneipen.
Kennst du jeden Sportler?
Ja, ich kenne alle Sportler.

Berlin hat verschiedene Wohnviertel.

Grammatik

Jeder is also a *der-* word, because its endings are the same as those of the definite articles *der*, *die*, and *das*. As such, the adjectives used with *jeder* have the same endings as the adjectives used with *der*, *die*, and *das*.

Nominative Der nette Junge ist mein Freund.
Jeder nette Junge ist mein Freund.

Dative Ich spreche mit dem netten Jungen.
Ich spreche mit jedem netten Jungen.

Accusative Ich kenne den netten Jungen.
Ich kenne jeden netten Jungen.

Note that the plural of *jeder, jede, jedes* is *alle*.

Wiederholung: Nomen mit *-en, -n* im Dativ und Akkusativ

A *Ersetzen Sie, bitte!*

Der | Student / Herr / Patient | heisst Joachim.

Wir sprechen gern mit dem | Studenten. / Herrn. / Patienten.

Wir kennen den | Studenten / Herrn / Patienten | nicht.

B *Beantworten Sie die Fragen, bitte!*

Ist das Herr Riegler?
Gibst du Herrn Riegler das Geld?
Kennst du Herrn Riegler gut?

Ist der Nachbar freundlich?
Sprechen deine Eltern oft mit dem Nachbarn?
Besuchen sie den Nachbarn heute?

Heisst der Junge Hans?
Geht Martina mit dem Jungen ins Einkaufszentrum?
Hat sie den Jungen gern?

Grammatik

Masculine nouns which form their plural by adding *-en*, or *-n* retain this ending in the dative and accusative singular. Further examples of these nouns are:

der Spezialist, dem Spezialisten, den Spezialisten—die Spezialisten
der Mensch, dem Menschen, den Menschen—die Menschen
der Name, dem Namen, den Namen—die Namen
der Drache, dem Drachen, den Drachen—die Drachen
der Held, dem Helden, den Helden—die Helden
der Athlet, dem Athleten, den Athleten—die Athleten

wohin und *woher*

A *Wiederholen Sie, bitte!*

Wohin fliegst du?
Wo fliegst du hin?
Ich fliege nach Frankfurt.

Woher kommst du?
Wo kommst du her?
Ich komme aus Berlin.

B *Beantworten Sie die Fragen, bitte!*

Wohin fahrt ihr im Sommer? Nach Frankreich?
Wo fahrt ihr hin? Nach Berlin?
Wohin reist ihr im Winter? Nach Florida?
Wo reist ihr hin? Nach Arizona?
Woher kommen Sie? Aus Amerika?
Wo kommen Sie her? Aus Minnesota?

Grammatik

You have already learned that *wo* means "where." *Wohin* means "where" in the sense of direction toward a place, i.e., away from the speaker. *Woher* means "where" in the sense of from a place, i.e., toward the speaker. *Wohin* and *woher* can also be *wo . . . hin* and *wo . . . her*.

Persönliches

1. Magst du lieber kleine Städte oder grosse Städte?
2. Welche grossen Städte findest du sehr interessant?
3. Warum findest du Berlin interessant?
4. Möchtest du Berlin besuchen?

Übungen zum Schreiben

A *Ergänzen Sie mit einem passenden Wort!*

1. _____ war ein Trümmerfeld.
2. Die Stadt war 70 _____ zerstört.
3. _____ durch Berlin geht eine Mauer.
4. Nach dem zweiten _____ war Berlin ein Trümmerfeld.
5. Berlin hat einen Fluss und zwei _____.

B *Ergänzen Sie mit den passenden Artikeln!*

1. _____ Krieg ist furchtbar.
2. _____ Fluss heisst der Spree.
3. _____ Spitzname ist nicht schön.
4. _____ Wohnviertel ist auch in Berlin.
5. _____ Mauer geht mitten durch Berlin.
6. _____ Trümmerfeld steht nicht mehr.
7. _____ See ist nicht sehr gross.
8. _____ Drama ist deutsch.
9. Was ist denn _____ Haupstadt von den U.S.A.?

C *Schreiben Sie die Sätze im Plural!*

1. Wo ist denn die Mauer?
2. Der Spitzname ist nicht nett.
3. Das Museum ist nicht alt.
4. Das Drama ist wirklich faszinierend.
5. Krieg ist immer dumm.

D *Folgen Sie dem Beispiel!*

Die schönen Wohnviertel sind teuer.→
Schöne Wohnviertel sind teuer.

1. Eure alten Trümmerfelder stehen nicht mehr.
2. Mutti geht gern in die modernen Kaufhäuser.
3. Opa kauft den fleissigen Kindern Schokolade.
4. Wir fahren nicht gern mit den alten Strassenbahnen.
5. Unsere kranken Schüler bleiben zu Hause.
6. Gabi möchte nicht mit den furchtbaren Drachen kämpfen.
7. Er bringt uns die herrlichen Weine.
8. Meine fleissigen Schwestern bekommen ein Geschenk.

E *Folgen Sie dem Beispiel!*

Das sind wirklich schlaue Leute!→
Wir sprechen gern mit schlauen Leuten.

1. Das sind wirklich sportliche Mädchen.
2. Das sind wirklich deutsche Eltern.
3. Das sind wirklich glückliche Kinder.
4. Das sind wirklich tolle Sportler.
5. Das sind wirklich faszinierende Jungen.

Berlin: die Mauer

F *Folgen Sie dem Beispiel!*

    Schreibt er der Tante? →
    Ja, er schreibt jeder Tante.

1. Ist der Krieg furchtbar?
2. Bist du gern auf dem Flughafen?
3. Fahren sie gern auf der Autobahn?
4. Telefoniert Klaus mit dem Freund?
5. Weiss der Arzt etwas von dem Knochenbruch?
6. Ist die Werkstatt teuer?
7. Habt ihr den Film gesehen?
8. Hat deine Freundin das Problem verstanden?

G *Ergänzen Sie mit der passenden Form des Nomens!*

1. Der _____ heisst Gerhard. *Junge*
2. Frau Doktor Hahn hat einen neuen _____. *Patient*
3. Siegfried hat mit dem furchtbaren _____ gekämpft. *Drache*
4. Unser _____ heisst Herr Zucker. *Nachbar*
5. Hat Annette Connelly einen deutschen _____ kennengelernt? *Student*
6. Wann besucht ihr _____ Schmidt? *Herr*

Zum Schreiben

Erklären Sie in fünf oder mehr Sätzen, warum Sie Berlin besuchen (oder nicht besuchen) möchten!

Aufgabe 6

Vokabeln

1 Das ist eine Chemiestunde.
Dieser Versuch demonstriert die Einwirkung von einem Metall (Zink) auf eine Säure (Salzsäure).
Die Schülerinnen wollen die Herstellung von Wasserstoff demonstrieren.

2 Salzsäure plus Zink gibt Zinkchlorid plus Wasserstoff.
($2HCl + Zn \rightarrow Zn + Cl_2 + H_2\uparrow$).
Das ist eine Reaktionsgleichung.

■ **der Knall** eine kleine Explosion
leicht einfach, nicht schwer
rein pur
ersetzen Wir haben keine Butter. Wir müssen sie mit Margarine ersetzen.
bedeuten Was bedeutet Versuch auf englisch?
sich verbinden mit kombinieren

■ der Ballon aktiv explodieren
die Explosion demonstrieren
die Chemie
die Flamme
das Element
das Molekül

Übungen

A Beantworten Sie die Fragen, bitte!
1. Was demonstriert dieser Versuch?
2. Welches Metall braucht man?
3. Welche Säure braucht man?
4. Was wollen die Schülerinnen demonstrieren?
5. Was ist die Reaktionsgleichung für diesen Versuch?

B Ergänzen Sie, bitte!
1. Die _____ ist sehr heiss.
2. Ich habe auch _____ in der Schule gehabt.
3. Kinder haben einen _____ sehr gern.
4. Habt ihr den _____ nicht gehört?
5. Ist Deutsch schwer oder _____?
6. „Rein" _____ „pur".

In der Chemieklasse

Nomen

A *Wiederholen Sie, bitte!*

Der Ballon ist nicht hier.
Der Wasserstoff ist ein Gas.

Die Chemiestunde ist interessant.
Die Säure ist stark.
Das Zink ist ein Element.
Das Metall ist teuer.

B *Beantworten Sie die Fragen, bitte!*

Ist der Wasserstoff im Ballon?
Ist der Versuch immer interessant?
Ist die Chemie interessant?
Heisst die Säure Salzsäure?
Ist das Zink ein Metall?

C *Beantworten Sie die Fragen, bitte!*

Sind die Ballons zu klein?
Sind die Metalle teuer?
Waren die Versuche interessant?
Wieviele Säuren kennst du?

Ein Versuch

Grammatik

In this lesson the nouns presented for active use are:

Singular	Plural
der Wasserstoff *hydrogen*	
der Ballon *balloon*	die Ballons
der Knall *explosion*	die Knalle
der Versuch *experiment*	die Versuche
die Chemiestunde *chemistry student*	die Chemiestunden
die Flamme *flame*	die Flammen
die Säure *acid*	die Säuren
die Gleichung *equation*	die Gleichungen
das Zink *zinc*	
das Metall	die Metalle
das Element	die Elemente
das Molekül	die Moleküle

Gespräch

Erster April in der Chemiestunde

Herr Howard Fuhrmann (Chemielehrer)   Guten Morgen. Heute erzähle ich euch von einem berühmten deutschen Herrn, von dem Grafen Ferdinand von Zeppelin. Dann machen wir einen ganz einfachen Versuch mit Wasserstoff und Sauerstoff. Ihr habt ihn bestimmt schon im letzten Jahr gemacht.   der Graf   *count*

Jane Bene (*zu Erica Unger*) Was ist denn mit dem los? Wir sind doch nicht in der Deutschklasse! Ich hab' heute schon Deutsch gehabt. Einmal ist genug.

Herr Fuhrmann Also dieser berühmte Herr wusste, dass Wasserstoff leichter als Luft ist. Er wusste auch, dass ein Ballon in die Luft steigen kann, wenn er mit Wasserstoff gefüllt ist. Ihr wisst das natürlich auch.

Im Jahre 1900 baute der Graf ein Luftschiff. Es konnte in die Luft steigen, weil es genug Wasserstoff enthielt. Was ist los, Kinder? Ihr versteht doch alle Deutsch, nicht wahr? Fräulein Bene, erzählen Sie uns mal, warum ich über Luftschiffe spreche!

enthalten *to contain*

Jane Bene Ganz einfach, Herr Fuhrmann. Wasserstoff ist ein aktives Element. Die Wasserstoffmoleküle verbinden sich leicht mit Sauerstoffmolekülen und lassen Energie los. Eine Wasserstoff-Sauerstoff-Mischung erzeugt eine Explosion. Und jetzt machen wir den Versuch von Chemie I: die Herstellung von Wasserstoff durch Einwirkung von einem Metall auf eine Säure. Das Metall in diesem Versuch ist Zink (Zn) und die Säure Salzsäure (HCl). Zu diesem Versuch braucht man: viele sachen!

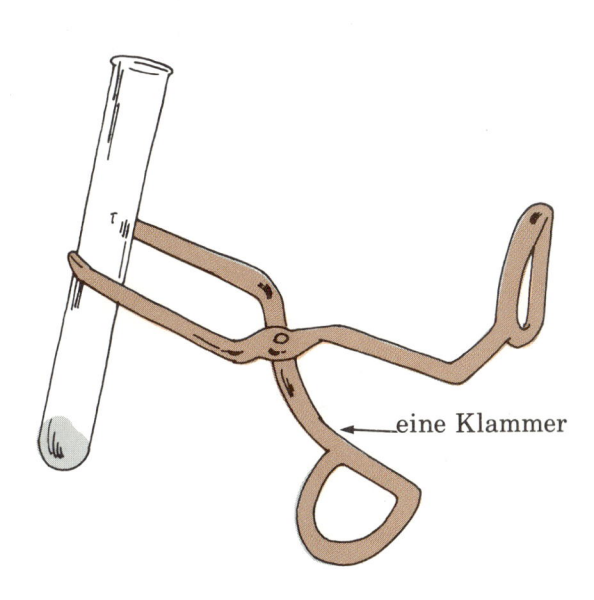

erzeugen *to produce*

←eine Klammer

Reagenzgläser

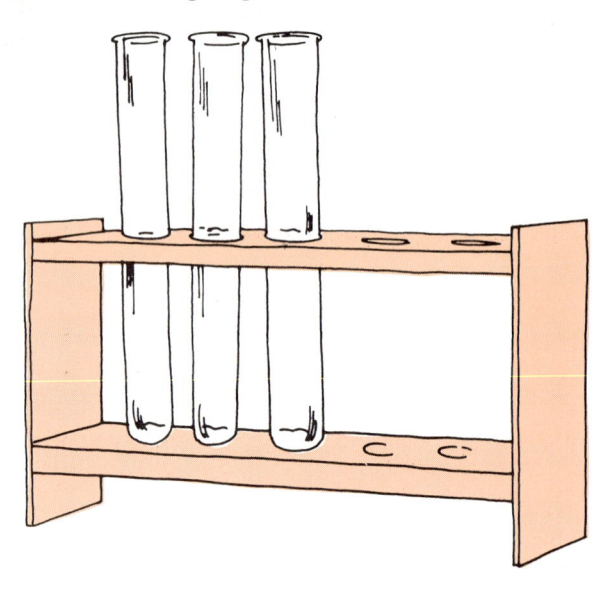

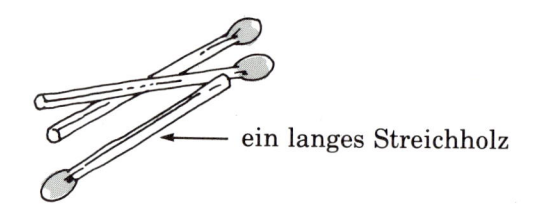

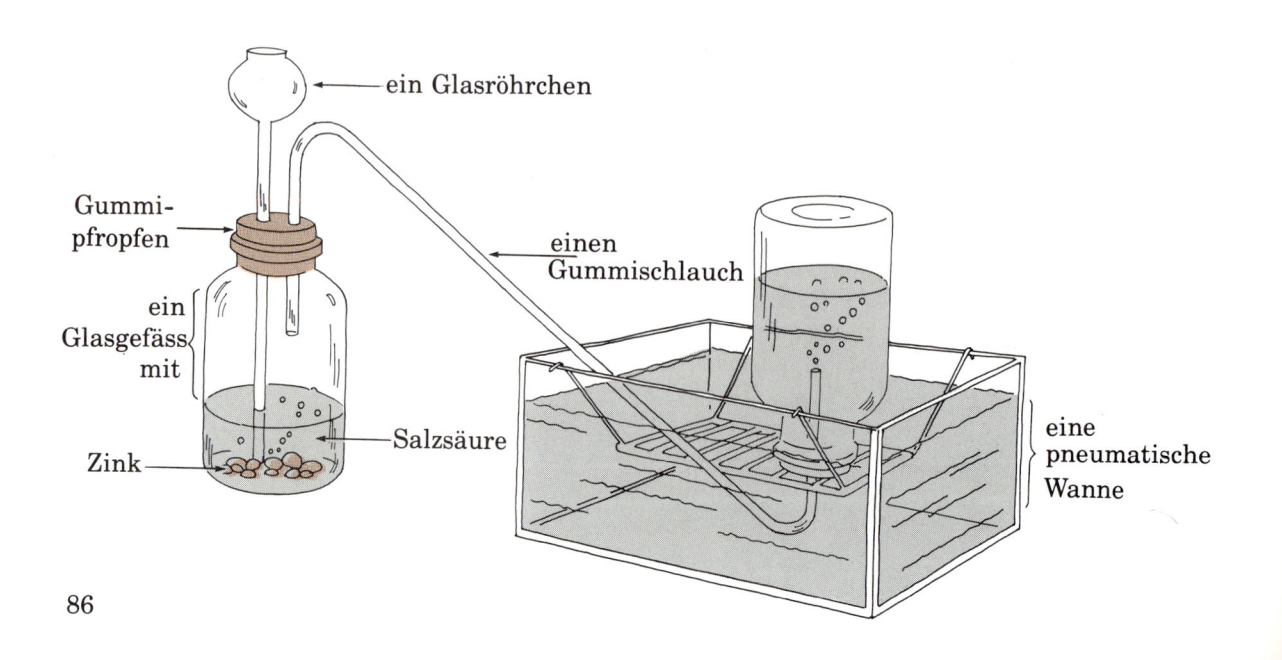

ein langes Streichholz

ein Glasröhrchen

Gummipfropfen

einen Gummischlauch

ein Glasgefäss mit

Zink

Salzsäure

eine pneumatische Wanne

Später

Jane Bene (*zu Erica*) Wir legen ein paar Klumpen Zink in das Glasgefäss, verpfropfen es mit einem Gummipfropfen und giessen die Salzsäure durch das Glasröhrchen auf das Zink. Das Zink verbindet sich leicht mit dem Chlor (Cl) von der Salzsäure und wird Zinkchlorid (ZnCl$_2$).   giessen *to pour*

Erica Unger Hoffentlich entweicht der Wasserstoff durch den Gummischlauch in das Reagenzglas. Muss das Reagenzglas mit der Öffnung nach unten oder nach oben in der Wanne stehen?   entweichen *to escape* / die Öffnung *opening* / nach unten *down*

Jane Bene Nach unten, Dummkopf! Wir wollen den Wasserstoff im Reagenzglas fangen. Die Reaktionsgleichung für diesen Vorgang ist 2HCl + Zn → ZnCl$_2$ + H$_2$. Auf deutsch ist das schwer!   nach oben *up* / fangen *to catch* / der Vorgang *process*

Erica Unger Salzsäure plus Zink gibt Zinkchlorid plus Wasserstoff. In der pneumatischen Wanne und im Reagenzglas ist jetzt Wasser. Der freie Wasserstoff ersetzt das Wasser, nicht wahr?

Jane Bene Ja. Und hier ist unser Reagenzglas mit reinem Wasserstoff. Das Reagenzglas lassen wir jetzt eine Minute mit der Öffnung nach oben stehen. Und du, Erica, musst das Streichholz halten.   halten *hold*

Erica Unger Keine Angst. Weil Wasserstoff leichter als Luft ist, ist er schnell in der Luft verflogen. Keine Explosion.

Jane Bene Richtig. Jetzt sammeln wir Wasserstoff in einem zweiten Reagenzglas und halten ein Streichholz über dem Reagenzglas. Aber wir lassen den Wasserstoff nicht in der Luft verfliegen.   sammeln *to collect*

Erica Unger Hoffentlich hören wir den kleinen Knall. Da ist er! Das bedeutet, dass Wasserstoff wirklich leichter als Luft ist, und dass er im Kontakt mit einer Flamme explodiert. Und das alles auf deutsch!

Fragen

1. Wie heisst der Lehrer?
2. Ist Herr Fuhrmann Deutschlehrer?
3. Kann Herr Fuhrmann Deutsch sprechen?
4. Wie heisst ein berühmter deutscher Herr?
5. Welchen Versuch hat die Klasse bestimmt schon im letzten Jahr gemacht?
6. Was hat Jane Bene heute schon gehabt?
7. Was ist leichter als Luft?
8. Wann kann ein Ballon in die Luft steigen?
9. Wann baute der Graf ein Luftschiff?
10. Was erzeugt eine Wasserstoff-Sauerstoff-Mischung?
11. Was ist das Metall in diesem Versuch?
12. Was ist die Säure?
13. Wo wollen Jane und Erica den Wasserstoff fangen?
14. Was ersetzt der freie Wasserstoff?
15. Wie lange lassen Jane und Erica das Reagenzglas mit dem reinen Wasserstoff stehen?
16. Was ist in der Luft verflogen? Warum?
17. Was lassen Jane und Erica aus dem zweiten Reagenzglas nicht verfliegen?
18. Was hören sie?
19. Was bedeutet das?

Was machen die Studenten?

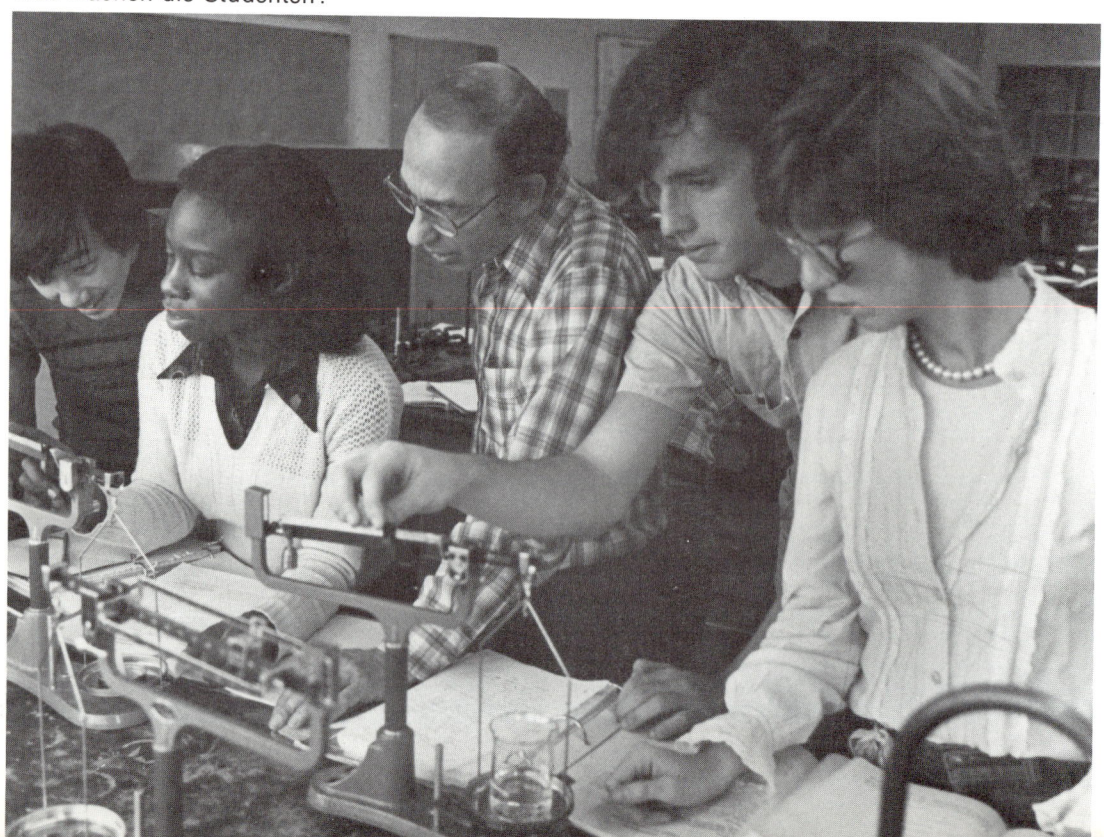

Struktur

Wortfolge mit *dass, weil, wenn, als, ob*

A Ersetzen Sie, bitte!

Er sagte, dass er heute nicht | arbeitet. / spielt. / isst. / mitkommt.

Wir mögen die Museen Berlins, weil sie | modern / interessant / weltberühmt | sind.

Was macht ihr, wenn ihr | keine Hausarbeiten / keine Zeit / kein Geld / kein Auto | habt?

Was sagte Herr Fuhrmann, als er das | sah? / las? / hörte? / suchte?

Peter fragt uns, ob wir auch etwas | gemacht / verstanden / gesagt / gehört | haben.

B Folgen Sie dem Beispiel, bitte!

Ich glaube auch. Wir brauchen ein paar Klumpen Zink. *dass* →
Ich glaube auch, dass wir ein paar Klumpen Zink brauchen.

Er hat geglaubt. Er hat einen kleinen Knall gehört. *dass*

Karla sucht das Zink. Sie braucht ein Metall für den Versuch. *weil*

Kommst du bestimmt? Du hast Zeit. *wenn*

Wir sassen in der Klasse. Herr Fuhrmann sprach plötzlich Deutsch. *als*

Sie möchte wissen. Hast du die Gleichung schon gelernt? *ob*

Du musst zu Hause bleiben. Du hast viele Hausarbeiten. *wenn*

Wir waren schon mit dem Versuch fertig. Ellen kam. *als*

Wortfolge mit *obwohl, während, seit (seitdem)*

A Wiederholen Sie, bitte!

Hans-Peter hat den Versuch nicht verstanden, obwohl er in der Klasse war.

Unsere Eltern waren in Berlin, während wir München besuchten.

Ich habe viele Hausarbeiten, seitdem (seit) ich Chemie habe.

B Ersetzen Sie, bitte!

Obwohl er in der Klasse war, hat er | den Artikel / die Geschichte / das Drama | nicht verstanden.

Während wir | München / Frankfurt / Hamburg | besuchten, waren unsere Eltern zu Hause.

Seitdem (seit) ich | Chemie / Deutsch / Mathematik | habe, habe ich viele Hausarbeiten.

Grammatik

You have already learned that dependent clauses introduced by the conjunctions *dass, weil, wenn, als, ob,* etc. use transposed word order.

    independent clause   dependent clause
Ich komme nicht, weil ich keine Zeit habe.

If such a dependent clause precedes the independent clause, the word order of the *independent clause* is inverted.

Ich komme nicht, weil ich keine Zeit habe.
Weil ich keine Zeit habe, *komme ich* nicht.

Wir besuchen immer die Museen, wenn wir in Berlin sind.
Wenn wir in Berlin sind, *besuchen wir* immer die Museen.

Er hat Guten Tag gesagt, als er kam.
Als er kam, *hat er* Guten Tag gesagt.

The conjunctions *obwohl, während, seit,* and *seitdem* ("even though," "while," and "since") function in the same manner. Note that *wenn* is used with the present tense, *als* with the past. Both mean "when."

Wenn ihr nach Deutschland kommt, müsst ihr Berlin sehen.
Als sie nach Deutschland kamen, sahen sie auch Berlin.

Zusammenfassung

Folgen Sie dem Beispiel, bitte!

    Ich weiss. Du warst krank. *dass*→
    Ich weiss, dass du krank warst.

Sie mag die Stadt. Das Tempo da ist sehr
  schnell. *obwohl*
Wir hatten Angst. Wir sahen die
  Verletzung. *als*
Er fragt us oft. Wir verstehen alles. *ob*
Ich lese den Artikel nicht. Er ist so
  schwer. *weil*
Wir glauben auch. Die Werkstatt ist nicht gut. *dass*
Ich sehe nach dem Reifendruck. Du kaufst
  das Benzin. *während*
Wir wollen die Museen sehen. Wir sind in
  Berlin. *wenn*
Er hat keine Zeit. Er hat eine Freundin. *seitdem*

Zur Wortbildung

**Nomen + Nomen und
Adjektiv + Nomen**

A *Ersetzen Sie, bitte!*

Der Feriengast
Die Krankenschwester | ist nicht hier.
Das Taschenbuch

Der | Dauerlauf
    | Frühsport | ist schön.
    | Schwarzwald

B *Folgen Sie dem Beispiel, bitte!*

die Tannen und der Baum→
der Tannenbaum

fremd und das Wort→
das Fremdwort

die Strassen und die Bahn
die Reifen und der Druck
die Studenten und das Heim
die Fussgänger und die Zone
die Daunen und die Jacke

schnell und der Imbiss
fremd und das Wort
sauer und der Stoff
schwarz und der Wald
gross und die Mutter
rot und das Käppchen

Grammatik

One type of compound noun consists of a plural noun and a singular noun. The article for the new compound noun is that of the singular noun.

die Taschen, das Buch → das Taschenbuch

Another type of compound noun consists of an adjective and a noun.

schwarz, der Wald → der Schwarzwald

Persönliches

1. Hast du Chemie gern?
2. Findest du Chemie schwer?
3. Machst du gern Versuche?
4. Macht ihr viele Versuche in der Klasse?
5. Machst du auch Versuche zu Hause?

Übungen zum Schreiben

A *Ergänzen Sie mit den passenden Artikeln!*

1. _____ Chemie macht Spass, weil wir Versuche machen.
2. _____ Ballon steigt in die Luft.
3. _____ Knall war sehr laut.
4. _____ Versuch war leicht.
5. _____ Metall ist Zink.
6. _____ Säure heisst Salzsäure.
7. _____ Wasserstoff ist jetzt in dem Glasgefäss.

B *Schreiben Sie die Sätze im Plural!*

1. Der Knall war nicht laut.
2. Die Gleichung ist interessant.
3. Das Metall ist auch teuer.
4. Das Molekül verbindet sich leicht.
5. Die Chemiestunde ist um 13 Uhr.

C *Schreiben Sie diese Sätze mit* weil!

1. Wir wollen Berlin sehen, denn diese Stadt ist auch eine Hauptstadt.
2. Sie holen viele Koffer, denn sie machen eine Reise.
3. Herr Fuhrmann sprach Deutsch, denn viele Schüler in seiner Klasse lernen Deutsch.
4. Der Ballon kann in die Luft steigen, denn er ist mit Wasserstoff gefüllt.

D *Verbinden Sie die Sätze mit* dass, weil, wenn, als, *oder* ob!

1. Wir wissen nicht. Wir können morgen kommen.
2. Sie kommt auch. Sie will über Erste Hilfe lernen.
3. Wir hatten eine Panne. Wir waren auf der Autobahn.
4. Die Polizei kommt bestimmt. Du fährst zu schnell.
5. Sie sagten. Sie wollen mit dem Zug kommen.

E *Schreiben Sie diese Sätze mit* wenn!

1. Als sie kamen, machten wir einen Kaffeeklatsch.
2. Als wir auf die Autobahn kamen, mussten wir tanken.
3. Als ich zu dick wurde, ass ich keine Schokolade mehr.
4. Als Herr Fuhrmann an der Universität war, lernte er auch Deutsch.
5. Als wir müde waren, suchten wir ein Hotel.

F Beginnen Sie diese Sätze mit der Konjunktion!

1. Sie ist zur Schule gekommen, obwohl sie krank ist.
2. Wir brauchen viel Geld für Benzin, seitdem wir ein Auto haben.
3. Sie sprach mit dem Mechaniker, während sie in der Tankstelle war.
4. Die Studentin ist glücklich, seit sie im Studentenheim wohnt.
5. Wir hatten eine Panne, obwohl das Auto neu war.

G Schreiben Sie diese Wörter zusammen!

1. die Ferien, der Gast
2. schnell, der Imbiss
3. die Reifen, der Druck
4. fremd, das Wort
5. die Kranken, die Schwester
6. sauer, der Stoff
7. die Taschen, das Buch
8. gross, die Mutter

Zum Sprechen

Sie sind zu Hause. Es ist 18 Uhr. Sie essen das Abendessen mit der Familie. Ihre Mutter möchte wissen, was Sie in der Chemiestunde gemacht haben.

Mutti: Sag mal, was habt ihr denn heute in der Chemiestunde gemacht? Ach, ich habe Chemie immer so interessant gefunden . . .

Entwickeln (develop) *Sie dieses Gespräch mit einem Freund oder mit einer Freundin!*

Rätsel

Berlin

Waagerecht

3. das Gegenteil von „woher"
6. *psychology* auf deutsch
9. der zweite Welt_____
12. Pronomen (maskulin)
13. Dativ für „ich"
14. Berlin war die _____ von Deutschland
17. in dem
18. Er nennt—er ist ein _____.
19. ich, _____, er
22. Wir brauchen _____ für das Auto.
23. „bin" (Imperfekt)
24. das Gegenteil von „hin"
25. Berlin kämpft um seine _____ als Weltstadt.
27. Flug_____
28. _____ Montag komme ich.
31. sehr, sehr kalt sein
32. *ideal* auf deutsch
34. Ei (Plural)
36. „Platz der _____"
38. kurz für „Deutsche Demokratische Republik"
40. Die _____ in Berlin war berühmt.
44. Wo? _____ Amerika
46. kurz für „und so weiter"
49. _____stören
50. _____, sie, es
51. zerstört
52. _____ du lieber!
53. das Gegenteil von „West"
54. ein Mann von Berlin
57. Guten _____, Ingrid!
59. Mitten durch Berlin geht eine _____.
63. Alte Sachen sind in einem _____.
65. In der (*meanwhile*) wurde Berlin die Hauptstadt.
66. wie 26 senkrecht
67. nicht gestern, nicht heute, nicht morgen

Senkrecht

1. 1945 war Berlin ein _____.
2. Berlin hat zwei _____.
3. Berlin hat verschiedene _____.
4. Wo bist du?
5. der Spitz_____
7. Die Frauen räumten den _____.
8. _____wagen
10. Zwischen Ost- und Westdeutschland ist eine _____.
11. _____scheinen
15. _____ war die Mauer da. (sehr schnell)
16. Theaterstück
20. *Er* macht *seine* Aufgabe. *Wir* machen _____ Aufgabe.
21. Du _____st.
26. Es ist _____ spät.
29. _____ muss es machen.
30. die Nord_____
33. nicht schlank
35. Flug (Plural)
37. Sportfest
38. nicht schlau
39. Die _____ blockierten Berlin.
41. das Gegenteil von „gegen"
42. *Blockade* auf deutsch.
43. das Leben
45. Deutschland, zum Beispiel
47. wir wollen, er _____
48. Es ist schon gut.
49. Ost_____
55. pur
56. Nach_____ (wohnt neben mir)
58. kurz für „zum Beispiel"
60. Ich fahre mit dem _____.
61. die F_____lie
62. er, sie, _____
64. Dieses Präfix bedeutet „nicht".

Rätsel

Chemiestunde

In the following crucigram there are 28 German words of 3 letters or more which you have already learned. On a sheet of paper write the letters of the crucigram. Then circle each word you can find. The words can go left to right, right to left, up down, and down up. To help you, the words are listed below.

```
G N U H C I E L G V B O R E M M A L K Ü M I E Ä
E T N E M E L E L E I C H T E R A L H S O T E N
X S C H G U M M I P F R O P F E N L C A L U R E
P C H E X P L V O R G A N G O D E I U E E R Ä G
L H B A L L O N E N O K F F N U T N S G K E U N
O L E E M E N T E N T T W E E I N C R H Ü U S A
S A M M E L N G K N I Z D B E U M E O L N S F
I T R M N E S S E I G V I E O R E N V L E O S O
O L L A N K E N E R Z R E S Ä L G Z N E G A E R
N E I L G E D N U T S E I M E H C N G R A F J U
W U N F D G A N Z N E Z L O H H C I E R T S S B
O N W N E H C R H Ö R S A L G O W S T Y Ö Z K I
R I M E T A L L S T A F F O T S R E S S A W E R
```

Zink	Ballon	Glasröhrchen	Fangen
Gleichung	Wasserstoff	Moleküle	Vorgang
Saure	Leichter	Element	Sammeln
Flamme	Streichholz	Metall	Aktiv
Chemiestunde	Klammer	Giessen	Explosion
Versuch	Reagenzgläser	Oben	Graf
Knall	Gummipfropfen	Unten	Ganz

96

Sportmedizin

Complete the statements below by finding the appropriate syllables. The three remaining syllables form a word familiar in sports medicine.

VER-ME-CHEN-TRAI-DEN-LANZ-VER-RI-SCHLAG-NINGS-UNG-CHAN-AM-SCHWES-DEN-BU-THO-IK-LETZ-ER-GE-KRAN-EN-KA-ME-GIFT-ER-UNG-IN-SAU-KEN-LO-KNO-TER-LER-EN-TA-BRAND-FORSCH-BRUCH-HERZ-STOFF-SPORT-BLUT-WUN-PULS-VE-DRUCK-FARKT-UNG-RIER

1. Ein Rennwagen braucht einen _____.
2. Ein Sportler liest Bücher und Artikeln über _____ und _____.
3. Einem Arzt hilft eine _____.
4. Ein anderes Wort für einen Athleten ist ein _____.
5. Die Athleten haben einen „normalen" _____ und _____.
6. In einem Feuer bekommt man _____.
7. Ein _____ isst kein Fleisch.
8. In Heidelberg ist ein Institut für _____ (in der Medizinischen Universitätsklinik).
9. Bei einem Unfall gibt die Krankenschwester _____.
10. Obsttorte hat mehr _____ als Salat.
11. Nach einem Unfall kommt eine _____.
12. Wenn man Salzsäure trinkt, bekommt man eine _____.

Mit einem _____ kann man nicht laufen.

Aufgabe 7

Vokabeln

1 Heinz und Debbie haben Kaugummi.
Heinz steckt eine Stange in seinen Mund.
Debbie wirft das Papier in den Abfallkorb.

2 Die Familie wird um 19 Uhr im Esszimmer essen.
Das Messer liegt rechts, und die Gabel liegt links neben dem Teller.

3 Das sind Pommes frites mit Mayonnaise.
In der Cola ist kein Eis.
Sie ist lauwarm.

■ **die Verwandten**   Onkel, Tanten, Kusinen, usw. sind die Verwandten.
der Besuch   Sonntag haben wir Besuch. Die Onkel, Tanten und Kusinen kommen.
kauen   Man isst Kaugummi nicht. Man kaut es.

■ das Foto   kosmopolitisch

Übungen

A   *Beantworten Sie die Fragen, bitte!*

1. Was haben Heinz und Debbie?
2. Was steckt Heinz in seinen Mund?
3. Wohin wirft Debbie das Papier?
4. Wer wird essen?
5. Um wieviel Uhr wird sie essen?
6. Was liegt rechts?
7. Wo liegt die Gabel?
8. Wie ist die Cola?

B   *Ergänzen Sie, bitte!*

1. Der _____ war immer sonntags um 16 Uhr.
2. Man muss das Essen gut _____.
3. Marianne war schon in München, Rom und Paris. Sie ist sehr _____.
4. Die Onkel, Tanten, Kusinen und so weiter sind die _____.

Nomen

A *Ersetzen Sie, bitte!*

Wo ist denn der | Abfallkorb?
 | Verwandte?
 | Besuch?

Die Mayonnaise
Das Kaugummi | ist furchtbar teuer.
Das Papier

B *Beantworten Sie die Fragen, bitte!*

Kommt der Besuch um 15 Uhr?
Ist der Verwandte Amerikaner?
Ist die Gabel aus Gold?

Schmeckt das Kaugummi?
Ist das Foto in der Aktentasche?
Ist das Papier weiss?

C *Ersetzen Sie, bitte!*

Wo sind denn die | Pommes frites?
 | Verwandten?
 | Gabeln?
 | Messer?
 | Fotos?
 | Papiere?

D *Beantworten Sie die Fragen, bitte!*

Sind die Messer im Rucksack?
Sind die Fotos schön?
Sind die Papiere in der Aktentasche?
Schmecken die Pommes frites?

Grammatik

In this lesson the nouns presented for active use are:

Singular	Plural
der Besuch *(visit)*	
der Abfallkorb *(waste paper basket)*	die Abfallkörbe
der Verwandte *(relative)*	die Verwandten
die Verwandte	die Verwandten
der Teller	
die Gabel *(fork)*	die Gabeln
die Stange *(stick)*	die Stangen
die Mayonnaise *(mayo)*	
das Kaugummi *(gum)*	
das Messer *(knife)*	die Messer
das Foto *(photo)*	die Fotos
das Papier *(paper)*	die Papiere
	die Pommes frites
der Löffel	die Löffel *(spoon)*

München: Blick auf den *Stachus*

Lesestück

Jeffrey und Jonathan in München

Jeffrey Muller und sein Bruder Jonathan waren im Sommer drei Wochen in Deutschland. Sie haben ihre Tante Ellen und ihren Onkel Klaus in München besucht. Tante Ellen, Onkel Klaus und ihre zwei Kinder—Annegret und Heinz—holten die zwei jungen Amerikaner ab. Jeff und Jon kannten ihre Verwandten nur von Fotos. Onkel Klaus kam aber und fragte: „Ihr seid doch Jeffrey und Jonathan?" Tante Ellen, der Cousin und die Kusine kamen dann auch und schüttelten Jeff und Jon die Hand. Jeffrey schaute seinen Bruder an. Seine Augen sagten: Nur Hände schütteln? Zu Hause. . . . Na, sie waren jetzt in Deutschland, nicht zu Hause.

Sie assen das Abendessen jeden Tag um sechs Uhr im Esszimmer. Schon wieder Aufschnitt? Schon wieder Brot und Käse? Natürlich, denn das warme Essen gab es ja um halb zwei Uhr, als Heinz und Annegret von der Schule zu Hause waren. Bei Onkel Klaus und Tante Ellen durften Jeff und Jon ein Glas Bier oder ein Glas Wein trinken. Wasser? Was ist denn das?

Ein paarmal kam Besuch—andere Onkel und Tanten, Kusinen und Cousins. Auch Freunde von der Familie kamen. Alle wollten „die jungen Amerikaner" kennenlernen. „Zu wem sagen wir *du,* und zu wem sagen wir *Sie?*" fragte Jeffrey seine Tante.

abholen   *to pick up*

anschauen   *to look at*

schon wieder   *again*

Drei Wochen ist keine lange Zeit. Aber in drei Wochen kann man viel sehen. Jeffrey sagte manchmal zu seinem Bruder: „Du, das ist aber dumm." Der grosse „kosmopolitische" Bruder Jonathan musste ihm immer wieder erklären: „Nein, Jeff, nicht dumm. Es ist anders hier, aber nicht dumm."

anders different

Einmal nahm Jeff eine Stange Kaugummi aus der Tasche. Das Papier warf er auf die Strasse. Heinz und Annegret sagten aber, dass man so was nicht macht. Erstens kauen nur kleine Kinder Kaugummi, und zweitens nimmt man das Papier mit. Oder man wirft es in einen Abfallkorb. Also, die vier waren in der Stadt, liefen herum und wurden hungrig und durstig. „Pommes frites und eine Cola, bitte!" Pommes frites mit Mayonnaise oder Senf oder Pommes frites mit Ketchup? In der Cola war natürlich kein Eis. Jeff fand lauwarme Cola furchtbar.

erstens first of all

Die drei Wochen in Deutschland waren wirklich interessant. Jeffrey und Jonathan haben viel gelernt. Sie haben viele Hände geschüttelt. Sie haben ihr Mittagessen und ihr Brot mit Messer und Gabel gegessen. Sie haben jeden Tag zehnmal „Guten Tag", „Auf Wiedersehen", „Danke schön" und „Bitte schön" gesagt. Sie haben manchmal für Tante Ellen Blumen gekauft. Sie haben die letzten zwei Wochen in Deutschland kein Kaugummi gekaut.

das Brot (here) *sandwich*

Und das Beste—sie haben Deutsch gesprochen.

Fragen

1. Wo waren Jeffrey und Jonathan drei Wochen?
2. Wen haben sie da besucht?
3. Wer holte die zwei Amerikaner ab?
4. Was haben Tante Ellen, Heinz und Annegret gemacht?
5. Was assen sie oft zum Abendessen?
6. Wann gab es das warme Essen?
7. Was durften Jeff und Jon trinken?
8. Wer wollte „die jungen Amerikaner" kennenlernen?
9. Was sagte Jeffrey manchmal zu seinem Bruder?
10. Was macht man nicht?
11. Wer kaut Kaugummi?
12. Was bestellten die vier in der Stadt?
13. Wir fand Jeff lauwarme Cola?
14. Wie waren die drei Wochen in Deutschland?
15. Womit haben Jeff und Jon ihr Mittagessen und ihr Brot gegessen?
16. Was haben sie jeden Tag zehnmal gesagt?
17. Was war das Beste?

Struktur

Wortfolge

1. *wann*?   2. *wo*?

A   *Wiederholen Sie, bitte!*

Wir sind Samstag zu Hause.
Wir holen sie um acht Uhr vom Flughafen ab.
Wir sind heute abend um sieben Uhr zu Hause.
Wir müssen morgen um drei Uhr in der Stadt sein.

B   *Folgen Sie dem Beispiel, bitte!*

> Ich gehe ins Museum.   *morgen*→
> Ich gehe morgen ins Museum.

Er studierte an der Universität Heidelberg. *ein Jahr*
Sie essen im Schnellimbiss. *oft*
Mein Onkel und meine Tante kommen zu uns. *sonntags*
Wir besuchen Berlin. *dann*
Sie steigen in die Strassenbahn ein. *jetzt*

C   *Beantworten Sie die Fragen nach dem Beispiel, bitte!*

> Wann kommen die Verwandten Sonntag zu euch? *um zwei Uhr*→
> Die Verwandten kommen Sonntag um zwei Uhr zu uns.

Wann beginnt Montag die Schule? *um acht Uhr*
Wann sind sie heute am Flughafen? *um neun Uhr*
Wann fährt der Zug morgen ab? *um acht Uhr*
Wann geht ihr heute nachmittag ins Einkaufszentrum? *um drei Uhr*
Wann machst du heute deine Hausarbeiten? *um sieben Uhr*

München: altes Rathaus

München

Grammatik

An expression of time always precedes an expression of place in a German sentence.

>Wir fahren im Januar nach Garmisch.

If there are two elements of time expressed in the same sentence, the general time expression precedes the specific one.

>Er war Freitag um fünf Uhr hier.

One of these expressions (of time or place) often begins the sentence and is followed by inverted word order.

>Im Januar fahren wir nach Garmisch.
>Nach Garmisch fahren wir im Januar.

1. *wann?*   **2.** *wie?*   **3.** *wo?*

A Wiederholen Sie, bitte!

Ich gehe morgen mit Gabi.
Ich gehe morgen in die Stadt.
Ich gehe mit Gabi in die Stadt.
Ich gehe morgen mit Gabi in die Stadt.

B Ersetzen Sie, bitte!

Wir sind	mit Ralf	in die Stadt
Freitag	allein	gefahren.
	auch	
	schnell	

C Beantworten Sie die Fragen nach dem Beispiel, bitte!

Mit wem bist du heute zur Schule gegangen? *mit Helga*→
Ich bin heute mit Helga zur Schule gegangen.

Wie ist Tante Gisela gestern zum Flughafen gefahren? *mit dem Wagen*
Mit wem sprichst du heute eine halbe Stunde am Telefon? *mit Peter*
Wo machst du immer schnell deine Hausarbeiten? *im Wohnzimmer*
Wann können wir stundenlang in der Kneipe plaudern? *heute abend*
Mit wem machst du Freitag in der Chemieklasse den Versuch? *mit Gabi*

„Das warme Essen gab es ja um halb zwei . . ."

Die Leute hören Musik: München

Grammatik

Remember that if the sentence begins with the subject, the following word order is observed: 1. time 2. manner 3. place

Ich gehe Sonntag mit meinen Freunden ins Museum.

Sie bringen uns heute mit dem Wagen zum Flughafen.

Das Futur

A *Wiederholen Sie, bitte!*

Ich werde nicht mitkommen.
Wir werden viel die Hände schütteln.
Sie wird es demonstrieren.
Sie werden uns viel erzählen.

B *Ersetzen Sie, bitte!*

Wirst du | arbeiten?
| kommen?
| mitspielen?

Werdet ihr sie auch | kennenlernen?
| treffen?
| wechseln?

C *Beantworten Sie die Fragen, bitte!*

Wirst du uns den Versuch erklären?
Wirst du die Streichhölzer mitbringen?
Wirst du viele Artikel lesen?

Werdet ihr auch die Mauer in Berlin sehen?
Werdet ihr viel in Berlin herumlaufen?
Werdet ihr im Sommer camping gehen?
Werdet ihr von Molekülen sprechen?

Werden Sie Chemie studieren?
Werden Sie in Berlin wohnen?
Werden Sie Paris besuchen?
Werden Sie den Trainingsanzug kaufen?

Wird Herr Fuhrmann die Herstellung von Wasserstoff demonstrieren?
Wird Karla den Versuch machen?
Wer wird um sechs Uhr aufstehen?
Wer wird mit einem Drachen kämpfen?

Werden Onkel Klaus und Tante Ellen auch nach Amerika kommen?
Werden die Mädchen die Pommes frites mit Mayonnaise essen?
Werden sie die warme Cola trinken?

Grammatik

You have already learned that the verb *werden* means "to become." *Werden* plus an infinitive forms the future tense. The future tense, however, is less commonly used in German than in English. The present tense is often substituted for the future tense, especially when such words as *dann* and *morgen* are used in the sentence.

>Wir fahren dann auch nach München.
>*Then we'll also go to Munich.*
>Wir werden auch nach München fahren.
>*We'll also go to Munich.*

Note that the infinitive in the future tense construction comes at the end of the sentence.

Zusammenfassung

Folgen Sie dem Beispiel, bitte!

>Morgen schreibe ich einen Brief.→
>Ich werde einen Brief schreiben.

Dann essen wir mit Messer und Gabel.
Morgen bringen sie auch Blumen mit.
Dann lernen die Kinder ihre Verwandten kennen.
Morgen gehe ich nicht zur Schule.
Dann gebe ich ihm den Wagen.
Morgen haben sie ihren Führerschein.

Zur Wortbildung

etwas + Adjektiv

A *Wiederholen Sie, bitte!*

Das ist schön.
Das ist etwas Schönes.
Das ist furchtbar.
Das ist etwas Furchtbares.

B *Folgen Sie dem Beispiel, bitte!*

>Ist das nicht dumm?→
>Doch, das ist wirklich etwas Dummes.

Ist das nicht nett?
Ist das nicht modern?
Ist das nicht billig?
Ist das nicht gut?
Ist das nicht berühmt?
Ist das nicht herrlich?
Ist das nicht typisch?
Ist das nicht amerikanisch?
Ist das nicht faszinierend?

Grammatik

The English construction "something" + an adjective (i.e., "something nice") is expressed in German by *etwas* + a noun. This noun is formed by adding *-es* to an adjective and capitalizing it. Its gender is neuter.

Sie hat etwas Gutes gesagt.

Persönliches

1. Hast du Onkel und Tanten?
2. Wo wohnen sie?
3. Wann hast du sie besucht?
4. Möchtest du sie wieder besuchen?
5. Haben sie dir oft die Hand geschüttelt?
6. Wie findest du das Händeschütteln?
7. Wie findest du das deutsche Abendessen?
8. Kaufst du gern Kaugummi?
9. Glaubst du, dass das typisch amerikanisch ist?
10. Glaubst du, dass Deutschland sehr sauber ist?
11. Magst du das?

Übungen zum Schreiben

A *Ergänzen Sie mit einem passenden Wort!*

1. Der Herr und die Dame sind unsere _____.
2. Das _____ ist gegenüber dem Wohnzimmer.
3. Pommes frites mit _____ mag ich nicht.
4. Kleine Kinder kauen _____.
5. Esst ihr nicht mit _____ und _____?

B *Ergänzen Sie mit den passenden Artikeln!*

1. _____ Besuch kommt um sieben Uhr.
2. _____ gute Kaugummi ist amerikanisch.
3. _____ Foto von dir ist schön.
4. _____ Esszimmer ist gross.
5. _____ Abfallkorb ist klein.

C *Schreiben Sie die Sätze im Plural!*

1. Das Messer liegt schon da.
2. Der Abfallkorb ist voll.
3. Der Verwandte kommt natürlich auch.
4. Die Stange Kaugummi ist frisch.
5. Die Gabel ist ganz modern.

D *Folgen Sie dem Beispiel! Beginnen Sie die Sätze mit dem Subjekt!*

　　　im Januar / nach Garmisch-Partenkirchen / fahren / wir →
　　　Wir fahren im Januar nach Garmisch-Partenkirchen.

1. ins Einkaufszentrum / wir / heute nachmittag / gehen
2. kommen / aus der Schule / sie / um ein Uhr
3. heute / mein Vater / ist / in der Stadt
4. samstags / wir / gehen / in den Park
5. dann / ins Kaufhaus / gehen / wir

E *Folgen Sie dem Beispiel! Beginnen Sie die Sätze mit dem Subjekt!*

　　　heute nachmittag / um drei Uhr / wir / ins Café / gehen →
　　　Wir gehen heute nachmittag um drei Uhr ins Café.

1. um acht Uhr / wir / heute abend / haben / Besuch
2. morgen / abholen / sie / um zehn Uhr / uns
3. Freitag nachmittag / wir / machen / den Versuch / um ein Uhr
4. jeden Morgen / muss / aufstehen / ich / um sechs Uhr
5. um ein Uhr / der Film / Sonntag / beginnt

F *Folgen Sie dem Beispiel! Beginnen Sie die Sätze mit dem Subjekt!*

　　　essen / wir / heute abend / in der Stadt / mit unseren Verwandten →
　　　Wir essen heute abend mit unseren Verwandten in der Stadt.

1. im Sommer / ich / habe / bei meiner Tante / gelernt / Deutsch / schnell
2. müssen / im August an die Nordsee / fahren / wir / wirklich
3. die Blumen / heute nachmittag / schnell / ich / kaufen / in der Stadt
4. bei uns / zeigen / seine Fotos / heute / um acht Uhr / uns / er
5. möchten / in der Kneipe / jetzt / sitzen / wir / gemütlich

G *Schreiben Sie die Sätze im Präsens!*

1. Ich werde allein kommen.
2. Wir werden auch in Deutschland Kaugummi kauen.
3. Wirst du die Blumen mitbringen?
4. Sie wird uns die Fotos zeigen.
5. Ihr werdet doch nicht zu Hause bleiben!
6. Er wird die Trainingsschuhe kaufen.
7. Tante Ellen und Onkel Klaus werden euch abholen.

H *Schreiben Sie die Sätze im Futur!*

1. Wir stehen nicht gern um sieben Uhr auf.
2. Er kaut kein Kaugummi.
3. Die Amerikanerin trinkt keine lauwarme Cola.
4. Mutti holt den Wagen am Flughafen ab.
5. Ich verstehe die Einwirkung von der Säure wirklich nicht.

I *Folgen Sie dem Beispiel!*

Glaubst du, dass es schön ist? →
Glaubst du, dass es etwas Schönes ist?

1. Glaubst du, dass es politisch ist?
2. Glaubst du, dass es gut ist?
3. Glaubst du, dass es schön ist?
4. Glaubst du, dass es furchtbar ist?
5. Glaubst du, dass es billig ist?
6. Glaubst du, dass es kalt ist?
7. Glaubst du, dass es luxuriös ist?
8. Glaubst du, dass es schwer ist?

Zum Schreiben

Sie wissen, dass vieles in Amerika nicht so wie in Deutschland ist. Schreiben Sie einen Aufsatz von fünf oder mehr Sätzen! Erklären Sie, was in Amerika vielleicht für junge Deutsche ein „Schock" ist, oder was junge Deutsche in Amerika sehr interessant finden!

Aufgabe 8

Vokabeln

1 Am Empfangstisch warten ein paar Gäste.
Sie brauchen Zimmer.
Eine Empfangsdame ist da.

2 Der Liftboy bedient den Fahrstuhl.
Er ist im zweiten Stockwerk.

3 Das ist ein Doppelzimmer mit Bad.
Die Badewanne des neuen Badezimmers ist schön gross.
Das Hotelzimmer gefällt den Gästen.

■ **preiswert** nicht so teuer
der Wolkenkratzer New York hat viele. Ein Wolkenkratzer hat so 50 bis 100 Stockwerke.
der Dolmetscher Er spricht z.B. Deutsch und Englisch sehr gut. Er erklärt dem Deutschen auf deutsch, was der Amerikaner gesagt hat.
das Einzelzimmer Ein Einzelzimmer ist ein Zimmer für eine Person (in einem Hotel, z.B.)
das Trinkgeld In einem Restaurant in Amerika gibt man 15 Prozent Trinkgeld.

■ der Porter
der Tourist
die Gruppe
die Toilette
die Broschüre

Übungen

A *Beantworten Sie die Fragen, bitte!*

1. Wo warten ein paar Gäste?
2. Was wollen sie?
3. Wer ist da?
4. Was bedient der Liftboy?
5. Wo ist er?
6. Wie ist die Badewanne des neuen Badezimmers?
7. Was gefällt den Gästen?

B *Ergänzen Sie, bitte!*

1. Der _____ muss uns erklären, was der Italiener gesagt hat.
2. Müssen wir dem Liftboy ein _____ geben?
3. Wo ist die _____, bitte?
4. Sie ist allein. Sie braucht ein _____.
5. Diese Gastwirtschaft ist _____. Hier essen wir.
6. Das Empire State Building ist ein _____.
7. Die _____ über Ibiza zeigt uns die Hotels.
8. Der _____ hilft uns im Hotel.

Nomen

A *Ersetzen Sie, bitte!*

Der { Dolmetscher / Tourist / Gast } ist wirklich nett.

Die Empfangsdame
Die Gruppe
Die Toilette   war toll.
Das Doppelzimmer
Das Bad
Das Trinkgeld

B *Beantworten Sie die Fragen, bitte!*

Heisst der Gast Schmitt?
Hat der Porter das Gepäck?
Spricht der Dolmetscher Deutsch?
Ist der Wolkenkratzer nicht toll?
Ist der Fahrstuhl im zweiten Stockwerk?
Ist die Badewanne auch sauber?
Ist die Broschüre über Berlin?
Fährt die Gruppe auch nach Kiel?
Ist das Einzelzimmer für mich?
Ist das Bad modern?
Ist das Trinkgeld 15 Prozent?

C *Ersetzen Sie, bitte!*

Die { Dolmetscher / Touristen / Gruppen / Empfangsdamen / Gäste } waren deutsch.

D *Beantworten Sie die Fragen, bitte!*

Sind die Wolkenkratzer gross?
Wollen die Touristen die Stadt sehen?
Sind die Fahrstühle gross?
Kommen die Gäste ins Hotel?
Sind die Doppelzimmer für uns?
Sind die Einzelzimmer gemütlich?

Ein Doppelzimmer

Grammatik

The nouns presented in this lesson for active use are:

Singular	Plural
der Porter*	die Porter
der Wolkenkratzer	die Wolkenkratzer
der Dolmetscher	die Dolmetscher
die Dolmetscherin	die Dolmetscherinnen
der Tourist*	die Touristen
der Fahrstuhl	die Fahrstühle
der Gast*	die Gäste
der Empfangstisch	die Empfangstische
die Empfangsdame	die Empfangsdamen
der Empfangssekretär	die Empfangssekretäre
die Badewanne	die Badewannen
die Dusche	die Duschen
die Gruppe	die Gruppen
die Toilette	die Toiletten
die Broschüre	die Broschüren
das Doppelzimmer	die Doppelzimmer
das Einzelzimmer	die Einzelzimmer
das Bad	die Bäder
das Stockwerk	die Stockwerke
das Trinkgeld	

* Note that no feminine form exists for this word.

Ein Frühstück

Lesestück

Kathleen arbeitet im Hotel

New York ist eine Weltstadt und so auch ein Zentrum des Finanzwesens, der Mode, des Theaters. Geschäftsleute, aber auch Touristen aus aller Welt kommen nach New York. Schliesslich ist New York die Stadt der Wolkenkratzer und des unmenschlichen oder—wie man will—des faszinierenden Tempos. Für den einen ist New York nur eine Betonwüste, für den anderen ist sie „die" Stadt der Welt.

    Wir wissen ja, dass die Deutschen wirklich gern reisen. Der Dollar ist nicht mehr so teuer, und jetzt kommen die Deutschen auch nach New York. Sie kommen als Geschäftsleute oder als Touristen.

    Ein preiswertes Hotel in der 46. Strasse erwartet eine Gruppe deutscher Touristen—eine ganze Gruppe. Der Geschäftsführer des Hotels ruft die Angestellten zusammen. Die Deutschen werden zwei Wochen bleiben. Das Problem ist, dass niemand Deutsch spricht. Das Hotel hat keinen Dolmetscher für Deutsch. Aber eine Angestellte, Kathleen Stevens, hat drei Jahre Deutsch in der „high school" gelernt. Hoffentlich sprechen ein paar deutsche Gäste Englisch.

schliesslich *after all*

die Betonwüste *"cement desert"*

erwarten *to expect*

der Angestellte *employee*

Reserviert sind die Zimmer für alle Gäste schon. Herr Wiechert bekommt ein Einzelzimmer im 18. Stockwerk. Die Zimmer der Familie Leopold müssen gross sein, weil sie drei Kinder haben. Fräulein Peters hat mit ihrer Mutter ein Doppelzimmer bestellt. Und so weiter, und so weiter. Natürlich haben alle Zimmer eine Toilette und eine Badewanne oder Dusche. Der Porter hilft den Gästen mit ihrem Gepäck, und jeder gibt ihm ein Trinkgeld. Das ist alles kein Problem.

Aber am Empfangstisch und am Telefon—da muss jemand Deutsch sprechen. Wenn einer der Deutschen die Zimmerbedienung wünscht oder andere Wünsche hat? Viele der Gäste werden auch Fragen haben, obwohl es am Empfangstisch Broschüren über New York gibt. Es ist gut, dass die Reiseleiterin der Gruppe auch immer da sein wird.

jemand *someone*
die Zimmerbedienung *room service*
die Reiseleiterin *tour guide*

Kathleen Stevens wird ein bisschen nervös. Schliesslich hat sie nur drei Jahre Deutsch gelernt. Aber die nächsten zwei Wochen wird sie nicht als Zimmermädchen im Hotel arbeiten. Sie muss am Empfangstisch aushelfen. Die arme Kathleen bekommt in den nächsten zwei Wochen keinen freien Tag. Sie darf nur arbeiten und schlafen.

arm *poor*

Fragen

1. Was ist New York?
2. Wer kommt aus aller Welt nach New York?
3. Wo gibt es Wolkenkratzer?
4. Was machen die Deutschen wirklich gern?
5. Wohin kommen die Deutschen jetzt auch?
6. Was erwartet das Hotel?
7. Wie lange werden die Deutschen bleiben?
8. Hat das Hotel einen Dolmetscher für Deutsch?
9. Wer hat drei Jahre Deutsch in der „high school" gelernt?
10. Wer bekommt ein Einzelzimmer im 18. Stockwerk?
11. Wie müssen die Zimmer der Familie Leopold sein?
12. Wer hat ein Doppelzimmer bestellt?
13. Was haben alle Zimmer im diesem Hotel?
14. Wer hilft den Gästen mit ihrem Gepäck?
15. Was werden viele Gäste haben?
16. Was gibt es am Empfangstisch?
17. Hat die Gruppe eine Reiseleiterin?
18. Arbeitet Kathleen die nächsten zwei Wochen als Zimmermädchen?
19. Wo muss sie aushelfen? Warum?

Struktur

Der Genitiv—Singular

Feminin

A *Wiederholen Sie, bitte!*

Das ist ein Gast von der Gruppe.
Das ist ein Gast der Gruppe.

Erika ist die Schwester von meiner Freundin.
Erika ist die Schwester meiner Freundin.

B *Ersetzen Sie, bitte!*

Was ist der Name der | Tankstelle / Blume / Zeitung | da?

Das ist das Hotelzimmer | meiner / deiner / seiner | Mutter.

C *Beantworten Sie die Fragen nach dem Beispiel, bitte!*

> Hast du den neuen Wagen von meiner Schwester gesehen? →
> Ja, ich habe den neuen Wagen deiner Schwester gesehen.

Ist die Sprache von der Broschüre Deutsch?
Ist der Name von der Säure Salzsäure?
Ist das Tempo von der Stadt schnell?
Ist Bernhard der Freund von deiner Kusine?
Kennt ihr das Einkaufszentrum von eurer Stadt?
Verstehst du alle Artikel von dieser Zeitung?

Maskulin und Neutrum

A *Wiederholen Sie, bitte!*

Hier ist die Adresse von dem Wolkenkratzer.
Hier ist die Adresse des Wolkenkratzers.

Der Name von dem Zimmermädchen ist Fräulein Meyer.
Der Name des Zimmermädchens ist Fräulein Meyer.

Der Porter hilft den Gästen mit ihrem Gepäck.

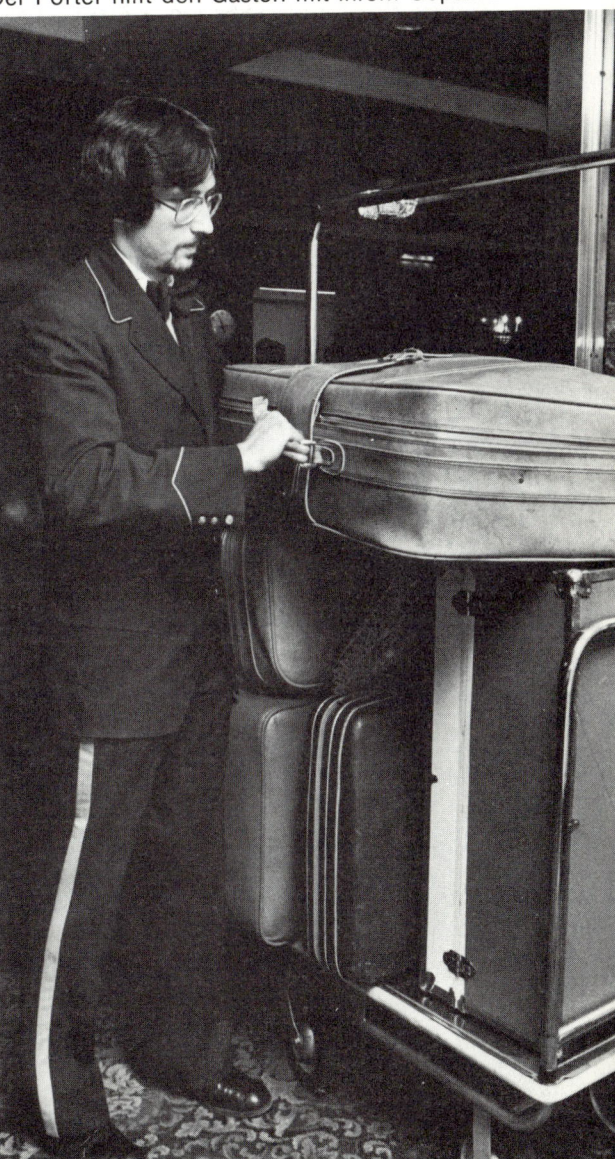

B *Ersetzen Sie, bitte!*

Das Leben eines | Dolmetschers / Lehrers / Sportlers / Mechanikers | ist oft interessant.

Die Geschichte | unseres / eures / Ihres | Lebens ist faszinierend.

C *Beantworten Sie die Fragen nach dem Beispiel, bitte!*

    Ist die Freundin von deinem Bruder schon hier?→
    Ja, die Freundin meines Bruders ist schon hier.

Sind die Klassen von eurem Chemielehrer gut?
Ist der Preis von dem Wagen herabgesetzt?
Hast du die Telefonnummer von dem Amerikaner?
Ist die Arbeit von diesem Mechaniker billig?
Glaubst du, dass die Arbeit von deinem Vater interessant ist?

Kennst du den Bruder von dem Mädchen?
Ist das Bad in eurem Doppelzimmer modern?
Ist die Atmosphäre in diesem Café gemütlich?
Sind die Preise von dem Hotel herabgesetzt?
Ist das Bett in diesem Zimmer zu klein für dich?

B *Ersetzen Sie, bitte!*

Das ist das Hotelzimmer | meiner / deiner / seiner / ihrer | Eltern.

Das sind die Kinder | unserer / eurer / ihrer / Ihrer | Verwandten.

C *Beantworten Sie die Fragen nach dem Beispiel, bitte!*

    Suchen Sie die Wolkenkratzer?→
    Ja, was sind denn die Adressen der Wolkenkratzer?

Suchen Sie die Verwandten?
Suchen Sie die Kneipen?
Suchen Sie die Hotels?
Suchen Sie die Ärztinnen?
Suchen Sie diese Strassen?
Suchen Sie diese Tankstellen?
Suchen Sie diese Mechaniker?
Suchen Sie diese Studenten?
Suchen Sie diese Leute?

Der Genitiv—Plural

A *Wiederholen Sie, bitte!*

Das ist der Wagen von den Schwestern.
Das ist der Wagen der Schwestern.

Das sind die Freundinnen von unseren Brüdern.
Das sind die Freundinnen unserer Brüder.

Grammatik

You will remember that proper nouns take a final -s to show possession (*Helgas Bruder*, etc.). On many other occasions, the genitive case is used for this purpose. The *der*- and *ein*- words take an *-er* ending in the genitive article.

> Der Wagen der Familie Bauer ist neu.
> Die Häuser dieser Stadt sind schön.
> Das Geschäft meiner Schwester ist in Nürnberg.

Masculine and neuter nouns of more than one syllable have an *-s* ending. The ending for both *der*- and *ein*- words is *-es* in the genitive.

> Das ist das Haus des Onkels.
> Die Schüler dieses Gymnasiums lernen Chemie.
> Wo steht denn der Wagen deines Vaters?

Note that feminine nouns have no genitive ending.

The plural genitive article is *der* for all genders. Note that the nouns themselves have no special endings in the plural.

> Das ist der Onkel der Jungen.
> Das ist der Onkel seiner Freundinnen.
> Das ist der Onkel dieser Kinder.

In everyday conversation, the genitive construction is often replaced by the preposition *von* with the dative case.

> Was ist die Adresse von der Schule?
> Was ist die Adresse der Schule?

Am Empfangstisch

Zusammenfassung

Folgen Sie dem Beispiel, bitte!

> Die Fotos von unseren Brüdern sind ganz schön.→
> Die Fotos unserer Brüder sind ganz schön.

Die Fotos von der Stadt sind ganz schön.
Die Fotos von dem Wolkenkratzer sind ganz schön.
Die Fotos von deiner Klasse sind ganz schön.
Die Fotos von der Gruppe sind ganz schön.
Die Fotos von dem Kind sind ganz schön.
Die Fotos von den Blumen sind ganz schön.
Die Fotos von diesen Hotels sind ganz schön.

Adjektive vor Nomen—ein- und der-Wörter

Der Genitiv

Singular

A *Ersetzen Sie, bitte!*

Das ist das Hotel meines reichen | Onkels. / Opas. / Vaters. / Bruders.

Da steht der Wagen der sportlichen | Lehrerin. / Studentin. / Mutter. / Tante.

Die Atmosphäre dieses gemütlichen | Restaurants / Cafés / Hotels / Zimmers | ist prima.

B *Beantworten Sie die Fragen nach dem Beispiel, bitte!*

> Ist das das Klassenzimmer von deinem Chemielehrer? *neu*→
> Ja, das ist das Klassenzimmer meines neuen Chemielehrers.

Was ist der Preis von dem Wagen? *luxuriös*
Wie ist die Arbeit von dem Mechaniker? *deutsch*
Ist das die Reiseleiterin von der Gruppe? *klein*
Ist das ein Kind von der Familie? *nett*
Wie ist die Zimmerbedienung in dem Hotel? *teuer*
Sind die Betten von dem Doppelzimmer gut? *gemütlich*
Wie ist der Preis von dem Mittagessen? *furchtbar*

Plural

A *Ersetzen Sie, bitte!*

Der Besuch | Verwandten | ist immer
der netten | Freunde | schön.
　　　　　 | Gäste |
　　　　　 | Omas |

Die Zimmer | teuren | Hotels sind
dieser | schönen | wunderbar.
　　　 | luxuriösen |
　　　 | kleinen |
　　　 | preiswerten |

B *Folgen Sie dem Beispiel, bitte!*

Wo sind die schönen Hotels in diesen Städten? *deutsch* →
Wo sind die schönen Hotels dieser deutschen Städte?

Wie heissen die zwei Freunde von deinen Brüdern? *nett*
Wo sind die Gastwirtschaften in diesen Dörfern? *schön*
Wie heissen die Kinder von euren Verwandten? *deutsch*
Was ist der Preis von diesen Blumen? *schön*
Was ist die Höchstgeschwindigkeit auf den Autobahnen? *deutsch*
Wie ist die Arbeit in den Werkstätten? *neu*

Grammatik

All adjectives preceding a genitive noun end in *-en*. This *-en* ending is used for all genders, singular and plural, preceded by either a *der-* word or an *ein-* word.

Das ist der Freund des grossen Bruders.
Das ist der Freund meiner grossen Schwester.
Das ist der Freund ihres kleinen Mädchens.
Das ist der Freund der kleinen Kinder.

Das Verb *gefallen*

A *Wiederholen Sie, bitte!*

Gefällt dir diese Stadt?
Gefallen dir die Hotels?
Gefällt euch das Doppelzimmer?
Gefallen euch die Wolkenkratzer?
Gefällt Ihnen die Zimmerbedienung?
Gefallen Ihnen die Blumen?

B *Ersetzen Sie, bitte!*

Dieses Einzelzimmer | mir
gefällt | ihm | nicht.
　　　 | ihr |

Das Badezimmer gefällt | uns
　　　　　　　　　　 | euch | auch.
　　　　　　　　　　 | ihr |

Die Gastwirtschaften | mir
gefallen | ihm | auch.
　　　　 | ihr |

Die Hotelzimmer gefallen | uns.
　　　　　　　　　　　 | euch.
　　　　　　　　　　　 | ihnen.

C *Beantworten Sie die Fragen, bitte!*

Gefällt dir das Foto?
Gefällt dir das Zentrum?
Gefallen dir die Deutschklassen?

Gefällt euch das Badezimmer?
Gefallen euch die Museen?
Gefallen euch die Blumen?

Gefällt Ihnen dieses Einzelzimmer?
Gefallen Ihnen die Weltstädte?
Gefallen Ihnen diese Ideen?

Gefällt ihr Berlin?
Gefallen ihm die Hotelzimmer?
Gefallen ihr die Gespräche?

Gefällt ihnen der Film?
Gefallen ihnen die Kneipen?
Gefallen ihnen die Museen?

Grammatik

The verb *gefallen* literally means "to be pleasing (to someone)" and is used where English would use the verb "to like." The English subject becomes a dative object in German, and the English object becomes the German subject.

Diese Stadt gefällt mir. *I like this city.*
Mir gefallen diese Städte. *I like these cities.*
Der neue Film gefällt uns nicht. *We don't like the new film.*
Uns gefallen die neuen Filme nicht. *We don't like the new films.*

Note that, as in the second example above, the sentence may begin with the dative object.

Zusammenfassung

Folgen Sie dem Beispiel, bitte!

Ich mag diesen Wagen. →
Dieser Wagen gefällt mir auch.

Er mag die Wolkenkratzer.
Wir mögen diesen Hauptbahnhof nicht.
Sie mag den Camping Platz.
Ich mag den Schwarzwald.
Sie mögen das Geschenk.

Persönliches

1. Möchtest du New York besuchen?
2. Glaubst du, dass du da auch wohnen möchtest?
3. Glaubst du, dass ein schnelles Tempo unmenschlich oder faszinierend ist?
4. Reist du auch schrecklich gern, oder bleibst du lieber zu Hause?
5. Gefallen dir Hotels?
6. Welches Hotel kennst du gut?
7. Möchtest du vielleicht in einem Hotel arbeiten?
8. Glaubst du, dass du ganz gut Deutsch sprechen kannst?
9. Glaubst du, dass du als Dolmetscher(in) arbeiten kannst?

Übungen zum Schreiben

A *Ergänzen Sie mit einem passenden Wort!*

1. Die Gäste warten am _____.
2. Der _____ bringt uns schnell zum 20. Stockwerk.
3. Sie brauchen ein Doppelzimmer, mit _____ natürlich.
4. Hat das Badezimmer auch eine _____?
5. Das Zimmer _____ den Gästen.

B *Ergänzen Sie mit den passenden Artikeln!*

1. _____ Empfangstisch ist da.
2. _____ Gruppe ist sehr nett.
3. _____ Fahrstuhl kommt schon.
4. _____ Einzelzimmer kostet nicht so viel.
5. _____ Dolmetscher spricht auch Französisch.
6. _____ Bad ist ganz neu.
7. _____ Trinkgeld war nicht sehr gross.

C *Schreiben Sie die Sätze im Plural!*

1. Das Doppelzimmer ist preiswert.
2. Die Gruppe ist sehr international.
3. Der Fahrstuhl kommt nicht.
4. Der Wolkenkratzer ist doch toll.
5. Die Badewanne ist zu klein.
6. Der Gast kommt aus Deutschland.

D *Folgen Sie dem Beispiel!*

Ist das das Hotelzimmer von Ihrer Mutter?→
Ja, das ist das Hotelzimmer meiner Mutter.

1. Ist das eine Broschüre von dem Hotel?
2. Ist das das Haus von deiner Oma?
3. Sind das die Mechaniker von der Tankstelle?
4. Ist das der Mercedes von eurem Opa?
5. Ist das ein Versuch von ihrer Chemieklasse?
6. Ist das die Krankenschwester von der Ambulanz?
7. Ist das der Preis von dem Benzin?
8. Sind das die zwei Wagen von dieser Familie?

E *Beantworten Sie die Fragen nach dem Beispiel!*

Brauchen Sie die Autos?→
Ja, was ist denn der Preis der Autos?

1. Brauchen Sie die Broschüren?
2. Brauchen Sie diese Einzelzimmer?
3. Brauchen Sie diese Gabeln und Messer?
4. Brauchen Sie diese Reagenzgläser?
5. Brauchen Sie die Luftmatratzen?
6. Brauchen Sie die Windjacken?
7. Brauchen Sie diese Rucksäcke?

Was ist der Name dieser Stadt?

F *Ergänzen Sie mit der passenden Form des Adjektivs!*

1. Das ist der Wagen meiner _____ Tante. *nett*
2. Kennst du den Bruder meiner _____ Freundin? *neu*
3. Hast du die Geschenke seiner _____ Eltern bekommen? *reich*
4. Das ist das Haus unseres _____ Onkels. *deutsch*
5. Das ist die Stadt der _____ Wolkenkratzer. *amerikanisch*
6. Das ist der Bruder des _____ Mädchens. *klein*
7. Hier sind die Fotos unserer _____ Reise. *lang*
8. Das sind die Gäste der _____ Amerikanerin. *nett*

G *Folgen sie dem Beispiel!*

   Ich habe diese Stadt wirklich gern. →
   Diese Stadt gefällt mir wirklich.

1. Wir haben unsere Hotelzimmer wirklich gern.
2. Er hat die Wolkenkratzer wirklich gern.
3. Ich habe New York wirklich gern.
4. Sie haben das 30. Stockwerk wirklich gern.
5. Peter hat Deutschland wirklich gern.
6. Maria hat ihre Klassen wirklich gern.
7. Sie haben Medizin wirklich gern.
8. Ich habe Sport wirklich gern.

Zum Schreiben

A Beantworten Sie diese Fragen in der Form eines Aufsatzes!
In welchem Hotel haben Sie im Sommer 19— gearbeitet?
In welcher Strasse und in welcher Stadt ist das Hotel?
Sind auch ein paar deutsche Touristen gekommen?
Konnten sie viel Englisch sprechen?
Mussten Sie am Empfangstisch aushelfen?
Haben Sie auch mit dem Gepäck geholfen?
War das Trinkgeld ganz schön?

B Es ist Mai, und Sie suchen einen Job in dem Hotel X für den Sommer. Schreiben Sie ein Gespräch!

C Waren Sie schon einmal in einem Hotel? Erzählen Sie das Wann, Wo, mit Wem usw. in einem Aufsatz von fünf oder mehr Sätzen!

Aufgabe 9

Vokabeln

1 Das ist ein Anruf.
Der Schalterbeamte verbindet den Jungen mit dem Gesprächsteilnehmer in Amerika.

2 Das Mädchen ist in Zelle neun.
Das Mädchen weiss die
  Vorwahl für die Stadt.
Sie hat auch die Telefonnummer.
Sie kann durchwählen, weil sie die
  Vorwahl und die Telefonnummer
  weiss.

3 Es klingelt und klingelt.
Niemand nimmt den Hörer ab.

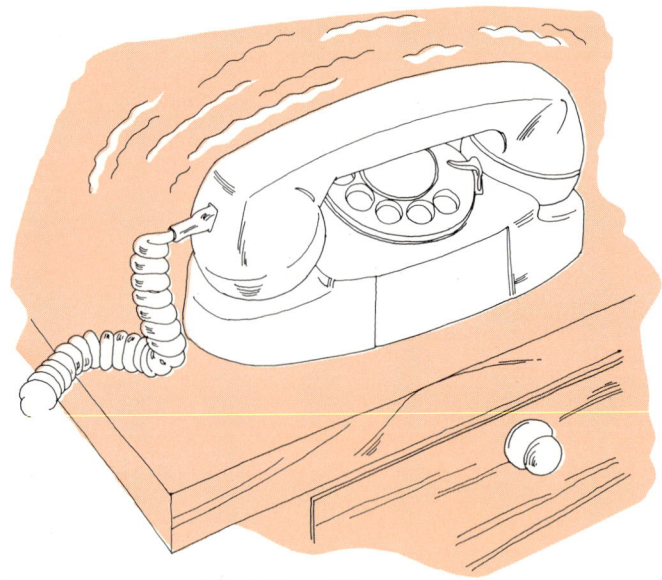

- **bezahlen**   Wenn man etwas kauft, muss man mit Geld bezahlen.
  in Ordnung   „Alles ist in Ordnung" bedeutet alles ist O.K.
  das Ortsgespräch   Ein Ortsgespräch ist ein lokales Gespräch.
  das Ferngespräch   Ein Gespräch von Amerika nach Deutschland ist ein Ferngespräch.
  das R-Gespräch   Wenn der andere Gesprächsteilnehmer den Anruf bezahlt, ist es ein R-Gespräch.
  der Augenblick   der Moment

Übungen

A *Beantworten Sie die Fragen, bitte!*

1. Mit wem verbindet der Schalterbeamte den Jungen?
2. Wo ist das Mädchen?
3. Was weiss das Mädchen?
4. Was hat sie auch?
5. Warum kann sie durchwählen?
6. Nimmt jemand den Hörer ab?

B *Ergänzen Sie, bitte!*

1. Du wohnst in Berlin, und deine Oma wohnt auch in Berlin. Du willst telefonieren und machst ein _____.
2. Jürgen hat kein Geld. Er kann das nicht _____.
3. Alles ist gut. Alles ist O.K. Alles ist in _____.
4. Ein Ferngespräch nach Deutschland ist für mich zu teuer. Aber ein _____ bezahle ich nicht.

Nomen

A *Ersetzen Sie, bitte!*

Wo ist der | Schalterbeamte?
          | Gesprächsteilnehmer?

Weisst du, was die | Vorwahl | ist?
                   | Telefonnummer |

B *Beantworten Sie die Fragen, bitte!*

War der Schalterbeamte freundlich?
Kommt der Anruf jetzt?
Ist das Ortsgespräch teuer?
Ist das Ferngespräch teuer?

C *Ersetzen Sie, bitte!*

Die | Anrufe
    | Ortsgespräche | waren nicht teuer.
    | Ferngespräche
    | R-Gespräche

D *Beantworten Sie die Fragen, bitte!*

Sind die Schalterbeamten immer freundlich?
Sind die Telefonnummern im Buch?
Kommen die Anrufe jetzt?
Bezahlen die Gesprächsteilnehmer?

Grammatik

The nouns presented in this lesson for active use are:

Singular	Plural
der Schalterbeamte	die Schalterbeamten
die Schalterbeamtin	die Schalterbeamtinnen
der Gesprächsteilnehmer	die Gesprächsteilnehmer
die Gesprächsteilnehmerin	die Gesprächsteilnehmerinnen
der Hörer	die Hörer
der Anruf	die Anrufe
der Augenblick	die Augenblicke
die Vorwahl	die Vorwahlen
die Telefonnummer	die Telefonnummern
das R-Gespräch	die R-Gespräche
das Ortsgespräch	die Ortsgespräche
das Ferngespräch	die Ferngespräche

Gespräch

Ein Ferngespräch auf der Post

James	Ich möchte telefonieren.
Schalterbeamte	Ist es ein Ferngespräch oder ein Ortsgespräch?
James	Ein Ferngespräch. Ich möchte nach Amerika telefonieren.
Schalterbeamte	Gehen Sie in Zelle sieben!
James	Verbinden Sie mich, oder kann ich durchwählen?

Schalterbeamte	Wissen Sie die Vorwahl? Nein? Moment mal. Die Vorwahl für Amerika ist 001. Mit 001 können Sie durchwählen.
James	Ich glaube aber, dass ich nicht genug Geld habe.
Schalterbeamte	Dann können Sie ein R-Gespräch führen.
James	Ein R-Gespräch?
Schalterbeamte	Ja. Ein Retour-Gespräch. Das bedeutet, dass der andere Gesprächsteilnehmer den Anruf bezahlt.
James	Prima. Aber ich möchte nur mit meinem Bruder Ronald sprechen.
Schalterbeamte	In Ordnung. Sie möchten also ein persönliches Gespräch führen. Bei einem persönlichen Gespräch können Sie aber nicht durchwählen. Ich muss Sie verbinden. Geben Sie mir die Nummer! Und warten Sie einen Augenblick!
Schalterbeamte	Jetzt ist Ihr Gespräch da. Gehen Sie in Zelle sieben!

James geht in Zelle sieben. Es klingelt. Er nimmt den Hörer ab und meldet sich mit seinem Familiennamen: Hughes. Er hört die Stimme seines Bruders Ronald: „James, bist du das?" James antwortet: „Ja. Ich komme am Donnerstag."

sich melden *to identify oneself*

Fragen

1. Was möchte James machen?
2. Wohin möchte er telefonieren?
3. Wohin soll er gehen?
4. Was ist die Vorwahl für Amerika?
5. Kann James mit der Vorwahl durchwählen?
6. Warum muss James ein R-Gespräch führen?
7. Wer bezahlt das R-Gespräch?
8. Kann man bei einem persönlichen Gespräch durchwählen?
9. Wer verbindet James?

Struktur

Der Genitiv

Maskulin und Neutrum

Nomen mit einer Silbe

A *Wiederholen Sie, bitte!*

Das ist das Zimmer von dem Gast.
Das ist das Zimmer des Gastes.
Der Name von diesem Gast ist Meyer.
Der Name dieses Gastes ist Meyer.

B *Ersetzen Sie, bitte!*

Was ist der Name eines berühmten | Weines?
| Filmes?
| Waldes?
| Mannes?
| Arztes?

Was ist der Preis dieses | Obstes?
| Glases?
| Bieres?
| Buches?

Maskulin

Nomen mit -n

A *Ersetzen Sie, bitte!*

Hast du die Telefonnummer des | Nachbarn?
| Jungen?
| Studenten?
| Herrn?

Hast du die Telefonnummer der | Nachbarn?
| Jungen?
| Studenten?
| Herren?

B *Beantworten Sie die Fragen, bitte!*

Musste die Mutter dieses Jungen in die Schule kommen?
Wo ist denn das Auto des Nachbarn?
Ist die Stimme eines Drachen nicht furchtbar?
Ist das Haus eures Nachbarn auch so schön?
Wo ist denn die Aktentasche dieses Herrn?
Habt ihr die Adressen der Herren?
Hast du die Eltern der Athleten gekannt?
Wo ist denn die Kneipe dieser Studenten?
Was sind denn die Namen der zwei Helden?
Kennst du die Kinder eurer Nachbarn gut?

Grammatik

Masculine and neuter nouns of one syllable have an *-es* ending in the genitive. Remember that feminine nouns have no genitive endings.

   Hast du die Telefonnummer deines Freundes?
   Die Häuser dieses Mannes sind wirklich schön.

Masculine nouns which form their plural ending by adding an *-n* or *-en* retain the *-n* or *-en* in the genitive and do not take an *-s* ending.

   Wir kennen die Eltern dieses Jungen.
   Die Arznei des Patienten ist sehr teuer.

Zusammenfassung

Folgen Sie dem Beispiel, bitte!

Wann ist das Ende? *der Krieg*→
Wann ist das Ende des Krieges?

Wie ist die Qualität? *der Wein*
Was ist die Geschichte? *das Schloss*
Wo sind die Fotos? *der Athlet*
Wo ist das Zimmer? *der Student*
Wo ist der Fussball? *das Kind*

Genitivpräpositionen

A *Wiederholen Sie, bitte!*

Wir haben uns innerhalb des Waldes getroffen.
Wir wohnen ausserhalb der Stadt.
Die Gastwirtschaft ist innerhalb des Wohnviertels.
Anstatt der modernen Städte wollten wir alte Dörfer sehen.
Kommst du trotz deines kranken Bruders?
Ich bleibe wegen des interessanten Gespräches.

B *Ersetzen Sie, bitte!*

Wir sahen es während | des Sommers.
| unserer Reise.
| des Essens.

Wer kam denn anstatt | deines Vaters?
| deines Bruders?
| deiner Mutter?
| deiner Tante?
| des Kindes?
| des Mädchens?

Wir kommen | trotz
| wegen
| anstatt
| der vielen Leute.

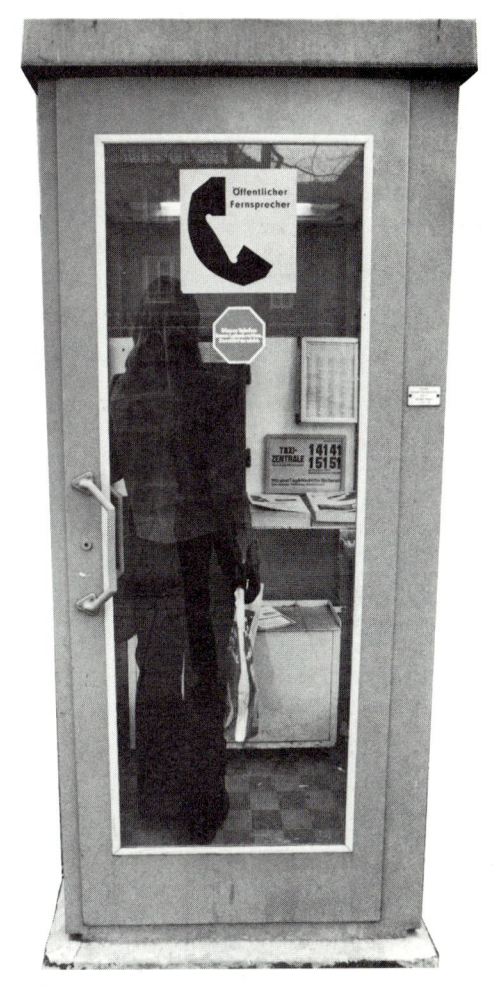

Das Mädchen führt ein Ferngespräch.

C *Beantworten Sie die Fragen, bitte!*

Liest du ein Buch anstatt der deutschen Zeitung?
Kommt ihr wegen des neuen Filmes?
Fahren Sie trotz des kalten Wetters an die Nordsee?
Ist das Hotel ausserhalb des Einkaufszentrums?
Wohnst du auch innerhalb der Stadt?
Kommen Oma und Opa wegen der Kinder?
Was macht ihr denn während der Sommerferien?

Grammatik

The following prepositions are followed by the genitive case.

anstatt	*instead of*
wegen	*because of, on account of*
trotz	*in spite of*
während	*during*
ausserhalb	*outside of*
innerhalb	*inside of*

wessen

A *Wiederholen Sie, bitte!*

Wessen Telefonnummer ist das?
Das ist die Telefonnummer von Karla.

Wessen Wagen ist das?
Das ist der Wagen meines Vaters.

Wessen Zimmer sind das?
Das sind die Zimmer der deutschen Gäste.

B *Folgen Sie dem Beispiel, bitte!*

Ist das dein Geld? →
Ich weiss nicht, wessen Geld das ist.

Ist das unsere Reiseleiterin?
Sind das seine Pommes frites?
Ist das dein Kaugummi?
Sind das unsere Reagenzgläser?
Ist das ihr Führerschein?
Sind das unsere Blumen?
Ist das mein Stück Torte?

Hier kann man telefonieren.

Grammatik

The interrogative pronouns you have learned so far are:

wer   *who?* (subject)
wem *whom?* (indirect object)
wen   *whom?* (direct object)

Wessen is the genitive interrogative pronoun used to pose a question concerning possession or ownership.

Wessen Auto ist das? *Whose car is that?*
Wessen Schwestern sind das? *Whose sisters are these?*

Zusammenfassung

Folgen Sie dem Beispiel, bitte!

Der Schalterbeamte verbindet dich. →
Wer verbindet mich?

Meine Schwester erklärte *Mutti* den Motor.
Das ist doch *Werners* Motorrad!
Sie treffen *die Freunde* nach der Schule.
Ich bezahle *das Ferngespräch* nicht.
Das ist *das Trinkgeld* für den Liftboy.

Zeitausdrücke mit *an, in, vor*

A *Wiederholen Sie, bitte!*

Unsere Fete beginnt schon am Nachmittag.
Wir machen immer im Sommer Ferien.
Ingrid kam vor einer Woche.

B *Ersetzen Sie, bitte!*

Wir sahen sie am | Abend.
                    | Nachmittag.
                    | Donnerstag.

Wir besuchen euch am sechsten | Januar.
                                    | Februar.
                                    | März.
                                    | April.

Sie machten immer im | Sommer
                         | Winter | Ferien.
                         | Juli
                         | September

Das war vor | einem Monat.
              | einer Woche.
              | einem Jahr.

C *Folgen Sie dem Beispiel, bitte!*

Wann kommst du? *der Sommer* →
Im Sommer.

Wann telefonierst du wieder? *der Donnerstag*
Wann macht ihr Ferien? *der August*
Wann gehen wir ins Café? *der Nachmittag*
Wann fliegen sie nach Spanien? *der Winter*
Wann kommst du denn? *der Sommer*

Grammatik

The prepositions *an, in,* and *vor* are often used for time expressions. They require the dative case. *Am* means "on" or "in."

Wir kommen am Donnerstag.   *We're coming (on) Thursday.*
Sie kommen am Abend.   *They're coming in the evening.*

Im is used with months and seasons.

Im April fahren sie nach Spanien.

Vor expresses "ago."

Ich sah ihn vor einer Stunde.

Persönliches

1. Hast du ein Telefon für dich allein?
2. Sprichst du gern am Telefon?
3. Mit wem telefonierst du oft?
4. Musst du die Anrufe bezahlen?
5. Machst du nur Ortsgespräche oder auch Ferngespräche?
6. Hast du schon einmal nach Deutschland telefoniert?
7. Konntest du nach Deutschland durchwählen?

Übungen zum Schreiben

A Ergänzen Sie mit einem passenden Wort!

1. Der Schalterbeamte _____ den Jungen mit Amerika.
2. Kennst du die _____ für die Stadt Hamburg?
3. Was ist denn deine _____?
4. Er nimmt immer den _____ ab.

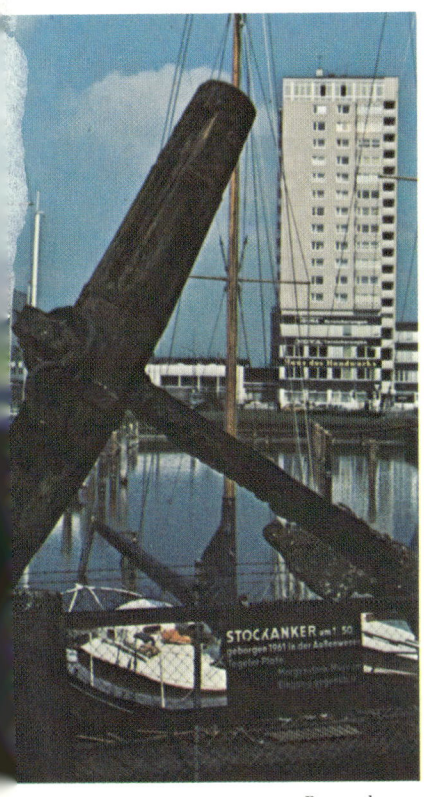

Bremerhaven

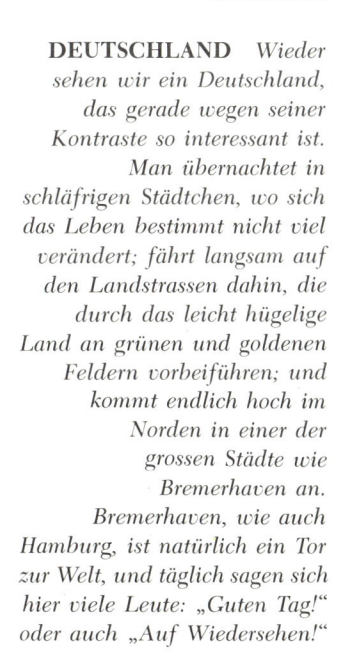

Grenzstadt zwischen Deutschland und Belgien

DEUTSCHLAND Wieder sehen wir ein Deutschland, das gerade wegen seiner Kontraste so interessant ist. Man übernachtet in schläfrigen Städtchen, wo sich das Leben bestimmt nicht viel verändert; fährt langsam auf den Landstrassen dahin, die durch das leicht hügelige Land an grünen und goldenen Feldern vorbeiführen; und kommt endlich hoch im Norden in einer der grossen Städte wie Bremerhaven an. Bremerhaven, wie auch Hamburg, ist natürlich ein Tor zur Welt, und täglich sagen sich hier viele Leute: „Guten Tag!" oder auch „Auf Wiedersehen!"

Bauernhof, Bad Schwalbach im Taunus

Die Grenze zwischen Ost- und Westdeutschland

OST- UND WESTDEUTSCHLAND   Seit dem Zweiten Weltkrieg existieren ein Ostdeutschland, die DDR, und ein Westdeutschland, die DBR. Eine Grenze und ein dreissig Meter breites Niemandsland trennen die beiden Länder.   Obwohl das Land nicht politisch vereinigt ist, geht das Leben weiter.   Hier sehen wir Ostdeutsche in ihren Dörfern und Städten arbeiten, einkaufen und sich amüsieren.

Karl-Marx-Stadt, Ostdeutschland

Kurfürstendamm, Westberlin

BERLIN *Berlin—die einzigartigste Stadt Deutschlands.   Wie das Land, ist diese Stadt auch geteilt.   Nur vor dreissig Jahren war alles in der Stadt kaputt.   Aber die Berliner mit ihrer Widerstandskraft und Schlagfertigkeit sind unbesiegbar.   Heute sieht man nur eine Ruine, die als Symbol auf dem Kudamm steht.*

Karl-Marx-Allee, Ostberlin

Schloss Heilbrunn, Salzburg

Schloss Mirabell, Salzburg

Grinzing, Wien

Wien an der Donau

ÖSTERREICH Schlösser, Paläste, Musik und Schönheit erzählen Salzburgs Geschichte. Salzburg ist wahrlich eine hervorragende Musikstadt, wo man mit leichter oder schwerer Musik seine Abende verbringen kann. Strauss Walzer und Operettenmusik singen von der Donau und von Wien. Das Land Österreich, wo das Leben graziös, die Sprache musikalisch und die Menschen herzlich sind.

Thunersee, Bern in der Schweiz

Schweizer Dorf mit Eiger im Hintergrund

SCHWEIZ Und wer möchte nicht mit Schiern, Wanderstiefeln und Rucksack die Schweiz besuchen! Wie unglaublich schön, wie still sind die Berge, die Seen, die Dörfer, die einsamen schneebedeckten Hänge. Die Schweiz mit ihrer puren Luft und majestätischen Schönheit ist wirklich ein ideales Ferienland.

Vorlesung, Universität Heidelberg

UNIVERSITÄTEN Eine von den weltbekannten Universitäten ist die Universität Heidelberg. Weniger bekannt in der Welt, aber nicht in Deutschland, sind die Universitäten in Freiburg, Tübingen, Göttingen, Kiel und Frankfurt. Wer an einer Universität studieren will, muss sein Abitur gemacht haben. Das Abitur bekommt man nur nach einem achtjährigen Studium auf dem Gymnasium.

Wie wir sehen, sind die Vorlesungsräume sehr voll. Viele junge Leute wollen heutzutage studieren, weil sie eine gute Bildung wichtig finden. Es gibt nicht nur deutsche Studenten, die an den Universitäten studieren. Jedes Jahr schreiben sich viele ausländische Studenten an deutschen Universitäten und Hochschulen ein.

Mensa, Universität Heidelberg

Markt, Hannover

DIE EWG Die Europäische Wirtschaftsgemeinschaft hat nach dem Krieg Westeuropas wirtschaftliche Gesicht verändert. Das Ziel der Mitglieder ist Zusammenarbeit, auch wenn nationale Wünsche manchmal der Harmonie im Wege stehen. Die deutsche Kohle- und Stahlindustrie ist heute eine der produktivsten der Welt. Deutsche Autos und Maschinen sind weltbekannt.

Überall in Deutschland kann man italienisches Obst und französische Mode sehen, weil jedes Land das exportiert, was es am besten produzieren kann. Durch gegenseitigen Warenaustausch können die verschiedenen EWG Länder einen hohen Lebensstandard erzielen.

Industriegebiet, Saarland

Maibaum, Wien

Ein Erntedankfest, Bayern

FESTE Die Tänze um den Maibaum und die schweren Bierwagen kommen aus der alten Tradition der Frühlingsfeste und Erntedankfeste. Die Menschen haben schon immer der Natur gedankt, wenn der Frühling und das neue Leben kamen, und wenn die Ernte im Herbst gut war.

Auf dem Oktoberfest in München und zu jeder Zeit im Münchner Hofbräuhaus kann man sich grosse, dicke, salzige Brezeln kaufen. Man muss natürlich dazu eine Mass Bier trinken. Ja, Volksfeste sind immer und überall beliebt, weil man zur Abwechslung ein bisschen ausgelassen sein kann.

B *Ergänzen Sie mit den passenden Artikeln!*

1. _____ Vorwahl ist 0411.
2. _____ Ferngespräch wird viel kosten.
3. _____ Augenblick ist da!
4. _____ Schalterbeamte ist ziemlich freundlich.
5. _____ Ortsgespräch kostet zwanzig Pfennig.
6. _____ Telefonnummer ist neu.
7. _____ Gesprächsteilnehmer heisst Herr Lange.

C *Schreiben Sie die Sätze im Plural!*

1. Das R-Gespräch ist doch prima.
2. Der Anruf kam vor einer Woche.
3. Der Schalterbeamte wartet nicht.
4. Die Telefonnummer ist doch im Buch.

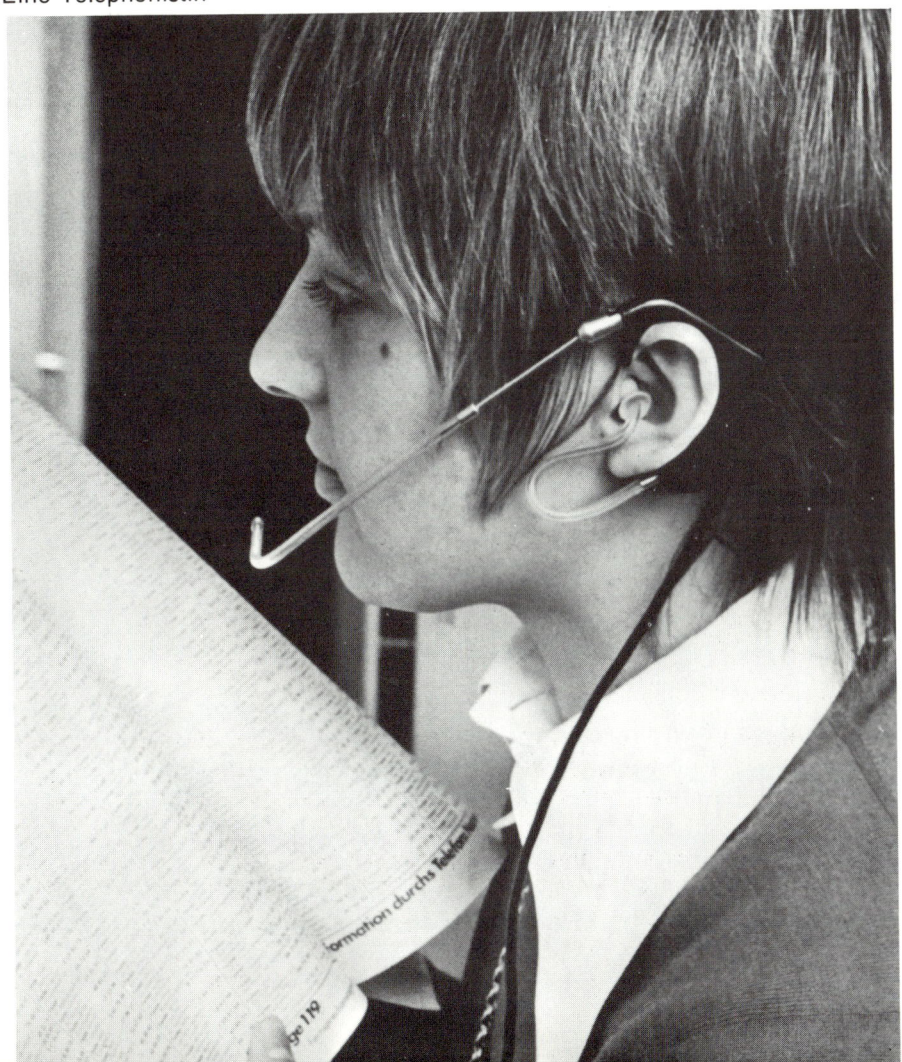

Eine Telephonistin

D *Folgen Sie dem Beispiel!*

Was ist denn die Geschichte von dem deutschen Wald?→
Was ist denn die Geschichte des deutschen Waldes?

1. von dem alten Schatz
2. von dem bösen Zwerg
3. von dem teuren Öl
4. von dem amerikanischen Film
5. von dem weltberühmten Buch
6. von dem wunderbaren Park
7. von dem berühmten Mann
8. von dem deutschen Bier

E *Folgen Sie dem Beispiel!*

Wer kennt denn den Namen von diesem Herrn?→
Wir wissen nicht, was der Name dieses Herrn ist.

1. Wer kennt denn den Namen von diesem Patienten?
2. Wer kennt denn den Namen von diesem Jungen?
3. Wer kennt denn den Namen von diesem Studenten?
4. Wer kennt denn den Namen von diesem Athleten?
5. Wer kennt denn den Namen von diesem Helden?

F *Folgen Sie dem Beispiel!*

Wir wissen nicht, was der Name von diesen Herren ist.→
Wir wissen nicht, was der Name dieser Herren ist.

1. Wir wissen nicht, was der Name von diesen Patienten ist.
2. Wir wissen nicht, was der Name von diesen Jungen ist.
3. Wir wissen nicht, was der Name von diesen Studenten ist.
4. Wir wissen nicht, was der Name von diesen Nachbarn ist.
5. Wir wissen nicht, was der Name von diesen Athleten ist.

G *Ergänzen Sie mit den passenden Artikeln!*

1. Ihre Gastwirtschaft ist innerhalb _____. *Stadt*
2. Während _____ sind wir nicht zu Hause. *Sommer*.
3. Wegen _____ konnten sie nicht kommen. *Grippe*
4. Ausserhalb _____ ist ein wunderbarer Park. *Stadt*
5. Trotz _____ fahren wir in die Ferien. *Wetter*.

H *Folgen Sie dem Beispiel!*

> Das ist doch mein Eis!→
> Wessen Eis ist das?

1. Das ist doch ihr Trinkgeld!
2. Das sind doch unsere Blumen!
3. Das ist doch meine Zeitung!
4. Das sind doch ihre Pommes frites!
5. Das sind doch unsere Telefonnummern!

I *Ergänzen Sie mit* am *oder* im!

1. Unser Besuch kommt _____ Juni.
2. Mein Geburtstag ist _____ siebten Juli.
3. _____ Winter fahren wir immer Ski.
4. _____ Montag machen wir wieder Versuche in der Chemieklasse.
5. _____ Samstag ist natürlich keine Schule.
6. _____ Dezember ist Weihnachten.
7. Heiligabend ist _____ 24. Dezember.
8. _____ Sommer ist es in Deutschland auch nicht immer warm.

J *Beantworten Sie die Fragen mit* vor!

1. Wann habt ihr denn gegessen? *Stunde*
2. Wann waren Sie denn in Italien? *Jahr*
3. Wann war er denn krank? *Monat*
4. Wann hattest du denn Geburtstag? *Woche*
5. Wann bist du denn gekommen? *Minute*

Zum Sprechen

Sie sind auf einer Münchner Post. Sie möchten ein persönliches Gespräch mit Ihrer Mutti in Amerika führen. Weil Sie aber nicht viel Geld haben, muss es ein R-Gespräch sein.

Bereiten Sie ein Gespräch 1) mit dem Schalterbeamten oder 2) mit Ihrer Mutti vor!

Rätsel

Silbenrätsel

Complete the statements below by finding the appropriate syllables. The remaining syllables form a word for a food.

WAN-DE-GE-SE-ER-SCHER-AU-DTE-KRATZ-MET-PRO-AM-GEN-AN-VER-PFANGS-BE-KORB-SE-LEN-REI-KEN-ZENT-MEL-AB-BEL-TER-STELL-MO-DOL-TISCH-SPRÄCH-LEN-GE-TE-LEI-SCHAL-TE-HO-NAI-TER-FERN-DET-ZAH-WOL-IN-BLICK-FALL-YON-MA-EM-GA-AB-BE

1. Onkeln, Tanten, Kusinen _____
2. „Fashion" auf deutsch _____
3. Arbeiter für den Staat _____
4. Touristenführerin _____
5. Gebäude mit 50 bis 100 Stockwerke _____
6. Er spricht Deutsch und Englisch _____
7. Wo man ein Zimmer in einem Hotel reserviert _____
8. % % % % _____
9. Er verbindet Gesprächsteilnehmer _____
10. Moment _____
11. Telefonanruf von Deutschland nach Amerika _____
12. Am Telefon _____ er sich mit dem Familennamen _____
13. Papierkorb _____
14. Messer und _____ _____
15. Zur Freundin gehen und sie zurückbringen _____
16. Wenn man etwas kauft, muss man mit Geld _____ _____

In Deutschland essen viele Leute Pommes Frites mit _____.

152

Fotorätsel

Was ist nicht hier?

Algebrarätsel
Suchen Sie „X"!
(a − b) + (c + d) + (e − f) + (g + h) = x

a. Perfekt von „kaufen"
b. Er bezahlt es.
c. Imperfekt von „sprechen"
d. Umlaut und Genitiv Endung
e. das _____ von „gut" ist „schlecht."
f. Präposition mit Akkusativ
g. Infinitiv ohne en von „nimmt"
h. Maskulin Pronomen

x = mit wem jemand am Telefon spricht

Aufgabe 10

Vokabeln

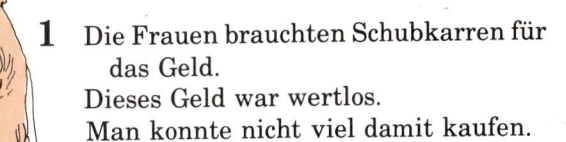

1 Die Frauen brauchten Schubkarren für das Geld.
Dieses Geld war wertlos.
Man konnte nicht viel damit kaufen.

2 Dieser Mann tauscht zehn Pfund Äpfel gegen zwei Eier.
Die Frau hat amerikanische Zigaretten
Damit „bezahlt" sie die Butter.

3 Hans ist klein.
Stefan ist kleiner.
Dieter ist am kleinsten.

155

Heutzutage ist die Deutschmark stark.

- **Geld ausgeben** Wir geben Geld aus, wenn wir etwas kaufen.
  Geld sparen Wir bringen das Geld zur Bank.
  das Gemüse Karotten, Bohnen, Salat, usw. sind Gemüse.
  das Stereogerät Man spielt Schallplatten auf einem Stereogerät.
  die Regierung Die Regierung der U.S.A. ist demokratisch.
  heutzutage jetzt
  die Zwanziger die Jahre von 1920 bis 1929
  arm sein kein Geld haben; nichts haben

- der Pfennig   praktisch   transportieren
  der Garten   dramatisch   akzeptieren
  der Soldat   kompliziert
  die Packung   unpraktisch
  die Inflation   allergisch
  die Firma
  das Ende

Übungen

A *Beantworten Sie die Fragen, bitte!*

1. Was brauchten die Frauen für das Geld?
2. Was war wertlos?
3. Was kauft die Frau mit den amerikanischen Zigaretten?
4. Wer ist klein?
5. Wie ist Stefan?
6. Wer ist am kleinsten?

B *Ergänzen Sie, bitte!*

1. Wir kommen nicht mit. Wir haben keinen _____.
2. Das kann ich wirklich nicht _____!
3. Der Film war doch sehr _____.
4. Die Geschichte der _____ ist kompliziert, nicht wahr?
5. Mein deutscher Cousin ist jetzt _____.
6. Viele Leute sind _____ gegen Schokolade.
7. So ein grosser Wagen ist auch _____.

Nomen

A *Ersetzen Sie, bitte!*

Wo ist denn | der Garten?
            | der Schubkarren?
            | die Firma?
            | das Gemüse?
            | das Stereogerät?
            | das Ende?

B *Beantworten Sie die Fragen, bitte!*

Schmeckt der Apfel?
Ist der Soldat glücklich?
Ist der Pfennig klein?
Ist die Regierung gut?
War die Inflation furchtbar?
Ist die Firma deutsch?
Ist das Gemüse frisch?
Schmeckt das Ei?
Kostet das Stereogerät viel Geld?

C *Ersetzen Sie, bitte!*

Hier sind die | Äpfel.
              | Pfennige.
              | Firmen.
              | Eier.

D *Beantworten Sie die Fragen, bitte!*

Schmecken die Äpfel?
Sind die Gärten schön hier?
Sind die Soldaten in Russland?
Stehen die Schubkarren im Garten?
Sind die Firmen auch in Frankfurt?
Kosten die Eier eine Mark?
Spielen die Stereogeräte gut?

Grammatik

The nouns presented in this lesson for active use are:

Singular	Plural
der Apfel	die Äpfel
der Garten	die Gärten
der Pfennig	die Pfennige
der Soldat	die Soldaten
der Schubkarren	die Schubkarren
die Firma	die Firmen
die Zigarette	die Zigaretten
die Regierung	die Regierungen
die Inflation	die Inflationen
das Gemüse	
das Ei	die Eier
das Pfund	die Pfunde
das Ende	die Enden
das Stereogerät	die Stereogeräte

Berlin: 1925 und heute

Lesestück

Die Inflation

1915 hat ein Glas Bier in Deutschland vielleicht drei Pfennig gekostet. So um 1923 hat dieses Glas Bier 15 Milliarden Mark gekostet. Wir brauchten also praktisch einen Schubkarren, um dieses viele Geld zu transportieren. Verfolgen wir einmal diese dramatische Geschichte des Geldes von 1915 bis zum heutigen Tag! Am dramatischsten war diese Geschichte wohl in den Zwanzigern.

Es ist 1915. Wir haben tausend Mark gespart. Wunderbar. Das ist ein ganz schönes Geld. Aber zwischen 1919 und 1923

eine Milliarde *one billion*
verfolgen *to follow*

werden unsere tausend Mark praktisch wertlos. Wir sind wieder arm. Sparen werden wir nicht mehr, weil wir nicht wissen, was das Geld morgen wert ist. Zweimal pro Tag, zur Mittagspause und wieder am Nachmittag, bekommen wir unser Geld für die Arbeit. Die Frauen kommen mit Schubkarren und holen das Geld ab. Sie versuchen, das Geld sofort auszugeben. Sie wollen nicht bis morgen warten, um damit einzukaufen. Morgen kostet alles viel, viel mehr. Nach der Mittagspause kosten ein Brot, ein bisschen Wurst, zwei Eier, ein bisschen Obst und Gemüse vielleicht 300 Milliarden Mark. Aber heute abend bezahlen wir dafür bestimmt 600 Milliarden Mark.

    versuchen *to try*

Jetzt ist es gegen Ende des zweiten Weltkrieges. Wieder ist die Lage unsicher. Wieder hat das Geld seinen Wert verloren. Aber wir haben etwas von den Zwanzigern gelernt: Wir akzeptieren einfach kein Geld als Bezahlung. Womit bezahlen wir aber, was wir kaufen? Wir kaufen nicht—wir tauschen. Aber eine Tauschwirtschaft ist kompliziert und unpraktisch: Du hast einen Pullover, ich habe 50 Pfund Äpfel, und er hat sechs Eier. Ich möchte die Eier haben, und er möchte den Pullover haben. Wie machen wir denn das?

    gegen *toward*
die Lage *situation*
unsicher *insecure*
verlieren *to lose*

die Tauschwirtschaft *barter economy*

Wir machen das mit der Zigarettenwährung. Die Sache läuft so: In unserem Garten steht ein schöner Apfelbaum. Wir wollen aber nicht nur Äpfel essen. Wir „verkaufen" also einem amerikanischen Soldaten 50 Pfund Äpfel. Der amerikanische Soldat hat keine Dollar. (Die amerikanischen Soldaten bekommen ihren Sold in G.I.-Scheinen.) Er hat aber amerikanische Zigaretten. Damit kann er die Äpfel „bezahlen". Jeder weiss, wir und auch der Amerikaner, dass die ganze Welt den Wert von amerikanischen Zigaretten akzeptiert. Die Zigaretten sind also wie Papiergeld, denn Zigaretten sind leicht zu tragen.

die Zigarettenwährung *cigarette currency*
verkaufen *sell*

der Sold *soldier's pay*
G.I.-Scheine *G.I. certificates*

tragen *to carry*

Jetzt hat unser amerikanischer Soldat die 50 Pfund Äpfel, und wir haben zwei Packungen Zigaretten. Damit „kaufe" ich jetzt deinen Pullover oder seine Eier. Was ist die Grundlage für diese Transaktionen? Vertrauen. Zu dem Wert der Zigaretten haben die Leute Vertrauen, aber nicht zum Wert des deutschen Geldes.

die Grundlage *basis*

das Vertrauen *confidence*

. . .

Diese Geldgeschichte ist die Geschichte der Inflation in Deutschland. Gegen Inflation sind die Deutschen natürlich heutzutage allergisch. Aber heutzutage akzeptiert die ganze Welt die Deutschmark. Sie ist stabil. Sie war gestern etwas wert. Sie ist heute etwas wert. Sie wird nächste Woche auch etwas wert sein. Ein Beispiel. Eine Firma in Hongkong verkauft Stereogeräte an eine französische Firma. Die französische Firma bezahlt mit D-Mark. Warum bezahlt sie nicht mit

Francs oder mit Hongkong Dollarn? Beide Parteien, die französische Firma und die Hongkong Firma, haben grosses Vertrauen zu der Stabilität der D-Mark. Sie haben mehr Vertrauen zu der D-Mark als zum Franc oder zum Hongkong Dollar.

Heutzutage ist die Deutschmark stabil. Sie ist stabiler als vor 30 oder 50 Jahren. Von den Francs, Lira und englischen Pfunden ist die Deutschmark am stabilsten.

Fragen

1. Was hat 1915 ein Glas Bier in Deutschland gekostet?
2. Was hat dieses Glas Bier 1923 gekostet?
3. Was brauchten wir, um das viele Geld zu transportieren?
4. Wie werden tausend Mark zwischen 1919 und 1923?
5. Warum sparen wir jetzt nicht mehr?
6. Wann bekommen die Arbeiter ihr Geld?
7. Wer kommt mit Schubkarren?
8. Wieviel kostet morgen alles?
9. Wann war die Lage wieder unsicher?
10. Was hat das Geld wieder verloren?
11. Haben wir etwas von den Zwanzigern gelernt?
12. Was akzeptieren wir jetzt nicht als Bezahlung?
13. Kaufen wir? Was machen wir?
14. Was ist aber unpraktisch?
15. Was akzeptierte die ganze Welt?
16. Was sind die Zigaretten?
17. Wozu haben die Leute Vertrauen?
18. Wer ist heutzutage allergisch gegen Inflation?
19. Wie ist die Deutschmark heutzutage?

Struktur

wo **mit Präpositionen**

A *Wiederholen Sie, bitte!*

Wogegen seid ihr denn? Wir sind gegen den Krieg.
Wovon sprecht ihr denn? Wir sprechen vom Geld.
Woraus kamt ihr denn? Wir kamen aus dem Geschäft da.

B *Folgen Sie dem Beispiel, bitte!*

    Sie laufen auch durch die Kaufhäuser. →
    Wodurch laufen sie auch?

Johanna ist für diese Regierung.
Er bezahlt die Schallplatten mit dem Geld von Oma.
Wir kaufen den Aufschnitt für das Abendessen.
Die Kinder spielen gern mit dem Sand.
Martina sitzt schon bei einem Glas Wein.
Die beiden sind wirklich gegen diese Idee.
Wir sprechen über alles.

C *Wiederholen Sie, bitte!*

Mit wem sprecht ihr gern? Wir sprechen gern mit Georg.
Für wen kaufst du denn das Geschenk? Ich kaufe das Geschenk für meinen Bruder.

D *Folgen Sie dem Beispiel, bitte!*

    Die Fete ist immer bei Monika. →
    Bei wem ist die Fete immer?

Herr Nolde spart das Geld für Ellen.
Das Geschenk ist nicht für dich.
Sie fliegen ohne ihre Eltern nach Deutschland.
Mutti spricht jetzt mit den Nachbarn.
Helga spricht von Klaus.

Die Tauschwirtschaft

Grammatik

As you already learned, the interrogative pronoun *was* is equivalent to the English pronoun "what."

Was machst du?
Was hast du gesagt?

If, however, the interrogative pronoun is accompanied by a preposition, the word *wo* must be used. *Wo* is compounded with the preposition to form a single word: *womit, wofür, wovon.*

Womit spielst du? *What are you playing with?*
Wofür bist du? *What are you for?*

Note that when the object of the preposition is a person, the appropriate dative or accusative pronoun (*wem, wen*) follows the preposition.

Mit wem gehst du?
Für wen ist das Geschenk?

Zusammenfassung

Folgen Sie dem Beispiel, bitte!

Die beiden sprechen von dem Film.→
Wovon sprechen die beiden?

Die Cola und die Limonade sind für die Fete.
Ich trinke den Saft mit dem Brot.
Ingrid fährt auch mit uns.
Das Geld ist für den Trainingsanzug.

da mit Präpositionen

A *Wiederholen Sie, bitte!*

Stefan ist gegen die Idee. Er ist dagegen.
Ich bin für eine Reise nach Deutschland.
Ich bin dafür.

B *Folgen Sie dem Beispiel, bitte!*

Hast du nach den Hausarbeiten Zeit?→
Ja, danach habe ich Zeit.

Kauft ihr Geschenke für die Fete?
Hast du viel von der Torte gegessen?
Fährst du oft mit dieser Strassenbahn?
Bist du auch gegen die Hausarbeiten?

Heute ist die Deutschmark stabiler als vor 40 oder 50 Jahren.

C *Wiederholen Sie, bitte!*

Wir sprechen gern mit Herrn Peters. Wir sprechen gern mit ihm.
Wir fahren nicht mit unseren Eltern. Wir fahren nicht mit ihnen.

D *Folgen Sie dem Beispiel, bitte!*

Wohnst du bei deiner Oma? →
Nein, ich wohne nicht bei ihr.

Möchtest du mit deiner Freundin nach Deutschland fliegen?
Seid ihr heute bei eurer Tante?
Kommst du ohne deine Schwester?

Grammatik

Like *wo*, *da* is combined with prepositions. When a noun referring to a thing or an idea follows a preposition, it is replaced by *da*.

Bist du auch gegen Kriege? Ja, ich bin auch dagegen.

Note that when a noun referring to a person follows a preposition, the noun is replaced by the appropriate dative or accusative pronoun.

Ich gehe mit meinem Freund einkaufen.
Ich gehe mit ihm einkaufen.

When a preposition begins with a vowel, an "r" is inserted between it and *da* or *wo*.

woraus
daraus

Adjektive

Der Positiv, der Komparativ, der Superlativ

A *Wiederholen Sie, bitte!*

Der Dollar ist stabil.
Der Yen ist stabiler.
Die Deutschmark ist am stabilsten.

Italienisch ist interessant.
Französisch ist interessanter.
Deutsch ist am interessantesten.

B *Folgen Sie dem Beispiel, bitte!*

Was ist schwerer, Deutsch oder Englisch? *Deutsch*→
Deutsch ist schwerer.

Wer ist dicker, Klaus oder Peter? *Klaus*
Wer ist reicher, du oder dein Freund? *ich*
Was ist leichter, Biologie oder Mathematik? *Biologie*
Wer ist berühmter, Beethoven oder Brahms? *Beethoven*
Welche Stadt ist schöner, Hamburg oder München? *München*

Wer ist am nettesten? *ich*
Wer ist am freundlichsten? *du*
Wer ist am sportlichsten? *meine Schwester*
Wer ist am schlausten? *der Wolf*
Wer ist am fleissigsten? *Karl*
Wer ist am faulsten? *ich*

C *Folgen Sie dem Beispiel, bitte!*

Erika ist klein, aber Helga ist kleiner.→
Helga ist kleiner als Erika.

Ein BMW ist schnell, aber ein Porsche ist schneller.
Kiel ist sauber, aber Hamburg ist sauberer.
Die Gastwirtschaft ist gemütlich, aber die Kneipe ist gemütlicher.
Ich bin heute nervös, aber du bist nervöser.
Der Schinken ist frisch, aber die Wurst ist frischer.
Heidelberg ist romantisch, aber Rothenburg ist romantischer.

D *Folgen Sie dem Beispiel, bitte!*

    Welche Stadt ist schöner als München?
        Paris, Rom→
    Paris ist schöner, aber Rom ist am schönsten.

Was ist dramatischer als „Julius Cäsar"? *Hamlet, Romeo und Julia*

Wer ist reicher als du? *Anita, Katarina*
Welcher Wagen ist sportlicher als der Alfa Romeo? *der BMW, der Porsche*
Wer ist berühmter als Cervantes? *Goethe, Shakespeare*
Welche Sprache ist toller als Deutsch? *Französisch, Italienisch*

Grammatik

The comparative of the adjective is formed by adding *-er* to the adjective. *Als* is equivalent to the English "than." Note that the comparative is followed by the nominative case.

    Ingrid ist grösser als ich.
    Ingrid is taller than I.

The superlative is formed by using the word *am* and adding *-sten* to the adjective. Note that sometimes *-esten* is added to adjectives that end in *-t* or *-sch*.

    Klaus ist am kleinsten.
    Sie ist am intelligentesten.
    München ist natürlich am berühmtesten.

Ist dieses Geld wertlos?

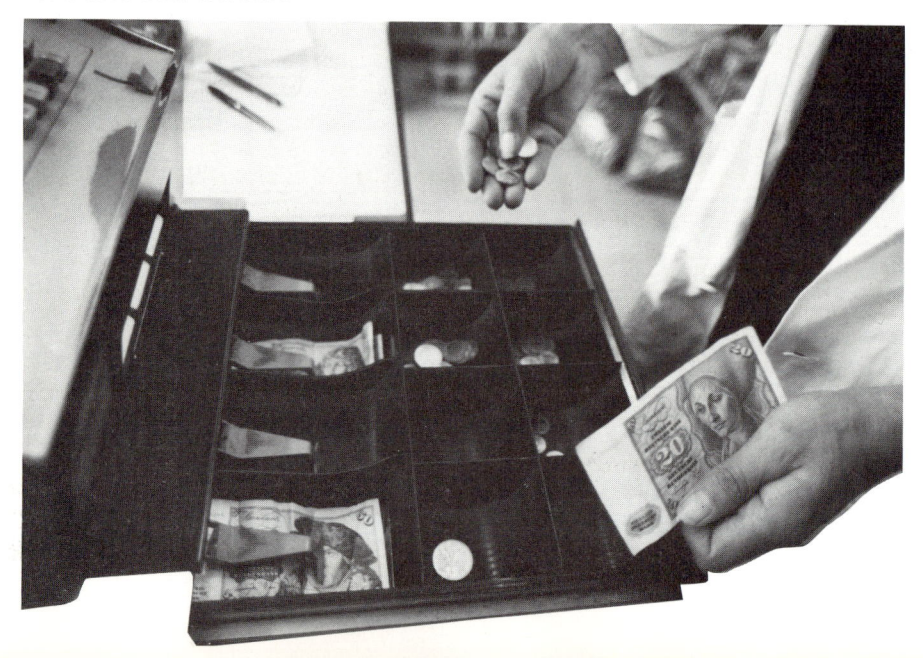

Zusammenfassung

Beantworten Sie die Fragen, bitte!

Wer ist denn am nettesten in der Klasse?
Welches Fach ist denn leichter als Deutsch?
Welcher Wagen ist denn am sportlichsten?
Wer ist denn am faulsten in der Klasse?
Welches Fach ist denn am schwersten?

Persönliches

1. Glaubst du, dass du genug Geld hast?
2. Wofür gibst du viel Geld aus?
3. Sparst du auch Geld?
4. Woher bekommst du dieses Geld?
5. Spendierst du oft etwas für deine Freunde und Freundinnen?
6. Möchtest du jetzt lieber arbeiten oder zur Schule gehen?

Übungen zum Schreiben

A *Ergänzen Sie mit einem passenden Wort!*

1. Die Frauen brauchten _____.
2. Dieses Geld war _____.
3. Der Mann _____ Äpfel gegen Eier.
4. Die Zigaretten waren wie _____.

B *Ergänzen Sie mit den passenden Artikeln!*

1. _____ Schubkarren ist voll.
2. _____ Apfel schmeckt ganz prima.
3. _____ Regierung war nicht demokratisch.
4. _____ Pfund Äpfel kostet zu viel.
5. _____ Garten ist doch wirklich schön.
6. _____ Firma ist deutsch.
7. _____ Gemüse ist ganz frisch.

C *Schreiben Sie die Sätze im Plural!*

1. Der Schubkarren steht im Garten.
2. Das Stereogerät kommt aus Japan.
3. Der Soldat ist ziemlich jung.
4. Das Ei ist nicht frisch.
5. Die Zigarette ist amerikanisch.
6. Der Pfennig ist nicht viel wert.

D *Beantworten Sie die Fragen!*

1. Wogegen bist du denn?
2. Wovon sprecht ihr denn?
3. Womit fahrt ihr denn?
4. Wofür ist denn das?

E *Stellen Sie Fragen!*

1. Das Geld brauchen wir für unsere Reise.
2. Sie ist immer gegen unsere Ideen.
3. Wir gehen mit dir mit.
4. Das Geschenk ist von seiner Freundin.

F *Folgen Sie dem Beispiel!*

Davon habe ich nichts gehört. *die Geschichte*→
Von der Geschichte habe ich nichts gehört.

1. Dagegen sind wir auch. *der Plan*
2. Damit fahre ich aber nicht gern. *die Strassenbahn*
3. Für ihn kaufe ich nichts. *der Bruder*

G *Folgen Sie dem Beispiel!*

Du läufst schnell, aber ich laufe _____ _____ du.→
Du läufst schnell, aber ich laufe schneller als du.

1. London ist schön, aber Paris ist _____ _____ London.
2. Englisch ist schwer, aber Deutsch ist _____ _____ Englisch.
3. Ich bin sportlich, aber meine Schwester ist _____ _____ als ich.
4. Anette ist dick, aber Gerhard ist _____ _____ Anette.
5. Hannover ist sauber, aber Hamburg ist _____ _____ Hannover.

H *Beantworten Sie die Fragen!*

1. Welche europäische Stadt ist am schönsten?
2. Welche Sprache ist am schwersten?
3. Welches Auto ist am billigsten?
4. Welche Familie ist am reichsten?
5. Welcher Schüler ist am faulsten?

Zum Schreiben

Gehen Sie zum Supermarkt! Was kosten

1. ein Liter Milch?
2. ein Pfund Butter?
3. zwölf Eier?
4. ein Pfund Brot?
5. ein Kopfsalat?

Fragen Sie Ihre Mutter oder Ihren Vater, wieviel diese Sachen vor zehn Jahren gekostet haben!
Fragen Sie Ihre Grossmutter oder einen älteren Nachbarn, wieviel diese Sachen vor 20–30 Jahren gekostet haben!
Zum Beispiel:
1930 hat ein Pfund Butter _____ gekostet.

Aufgabe 11

Vokabeln

1 Im Kaufhaus ist eine Lebensmittel-abteilung.
Hier sind ein Wurststand und ein Gemüsestand.
Die Leute stehen Schlange.

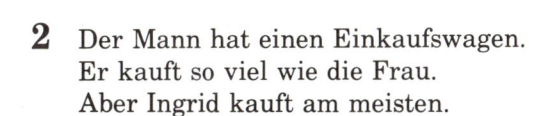

2 Der Mann hat einen Einkaufswagen.
Er kauft so viel wie die Frau.
Aber Ingrid kauft am meisten.

3 Dieser Junge packt seine Lebensmittel in einen Plastikbeutel.
Die Frau hat ein Netz.

■ **wochentags**   montags bis freitags
zu Fuss gehen   nicht mit dem Auto, dem Bus oder der Strassenbahn fahren
die Papiertüte   Man packt Lebensmittel in die Papiertüte.

■ der Markt   braun
der Supermarkt
die Drogerie

Übungen

A   *Beantworten Sie die Fragen, bitte!*

1. Wo ist die Lebensmittelabteilung?
2. Was kann man am Wurststand kaufen?
3. Wer steht Schlange?
4. Wer kauft so viel wie die Frau?
5. Wer kauft am meisten?
6. Wohin packt der Junge seine Lebensmittel?
7. Was hat die Frau?

B   *Ergänzen Sie, bitte!*

1. Wolfgang geht einkaufen. Er braucht _____.
2. Sein Vater braucht Aspirin. Er kauft sie in der _____.
3. Anni hat kein Geld für den Bus. Sie geht _____.
4. Hans liegt ein paar Tage in der Sonne. Er wird _____.
5. Fräulein Nordmeyer geht in ein grosses Geschäft. Es ist ein _____.

Nomen

A   *Ersetzen Sie, bitte!*

Der | Einkaufswagen
     | Plastikbeutel
     | Gemüsestand | ist doch so voll.
     | Markt
     | Supermarkt

B   *Beantworten Sie die Fragen, bitte!*

Ist der Einkaufswagen zu klein?
Ist der Gemüsestand schön?
Ist der Supermarkt voll?
Ist die Papiertüte weiss?
Ist denn die Lebensmittelabteilung gut?

172

C *Ersetzen Sie, bitte!*

Wo sind denn die | Papiertüten?
| Einkaufswagen?
| Gemüsestände?
| Supermärkte?
| Netze?

D *Beantworten Sie die Fragen, bitte!*

Sind die Lebensmittel in den Plastikbeuteln?
Sind die Netze schön?
Sind die Einkaufswagen klein?
Sind die Supermärkte modern?
Sind die Lebensmittelabteilungen in den Kaufhäusern?

Wieviel kosten die Eier?

Grammatik

In this lesson the nouns presented for active use are:

Singular	Plural
der Einkaufswagen	die Einkaufswagen
der Plastikbeutel	die Plastikbeutel
der Gemüsestand	die Gemüsestände
der Markt	die Märkte
der Supermarkt	die Supermärkte
die Schlange	die Schlangen
die Papiertüte	die Papiertüten
die Lebensmittelabteilung	die Lebensmittelabteilungen
das Netz	die Netze
	die Lebensmittel

173

Lesestück

So ist das Einkaufen in Deutschland.

Es ist egal, ob man in einer Grossstadt wie Hamburg oder München, in einer Mittelstadt wie Lübeck oder Augsburg, oder in einer Kleinstadt wie Wolfenbüttel oder Trier lebt. Das Wann, Wie, Was und Wo des Einkaufens sind in Grossstadt, Mittelstadt und Kleinstadt ziemlich gleich.

    In Deutschland gibt es ein Ladenschlussgesetz. Dieses Gesetz schreibt die Ladenschlusszeit vor. Die Geschäfte müssen wochentags um 18 Uhr 30 und samstags um 14 Uhr schliessen. Viele Geschäfte schliessen auch mittwochs um 13 Uhr. Nur an dem ersten Samstag im Monat haben die Geschäfte bis 18 Uhr

Es ist egal   *it doesn't matter*

gleich   *the same*
das Ladenschlussgesetz   *law that regulates the closing time for stores*
vorschreiben   *to prescribe*

174

offen. Dieser Samstag heisst „langer Samstag". Viel Zeit haben die Leute nicht für das Einkaufen, weil viele erst zwischen 16 und 17 Uhr von der Arbeit kommen.

In allen Städten gibt es mindestens ein grosses Kaufhaus wie *Karstadt, Brenninkmeyer* oder *Neckermann*. Die Kaufhäuser haben eine grosse Lebensmittelabteilung, wo man wirklich alle Lebensmittel kaufen kann. Diese Lebensmittelabteilungen sind vielleicht nicht so gross wie die meisten amerikanischen Supermärkte. Es gibt verschiedene Stände: den Wurststand, Käsestand, Obst-und Gemüsestand, usw. Da stehen die Leute oft Schlange, weil sie lieber frische Sachen kaufen. In der Lebensmittelabteilung gibt es aber auch fertig verpackte Lebensmittel. Natürlich gibt es Einkaufswagen. Sie sind aber kleiner als die amerikanischen.

In den Gross- und Mittelstädten gibt es auch grosse Selbstbedienungsgeschäfte (SB-Geschäfte). Hier Kann man Lebensmittel aber auch Schuhe, Hemden und vieles andere kaufen. Und wir dürfen nicht vergessen, dass es in Deutschland keine Stadt ohne Wochenmarkt gibt.

Jede Innenstadt hat natürlich ein Einkaufszentrum mit verschiedenen Geschäften—Lebensmittelgeschäften, Boutiquen, Drogerien. Diese Geschäfte gibt es auch in den verschiedenen Wohnvierteln. Wenn man etwas vergessen hat und schon wieder zu Hause ist, geht man schnell in einen „Tante Emma Laden". Diese Läden verkaufen vielleicht Butter, Milch, Brot und Salate, aber nicht viel mehr.

Man sieht schon an den kleinen Einkaufswagen in den Lebensmittelgeschäften und Supermärkten, dass die Deutschen nicht nur einmal in der Woche Lebensmittel kaufen. Sie kaufen weniger und öfter als die Amerikaner. Zum Einkaufen gehen sie oft zu Fuss. Sie fahren aber auch mit der Strassenbahn oder mit dem Auto. Grosse braune Papiertüten wie in den amerikanischen Supermärkten gibt es nicht. Man bringt einen Korb oder ein Netz mit, oder man bekommt einen Plastikbeutel im Geschäft.

Nun, das Einkaufen von Lebensmitteln—in Deutschland wie in Amerika—ist Arbeit. Aber das macht auch Spass, nicht wahr?

zwischen *between*
mindestens *at least*

vergessen *to forget*

weniger *less*

Fragen

1. Was ist ziemlich gleich?
2. Wo gibt es ein Ladenschlussgesetz?
3. Was schreibt dieses Gesetz vor?
4. Wann müssen die Geschäfte samstags schliessen?
5. Was ist ein „langer Samstag"?
6. Haben die Deutschen viel Zeit für das Einkaufen?
7. Was haben diese Kaufhäuser?
8. Was gibt es da?
9. Wo kauft man frische Sachen?
10. Was gibt es in den Lebensmittelabteilungen aber auch?
11. Was ist ein SB-Geschäft?
12. Was hat jede Stadt in Deutschland?
13. Welche Geschäfte gibt es in den verschiedenen Wohnvierteln?
14. Ist ein „Tante Emma Laden" ein grosser oder ein kleiner Laden?
15. Kaufen die Deutschen einmal in der Woche ein?
16. Was gibt es für die Lebensmittel?

Struktur

Positiv, Komparativ, Superlativ

Adjektive mit einer Silbe

A *Wiederholen Sie, bitte!*

Andrea ist dumm.
Stefan ist dümmer als Andrea.
Aber ich bin am dümmsten.

B *Ersetzen Sie, bitte!*

Sabine ist | grösser / stärker / älter | als Karin.

Ich bin am | grössten. / stärksten. / ältesten.

C *Folgen Sie dem Beispiel, bitte!*

Fafnir war stark. *Siegfried*→
Aber Siegfried war stärker als Fafnir.

Peter war krank. *Wolfgang*
Du bist arm. *Ich*
Meine Oma ist alt. *Mein Opa*
Im Dezember ist es kalt. *Im Januar*
Berlins Kurfürstendamm ist lang. *New Yorks Fünfte Avenue.*

D *Folgen Sie dem Beispiel, bitte!*

Der August ist wärmer als der Juli. *Aber welcher Monat*→
Aber welcher Monat ist am wärmsten?

Marianne ist grösser als Martin. *Aber welches Mädchen*
Ich bin kränker als ihr. *Aber wer*
Gabriele ist stärker als Uwe. *Aber wer*
Der Mai ist länger als der Juni. *Aber welcher Monat*
Die Weihnachtsferien sind kürzer als die Sommerferien. *Aber welche Ferien*

Grammatik

Many one-syllable adjectives add an umlaut in the comparative and superlative forms.

Positive	Comparative	Superlative
kurz	kürzer	am kürzesten
alt	älter	am ältesten
krank	kränker	am kränksten

Toll, schlau, schlank, faul are a few of the monosyllabic adjectives that do not have an umlaut in the comparative and superlative forms.

schlau	schlauer	am schlausten
faul	fauler	am faulsten

Die Leute kaufen frische Sachen.

Unregelmässige Adjektive

gut, gern, viel, hoch

A *Wiederholen Sie, bitte!*

Franziska spricht Deutsch gut.
Heidi spricht Deutsch besser als Franziska.
Thomas spricht am besten Deutsch.

Johannes trinkt gern Milch.
Ich trinke lieber Wasser.
Aber ich trinke Saft am liebsten.

Der Audi kostet viel.
Der BMW kostet mehr.
Aber der Mercedes kostet am meisten.

Das Kaufhaus ist hoch.
Der Wolkenkratzer ist höher.
Aber die Zugspitze ist am höchsten.

B *Beantworten Sie die Fragen, bitte!*

Was schmeckt besser—ein Hamburger oder eine Bratwurst? *eine Bratwurst*
Was schmeckt am besten? *das Eis*
Liest du gern die Zeitung? *ja*
Was liest du am liebsten? *ein Buch*
Wer spart mehr Geld—du oder dein Bruder? *ich*
Wer spart am meisten? *meine Mutter*
Was ist höher—die Zugspitze oder Mount Rushmore? *die Zugspitze*

Grammatik

Study the following irregular comparative and superlative forms of *gut, gern, viel,* and *hoch.*

Positive	Comparative	Superlative
gut	besser	am besten
gern	lieber	am liebsten
viel	mehr	am meisten
hoch	höher	am höchsten

Die Komparation mit *so ... wie*

A *Wiederholen Sie, bitte!*

Heinrich ist so schlau wie Andreas.
Das Eis ist so teuer wie das Stück Torte.
Wir lernen so viel wie ihr.

B *Beantworten Sie die Fragen, bitte!*

Welche Stadt ist so sauber wie Hamburg?
Welche Sprache ist so schwer wie Deutsch?
Wer ist so berühmt wie Richard Wagner?
Wer ist so blass wie Karl-Heinz?
Welcher Fluss ist so lang wie der Rhein?
Was schmeckt so gut wie Steak?
Welche Stadt ist so romantisch wie Heidelberg?
Wer ist so nervös wie du?
Welches Land ist so schön wie Italien?

Grammatik

To express a comparison of equality ("as . . . as"), the construction *wie . . . so* is used in German.

Das Mädchen ist so nett wie der Junge.   *The girl is as nice as the boy.*
Du bist so stark wie ich.   *You are as smart as I (am).*

Note that the nominative case follows *wie*. Remember that for comparisons of inequality *als* is used.

Das Mädchen ist netter als der Junge.   *The girl is nicer than the boy.*

Wiederholung

Das Imperfekt—schwache Verben

A *Ersetzen Sie, bitte!*

Was | kochtest / wechseltest / machtest / kautest | du?

Was | verbrauchtet / behandeltet / bezahltet / versuchtet | ihr?

B *Beantworten Sie die Fragen, bitte!*

Kämpfte Siegfried mit einem Drachen?
Tötete er ihn?
Badete Siegfried im Drachenblut?
Kochte er auch das Herz des Drachen?
Lachte er dann oder weinte er?
Verbrauchte der Porsche viel Benzin?

Sparten Hans and Werner hundert Mark?
Klingelten sie um 17 Uhr?
Legten Karla und Maria das Reserverad in den Kofferraum?
Wechselten die beiden Mädchen den Reifen?
Schüttelten sie Peter die Hand?

Bezahlten Sie immer in der Kneipe?
Behandelten Sie den Patienten?
Bedienten Sie den Fahrstuhl?

Starke Verben

A *Ersetzen Sie, bitte!*

Ich | verbinde / verlasse | es.

Ich | verband / verliess | es.

B *Beantworten Sie die Fragen, bitte!*

Liegt Marianne gern im Sand?
Lag sie gern in der Sonne?
Steht Monika schon da?
Stand sie schon da?
Geht Gerhard gern ins Einkaufszentrum?
Ging er gern ins Einkaufszentrum?

Fahren Herr und Frau Riegler auch nach München?
Fuhren sie auch nach München?
Verlassen viele Familien die Städte?
Verliessen viele Familien die Städte?
Riechen die Jungen den Kuchen?
Rochen sie den Kuchen?

Grammatik

Since Lesson 1, more verbs have appeared in the simple past tense. Remember that the weak verbs add *-te* to the stem and that the strong verbs contain a vowel change.

	Weak	**Strong**
	lachen	*verbinden*
ich	lachte	verband
du	lachtest	verbandest
er	lachte	verband
wir	lachten	verbanden
ihr	lachtet	verbandet
sie, Sie	lachten	verbanden

Ein Supermarkt

Die Präpositionen *auf, hinter, neben*
Dativ und Akkusativ

A *Ersetzen Sie, bitte!*

Das Reserverad liegt auf | dem Wagen.
 | der Motorhaube.
 | dem Auto.

Vielleicht ist er hinter | den Sportplatz | gelaufen.
 | die Wiese |
 | das Hotel |

B *Beantworten Sie die Fragen, bitte!*

Liegt das Reserverad schon auf dem Wagen?
Ist die Tankstelle hinter dem Hauptbahnhof?
Bist du um 11 Uhr auf der Laufbahn?

Ist die Englischklasse neben der Deutschklasse?
Ist eure Küche neben dem Wohnzimmer?
Ist das Café hinter dem Kaufhaus?

Fährt die Strassenbahn hinter den Wald?
Fahrt ihr neben den Camping Platz?
Gehst du jetzt auf den Sportplatz?

Grammatik

The following prepositions are like the preposition *in*. They can be followed by either the dative or the accusative case.

auf *on, onto, on top of, upon*
hinter *behind*
neben *next to, beside*

Note that the following prepositions are also used like *in*:

an *at*
über *over, above, about*
unter *under*
vor *before, in front of*
zwischen *between*

Zur Wortbildung

Nomen + -in

A *Wiederholen Sie, bitte!*

Der Arzt kommt hoffentlich.
Die Ärztin kommt hoffentlich.

B *Ersetzen Sie, bitte!*

Der | Lehrer / Student / Freund | wohnte hier.

Die | Lehrerin / Studentin / Freundin | wohnte auch hier.

C *Folgen Sie dem Beispiel, bitte!*

Der Nachbar ist freundlich.→
Die Nachbarin ist auch freundlich.

Der Patient wird gesund.
Der Schüler ist blass.
Der Amerikaner ist sportlich.
Der Athlet is nervös.
Der Sekretär ist schnell.

Grammatik

Many feminine nouns denoting occupation or profession are formed by adding *-in* to the masculine noun.

Note that many nouns indicating male gender end in *-er*. Some exceptions to this are *Freund, Student,* and *Arzt.*

Persönliches

1. Kaufst du gern Lebensmittel ein?
2. Gehst du gern allein einkaufen oder lieber mit deiner Mutter oder deinem Vater?
3. Gehst du lieber in einen Supermarkt oder in ein kleines Geschäft?
4. Kaufst du immer viel Obst und Gemüse, wenn du einkaufen gehst?
5. Kaufst du gern einmal in der Woche gross ein, oder gehst du lieber öfter einkaufen?
6. Findest du, dass die Lebensmittel sehr teuer sind?

Übungen zum Schreiben

A *Ergänzen Sie mit einem passenden Wort!*

1. Jedes Kaufhaus hat eine _____.
2. Wurst kauft man am _____.
3. Salat kauft man am _____.
4. Wenn das Geschäft sehr voll ist, müssen die Leute _____ stehen.
5. In der Lebensmittelabteilung braucht man einen _____.

B *Ergänzen Sie mit den passenden Artikeln!*

1. _____ Supermarkt war ganz modern.
2. _____ Lebensmittelabteilung ist hoffentlich sauberer.
3. _____ Netz ist heute zu klein.
4. _____ Papiertüte war ganz voll.

C *Schreiben Sie die Sätze im Plural!*

1. Der Einkaufswagen ist nicht voll.
2. Das Netz kommt aus Deutschland.
3. Die Papiertüte ist zu klein.
4. Der Markt ist doch schön.
5. Der Plastikbeutel ist auch da.

D Ergänzen Sie mit der passenden Form des Komparativs oder Superlativs!

1. Spanien ist _____ als Deutschland. *gross*
2. Aber Amerika ist am _____. *gross*
3. Du bist _____ als Georg. *dumm*
4. Aber Detlev ist am _____. *dumm*
5. Im Juni ist es _____ als im Mai. *warm*
6. Aber im Juli ist es am _____. *warm*
7. Opa ist _____ als Oma. *stark*
8. Aber Vati ist am _____. *stark*

E Ergänzen Sie mit der passenden Form eines Adjektivs—mit dem Positiv, Komparativ oder Superlativ!

1. Monika isst Obst _____ als Gemüse.
2. Verstehst du Motore ganz _____?
3. Dieser Trainingsanzug kostet doch _____ als sieben Mark!
4. _____ ist bestimmt der Mount Everest, nicht wahr?
5. Ich habe Sport sehr _____.
6. Es ist _____, dass wir Ferien haben.
7. Die Gastwirtschaft ist ganz gut. Aber die Kneipe ist _____.

Was kauft man hier?

Ein „Tante Emma Laden"

F Folgen Sie dem Beispiel!

München / sein / interessant / Berlin→
München ist so interessant wie Berlin.

1. Das Gemüse / sein / teuer / das Obst
2. Der Käsestand / sein / toll / der Wurststand
3. Das Trablaufen / sein / gesund / das Skifahren
4. Ein Ferngespräch nach Deutschland / sein / teuer / ein Ferngespräch nach Italien
5. Regin / sein / hässlich / Fafnir
6. Der Fluss / sein / kalt / der Bach

G *Schreiben Sie die Sätze im Imperfekt!*

1. Die Ärztin behandelt den Patienten in fünf Minuten.
2. Das Telefon klingelt und klingelt.
3. Was bedeutet das denn?
4. Meine Mutter kocht nicht immer.
5. Wir lachen sehr.
6. Sie kauen immer Kaugummi.
7. Ein junger Mann bedient den Fahrstuhl.
8. Sie liegt nicht gern in der Sonne.

H *Schreiben Sie Sätze!*

1. Der Arzt / wohnen / neben / die Gastwirtschaft
2. Die Tankstelle / sein / hinter / der Hauptbahnhof
3. Ich / bringen / das Auto / hinter / das Haus
4. Er / fahren / der Wagen / neben / das Kaufhaus
5. Ich / einsteigen / in / der Zug
6. Der Koffer / liegen / auf / das Bett
7. Das Zelt / liegen / in / der Anhänger

I *Folgen Sie dem Beispiel!*

Die Freundin ist nett. →
Ist der Freund auch nett?

1. Die Studentin hat ein Zimmer.
2. Die Ärztin hat in Deutschland studiert.
3. Die Athletin ist russisch.
4. Die Zimmerwirtin war ganz nett.
5. Die Schaffnerin ist freundlich gewesen.
6. Die Schülerin hat ihr geholfen.

Zum Schreiben

Beantworten Sie die Fragen in der Form eines Aufsatzes!

Gibt es in Ihrer Stadt ein Ladenschlussgesetz?
Wann haben Ihre Supermärkte offen?
Wann kaufen Sie in einem Supermarkt ein?
Fahren Ihre Mutter und Ihr Vater mit dem Auto zum Supermarkt?
Mit wievielen grossen Papiertüten kommen sie dann nach Hause?
Wann müssen Sie manchmal in ein kleines Lebensmittelgeschäft gehen?
Kaufen Sie lieber im Supermarkt oder im Lebensmittelgeschäft ein?

Aufgabe 12

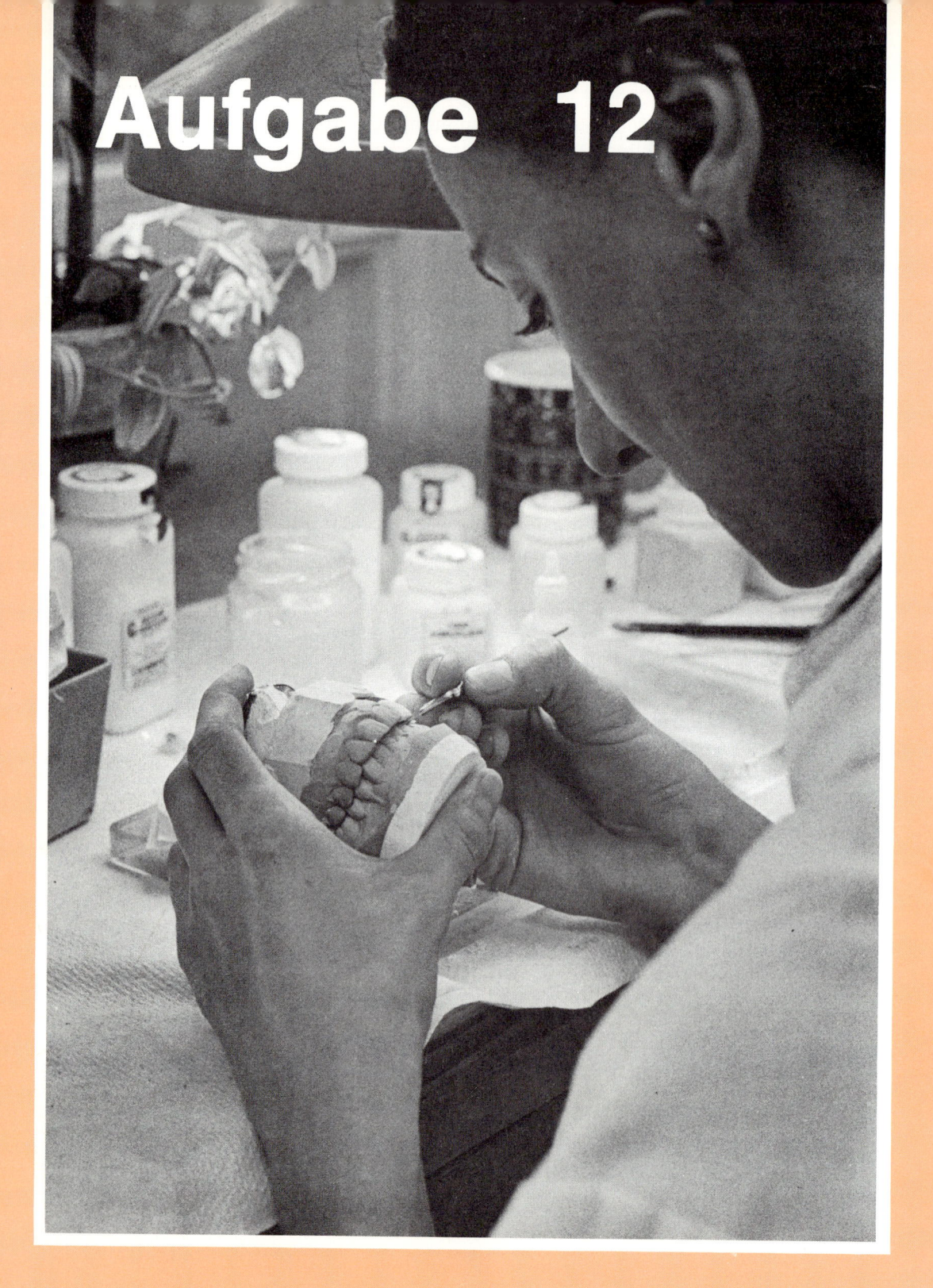

Vokabeln

1 Das ist die Sprechstundenhilfe, die Fräulein Braun heisst.
Sie gibt dem Jungen einen Termin.
Im Wartezimmer sitzen die Leute, die Zahnschmerzen haben.

2 Das ist ein Behandlungszimmer, das sehr modern ist.
Die Zahnärztin gibt dem Patienten eine Betäubungsspritze.
Es tut ihm weh.

3 Das ist der Zahn, der eine Plombe braucht.
Die Zahnärztin plombiert den Zahn.

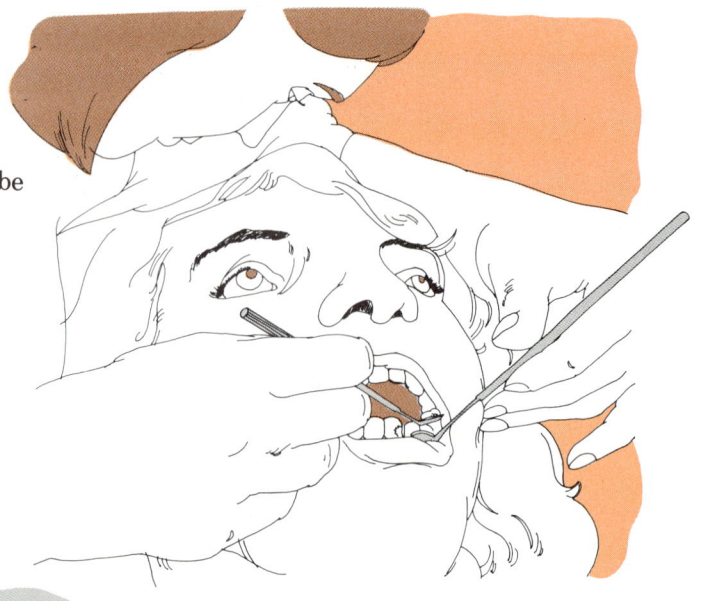

4 Die ZTA (zahntechnische Assistentin) entfernt den Zahnstein.

■ **aufmachen**   Die Geschäfte machen um 9 Uhr auf und schliessen um 18 Uhr.
der Spiegel   Der Zahnarzt (die Zahnärztin) braucht dieses Instrument. Er (sie) kann damit die Zähne gut sehen.
die Untersuchung   Die Untersuchung beim Zahnarzt (bei der Zahnärztin) ist alle sechs Monate.
regelmässig   Ich gehe alle sechs Monate zum Zahnarzt. Ich gehe regelmässig.
schrecklich   furchtbar

Übungen

A *Beantworten Sie die Fragen, bitte!*

1. Wie heisst die Sprechstundenhilfe?
2. Was gibt sie dem Jungen?
3. Wer sitzt im Wartezimmer?
4. Wie ist das Behandlungszimmer?
5. Was gibt die Zahnärztin dem Patienten?
6. Was braucht der Zahn?
7. Wer entfernt den Zahnstein?

B *Ergänzen Sie, bitte!*

1. Wo ist denn der _____? Ich will mich kämmen.
2. Dagmar hat einen Termin beim Arzt. Sie muss im Mai wieder zur _____.
3. Es klingelt. Kannst du mal _____?
4. Geht ihr _____ zur Ärztin?
5. Das Wetter ist _____ heute!

Das Mädchen hat Zahnschmerzen.

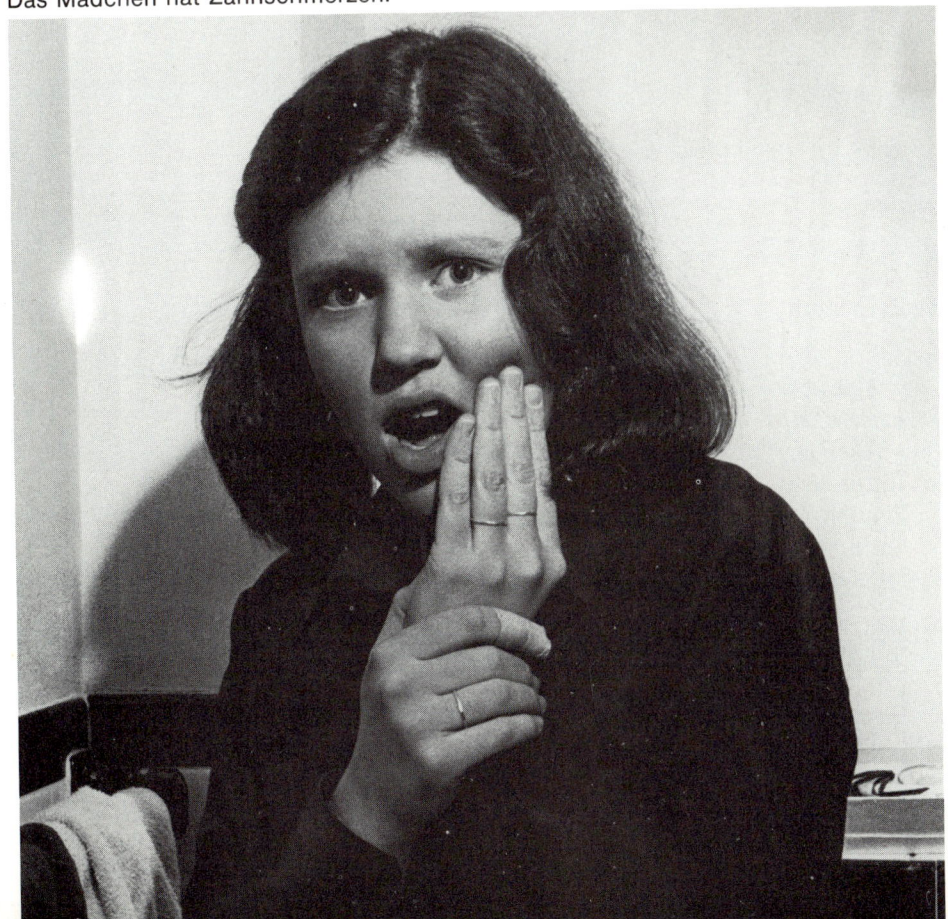

Nomen

A *Ersetzen Sie, bitte!*

Der Zahn
Die Untersuchung
Die Betäubungsspritze | ist wirklich nicht schön.
Das Wartezimmer
Das Behandlungszimmer

C *Ersetzen Sie, bitte!*

Jetzt kommen die | Zahnärztinnen.
Assistentinnen.
Sprechstundenhilfen.
Betäubungsspritzen.
Zahnschmerzen.

B *Beantworten Sie die Fragen, bitte!*

Ist der Termin Freitag?
Heisst die Zahnärztin Frau Doktor Koch?
Macht die Untersuchung Spass?
War die Plombe alt?
War die Sprechstundenhilfe freundlich?
War das Wartezimmer voll?

D *Beantworten Sie die Fragen, bitte!*

Sind die Behandlungszimmer schön?
Sind die Plomben neu?
Sind die Zahnärztinnen gut?
Sind die Zähne schön?
Sind die Zahnschmerzen furchtbar?
Sind die Assistentinnen nett?

Grammatik

In this lesson the nouns presented for active use are:

Singular	Plural
der Termin	die Termine
der Zahn	die Zähne
der Zahnstein	
die Zahnärztin	die Zahnärztinnen
der Zahnarzt	die Zahnärzte
die Assistentin	die Assistentinnen
der Assistent	die Assistenten
die Untersuchung	die Untersuchungen
die Plombe	die Plomben
die Betäubungsspritze	die Betäubungsspritzen
die Sprechstundenhilfe	die Sprechstundenhilfen
das Wartezimmer	die Wartezimmer
das Behandlungszimmer	die Behandlungszimmer
	die Zahnschmerzen

Gespräch

Bei der Zahnärztin

Fräulein Wolter (Sprechstundenhilfe)	Guten Tag, Gabi. Wir haben dich ja schon acht Monate nicht mehr gesehen. Hast du einen Termin bei uns?
Gabi	Nein, ich hab' schreckliche Zahnschmerzen.
Frl. Wolter	Setz dich ins Wartezimmer! Heute nachmittag musst du aber ein paar Minuten warten.
Im Behandlungszimmer **Frau Doktor Liebau** (Zahnärztin)	Guten Tag, Gabi. Du hast also Zahnschmerzen. Wo tut's dir denn weh?
Gabi	Guten Tag, Frau Doktor. Ich weiss nicht. Ich glaube unten, auf der linken Seite.

link- *left*

Frau Doktor Liebau	Also Gabi, das ist meine neue zahntechnische Assistentin, Fräulein Schmitt. Und jetzt bitte aufmachen! Ich brauche den Spiegel. Aha, ich sehe schon. Hier ist der Zahn, der dir weh tut. Die Plombe is rausgefallen. Aber wir machen erst eine Röntgenaufnahme. Fräulein Schmitt wird das machen.	die Röntgenaufnahme *X-Rays*
Ein bisschen später		
Frau Doktor Liebau	So, und jetzt bekommst du eine Betäubungsspritze. Bitte aufmachen! Keine Angst, Gabi, ich bin sehr gut!	
Gabi	Aua!!	
Frau Doktor Liebau	Wir warten jetzt, bis die Spritze wirkt. Ich komme in fünf Minuten zurück.	wirken *to take effect*
Fünf Minuten später		
Frau Doktor Liebau	Also, Gabi, unten links müssen wir eine Zahnhöhle füllen. Jetzt werde ich bohren und den Zahn neu plombieren. Und wenn wir hier fertig sind, gibt dir Fräulein Wolter einen neuen Termin.	die Zahnhöhle *cavity* bohren *to drill*
Später		
Fräulein Wolter	Kannst du nächsten Dienstag um zwei Uhr zurückkommen? Dann entfernen wir den Zahnstein. Und hoffentlich kommst du alle sechs Monate zur Untersuchung zurück. Also regelmässig.	
Gabi	Ja, nächste Woche kann ich kommen. Ich werde bestimmt alle sechs Monate zurückkommen. Zahnschmerzen mag ich nicht. Auf Wiedersehen, Fräulein Wolter.	

Fragen

1. Was ist Fräulein Wolter?
2. Hat Gabi einen Termin bei der Zahnärztin?
3. Warum ist Gabi gekommen?
4. Wohin soll sie sich setzen?
5. Wer ist im Behandlungszimmer?
6. Wo tut es Gabi weh?
7. Wie heisst die zahntechnische Assistentin?
8. Was ist rausgefallen?
9. Was muss Fräulein Schmitt machen?
10. Was bekommt Gabi?
11. Was soll wirken?
12. Was macht die Zahnärztin mit dem Zahn?
13. Wann soll Gabi zurückkommen?
14. Was mag Gabi nicht?
15. Wird sie alle sechs Monate zur Zahnärztin gehen?

Struktur

Relativpronomen—Singular

Nominativ

Maskulin

A *Wiederholen Sie, bitte!*

Das ist der Zahn. Der Zahn ist nicht gut.
Das ist der Zahn, der nicht gut ist.

Wir gehen zu dem Zahnarzt. Der Zahnarzt ist nett.
Wir gehen zu dem Zahnarzt, der nett ist.

Wir suchen einen Markt. Der Markt ist schön.
Wir suchen einen Markt, der schön ist.

B *Folgen Sie dem Beispiel, bitte!*

Das ist der Zahn. Er braucht eine neue Plombe. →
Das ist der Zahn, der eine neue Plombe braucht.

Das ist der Gemüsestand. Er ist sehr teuer.
Das ist ein Plastikbeutel. Der Plastikbeutel kostet nichts.
Das ist der Nachbar. Er ist wirklich nett.
Das ist mein Cousin. Mein Cousin kommt aus Amerika.
Wir telefonierten mit unserem Opa. Er hatte Geburtstag.
Er erzählte von dem Grafen Zeppelin. Er war sehr berühmt.
Sie wohnten bei ihrem Onkel. Der Onkel war reich.
Sie kauften die Äpfel vom Gemüsestand. Der Gemüsestand hat immer frisches Obst.
Wolfgang hat einen Termin. Er ist im Juni.
Wir planen einen Kaffeeklatsch. Der Kaffeeklatsch soll Sonntag sein.
Sie haben einen Lehrer. Er gibt immer Hausarbeiten.
Wir suchen einen Fluss. Der Fluss ist sauber.

Feminin

A *Wiederholen Sie, bitte!*

Das ist Tante Lucy. Sie wohnt in Amerika.
Das ist Tante Lucy, die in Amerika wohnt.

Sie kamen mit der Strassenbahn. Die Strassenbahn war nicht voll.
Sie kamen mit der Strassenbahn, die nicht voll war.

Ich suche eine Lebensmittelabteilung. Sie ist wirklich schön.
Ich suche eine Lebensmittelabteilung, die wirklich schön ist.

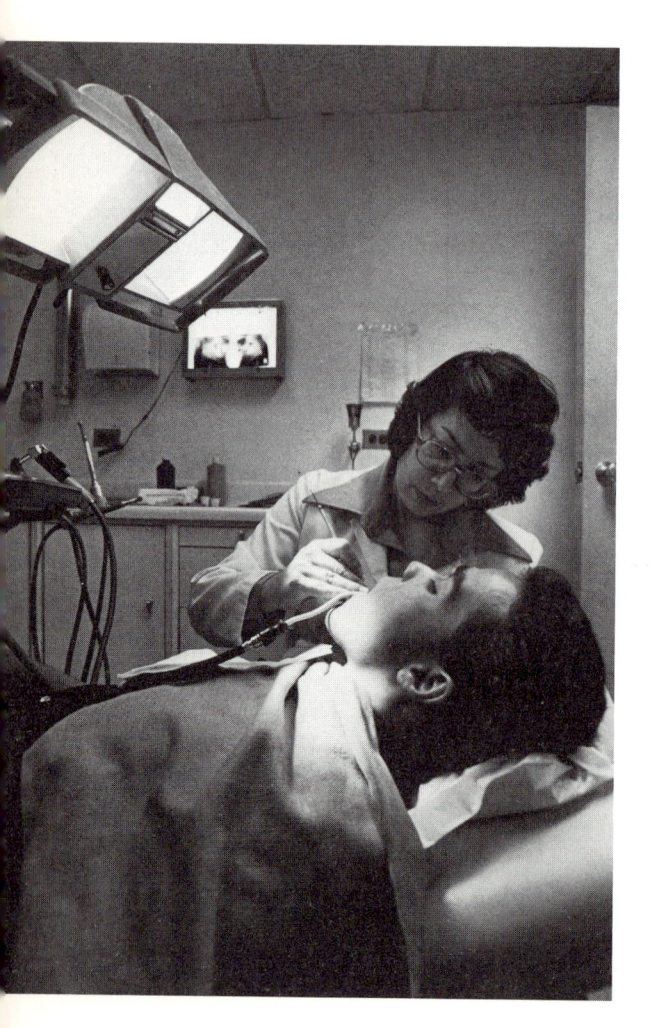

B *Folgen Sie dem Beispiel, bitte!*

Das ist die Assistentin. Sie ist neu. →
Das ist die Assistentin, die neu ist.

Das ist die Sprechstundenhilfe. Sie heisst Fräulein Wolter.
Das ist eine Papiertüte. Sie ist schon kaputt.
Das ist die Assistentin. Die Assistentin hilft.
Das ist die Familie. Sie fliegt auch nach Ibiza.
Der Junge sprach von der Betäubungsspritze. Sie hatte weh getan.
Wir fahren mit der Tante. Sie bezahlt uns die Reise nach Berlin.
Sie assen regelmässig in der Gastwirtschaft. Sie ist nicht so teuer.
Ich möchte in der Kneipe sitzen. Die Kneipe ist wirklich gemütlich.
Wir möchten eine Stadt besuchen. Die Stadt ist wirklich schön.
Der Mann hatte eine Verletzung. Sie war nicht schwer.
Er suchte eine Werkstatt. Die Werkstatt ist gut.
Hans-Peter besucht eine Universität. Sie ist in Bonn.

Neutrum

A *Wiederholen Sie, bitte!*

Das ist das Kind. Das Kind hat Geburtstag.
Das ist das Kind, das Geburtstag hat.

Ich komme mit dem Auto. Das Auto ist neu.
Ich komme mit dem Auto, das neu ist.

Die Zahnärztin sucht das Instrument. Das Instrument ist sauber.
Die Zahnärztin sucht das Instrument, das sauber ist.

Die Zahnärztin plombiert den Zahn.

B   *Folgen Sie dem Beispiel, bitte!*

Das ist das Mädchen. Das Mädchen hat Zahnschmerzen. →
Das ist das Mädchen, das Zahnschmerzen hat.

Das ist das Wartezimmer. Es ist furchtbar voll.
Das ist das Behandlungszimmer. Es ist schön modern.
Hier ist das Einkaufszentrum. Es ist ganz neu.
Wir sind in dem Museum herumgelaufen. Das Museum ist wirklich berühmt.
Sie treffen sich regelmässig vor dem Café. Das Café ist romantisch.
Die Familie wohnt in dem Wohnviertel. Das Wohnviertel ist wirklich schön.

Wir suchen ein Geschäft. Es hat alles.
Die Studentin wollte ein Doppelzimmer haben. Das Doppelzimmer hat ein Bad.
Sie wollten ein Studentenheim sehen. Es war sauber und schön.

Grammatik

A relative clause modifies a noun. The word introducing the clause is called a relative pronoun. The case of the relative pronoun is determined by its function in the relative clause.

If the pronoun functions as the subject of the clause, it is in the nominative case. The nominative relative pronouns in German are the same as the definite articles: *der, die, das.*

Note that the gender of the relative pronoun is determined by the antecedent (the noun to which the pronoun refers).

Das ist der Onkel, der in München wohnt.
Das ist die Tante, die in Berlin wohnt.
Das ist das Mädchen, das meine Freundin ist.

Note that a nominative relative pronoun can replace a dative or accusative noun of the main clause.

Wir schrieben dem Onkel, der in München wohnt.
Wir schrieben der Tante, die in Berlin wohnt.
Er kam mit dem Mädchen, das seine Freundin ist.

The case of the relative pronoun is always determined by *its* function in the relative clause, *not* by the function of the noun to which it refers.

A relative clause in German is always introduced by a comma and always requires transposed word order.

Zusammenfassung

Beantworten Sie die Fragen nach dem Beispiel, bitte!

>Welchen Flug nehmen Sie denn? *ist am billigsten→*
>Ich nehme den Flug, der am billigsten ist.

In welches Kaufhaus gehen wir denn jetzt? *hat eine schöne Lebensmittelabteilung*
Welcher Oma schreibt ihr denn oft? *schickt schöne Pakete*
Mit welchem Freund machst du denn deine Reise? *ist sehr sportlich und freundlich*
Von welcher Zeit sprechen sie denn? *war nicht sehr glücklich*
Welcher Zahn tut denn weh? *ist auf der linken Seite*

Verbale Ausdrücke mit dem Dativ

A *Wiederholen Sie, bitte!*

Es tut ihm weh.
Das macht uns Spass.

B *Beantworten Sie die Fragen, bitte!*

Macht dir das Skifahren Spass?
Schmeckt dir das Eis?
Gefällt dir das Buch?
Geht es dir gut?

Macht ihm das Autofahren Spass?
Schmeckt ihm der Kuchen?
Gefällt ihm der Trainingsanzug?
Geht es ihr gut?

Macht euch die Schule Spass?
Schmeckt euch die Torte?
Gefällt euch das Trablaufen?
Geht es euch gut?

Was macht ihnen Spass?
Was schmeckt ihnen?

Gefällt Ihnen diese Schule?
Geht es Ihnen gut?

Grammatik

Quite a few German verbs use a dative case even though in English these verbs have no object at all.

>Es tut mir weh. *It hurts.*
>Das Trablaufen gefällt mir. *I like jogging.*
>Die Torte schmeckt mir gut. *The torte tastes good.*

Zeitausdrücke im Akkusativ

A *Wiederholen Sie, bitte!*

Schule haben wir jeden Tag.
Sie besuchte uns letzten Donnerstag.
Nächsten Sommer kommen wir auch.
Diesen Januar fahren wir nach Bayern.

B *Ersetzen Sie, bitte!*

Sie kamen letzten | Winter.
Monat.
August.
Montag.

Nächste
Jede
Diese | Woche gehen wir wieder ins Konzert.

Nächstes
Jedes
Dieses | Jahr gehen wir zum Zahnarzt.

C *Beantworten Sie die Fragen, bitte!*

Bleiben wir den ganzen Abend?
Las sie die ganze Zeit?
Sprach er das ganze Wochenende?

Die ZTA macht die Röntgenaufnahme.

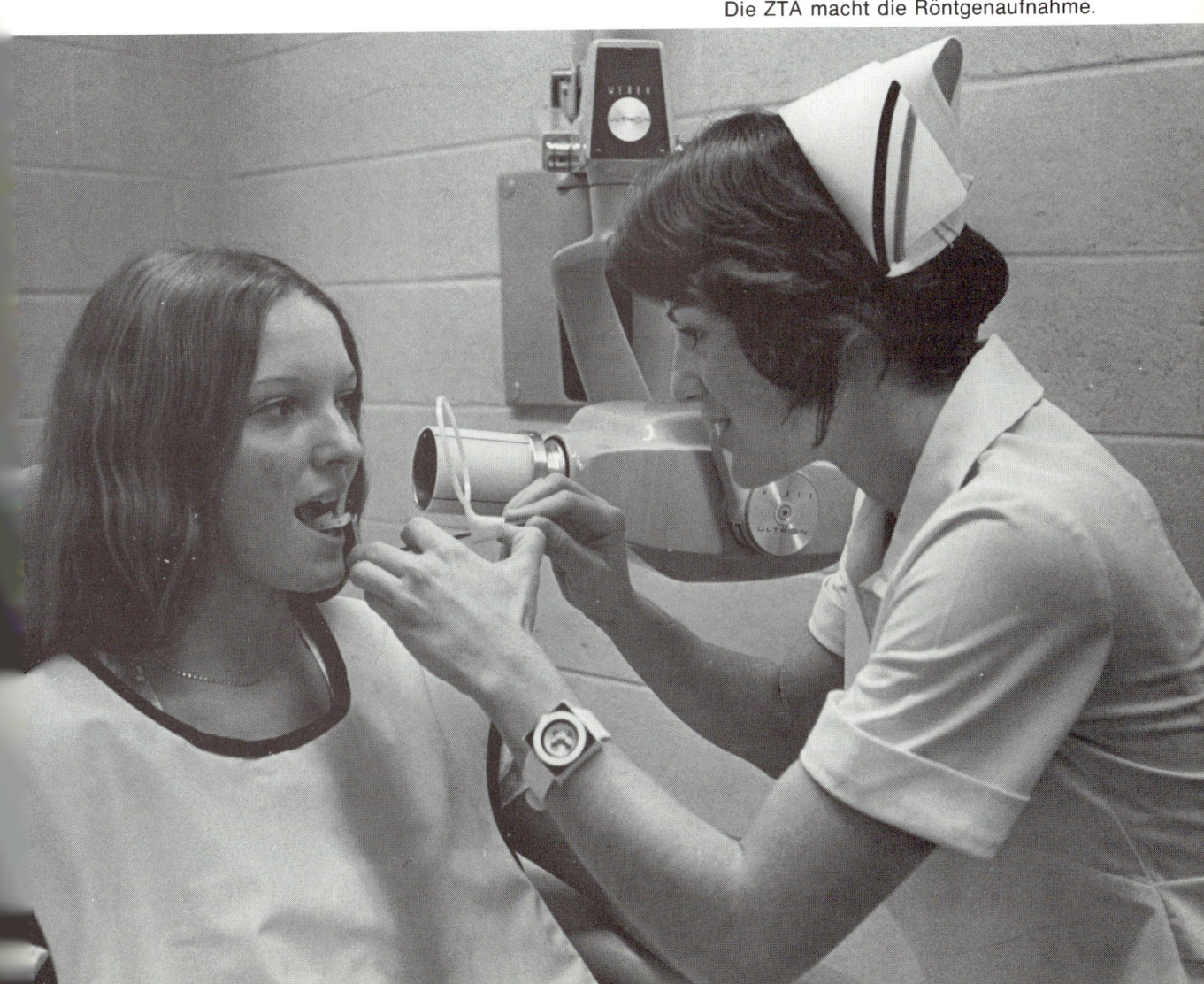

Grammatik

The following time expressions are always accusative:

> jeden Tag *every day*
> letzte Woche *last week*
> dieses Jahr *this year*
> nächsten Winter *next winter*
> den ganzen Abend *all evening, the entire evening*
> die ganze Stunde *the entire hour*

Adverbiale Zeitausdrücke

A *Wiederholen Sie, bitte!*

Der Nachmittag war sehr schön.
Sie kommen doch heute nachmittag?

Der Sonntag war auch schön.
Was macht ihr sonntags?

B *Ersetzen Sie, bitte!*

Was habt ihr denn | gestern morgen / heute nachmittag / gestern abend | gemacht?

Wir treffen euch | morgen früh. / morgen nachmittag. / morgen abend.

C *Beantworten Sie die Fragen, bitte!*

Gehst du immer samstags?
Bist du gestern morgen zu spät aufgestanden?
Hast du gestern nachmittag deinen Freund gesehen?
Hast du gestern abend einen Film gesehen?
Bäckst du heute nachmittag Weihnachtsgebäck?
Sprichst du heute abend mit deinem Lehrer?
Triffst du Hans morgen nachmittag?

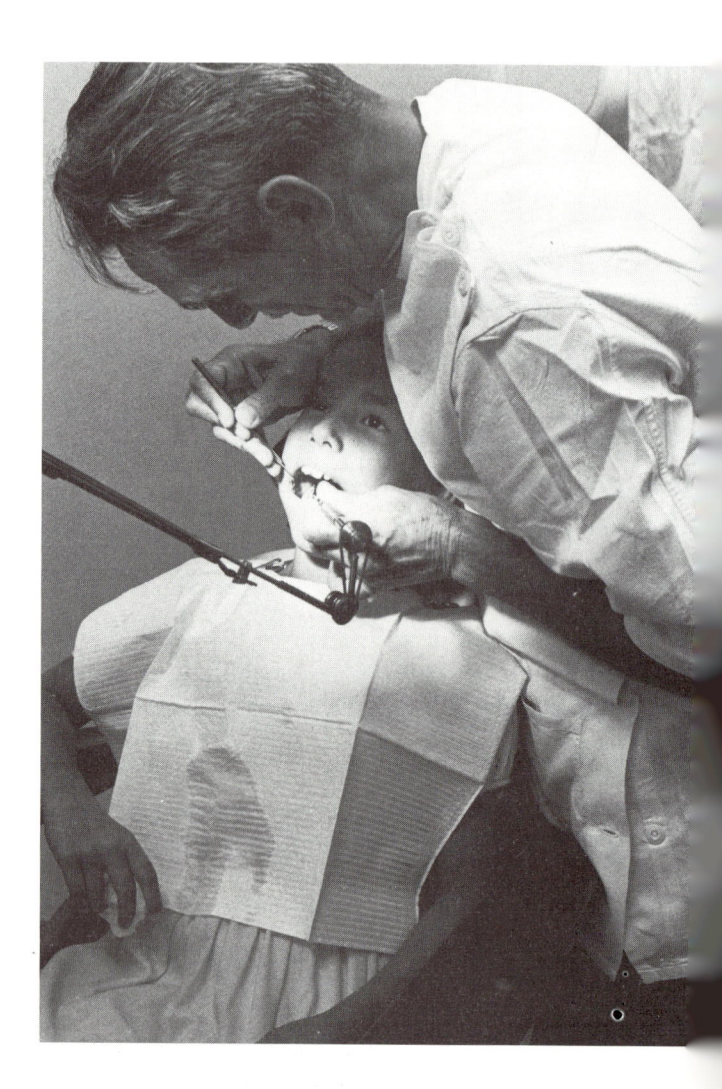

Grammatik

Following is a list of common adverbial time expressions. Note that such expressions are not capitalized.

heute *today*
morgen *tomorrow*
gestern *yesterday*
heute nachmittag *this afternoon*
morgens *in the morning*
sonntags *Sundays*

Persönliches

1. Gehst du regelmässig zur Zahnärztin oder zum Zahnarzt?
2. Hast du immer Angst, oder nicht?
3. Bekommst du immer eine Betäubungsspritze?
4. Tut es weh, wenn du sie bekommst?
5. Hast du viele Plomben?
6. Glaubst du, dass du vielleicht (Zahnarzt) Zahnärztin oder ZTA werden möchtest?

Übungen zum Schreiben

A   *Ergänzen Sie mit einem passenden Wort!*

1. Wenn man zum Zahnarzt geht, braucht man einen _____.
2. Die _____ sagt uns, wann wir kommen sollen.
3. Im _____ liest man eine Zeitung, wenn man lange warten muss.
4. _____ sind furchtbar, nicht wahr?
5. Die Zahnärztin arbeitet im _____.
6. Hoffentlich tut die _____ nicht weh!

B *Ergänzen Sie mit den passenden Artikeln!*

1. _____ Termin ist im September.
2. _____ Wartezimmer ist immer voll.
3. _____ Zahn tut furchtbar weh.
4. _____ Zahnärztin arbeitet bis 18 Uhr.
5. _____ Assistentin ist gut.
6. _____ Zahnstein ist nicht gut.

C *Schreiben Sie die Sätze im Plural!*

1. Das Instrument liegt da.
2. Die Untersuchung ist im Oktober.
3. Der Zahn tut auch weh.
4. Die Plombe kostet nicht sehr viel.
5. Das Behandlungszimmer ist wirklich schön.

D *Verbinden Sie die Sätze mit dem passenden Relativpronomen!*

1. Das ist der Mann. Der Mann heisst Herr Meyer.
2. Das ist der Zahn. Er tut immer weh.
3. Ich brauche einen Plastikbeutel. Er ist nicht so klein.
4. Sie sprechen gern mit dem Lehrer. Der Lehrer heisst Herr Fuhrmann.

E *Verbinden Sie die Sätze mit dem passenden Relativpronomen!*

1. Das ist die Zahnärztin. Sie kommt aus Amerika.
2. Das ist die Assistentin. Die Assistentin ist auch neu.
3. Du musst mit der Sprechstundenhilfe sprechen. Sie heisst Fräulein Wolter.
4. Such doch die Schokolade in der Papiertüte! Die Papiertüte steht da.

F *Verbinden Sie die Sätze mit dem passenden Relativpronomen!*

1. Das ist das Wartezimmer. Es ist ein bisschen klein.
2. Das ist das Stereogerät. Das Stereogerät ist ganz neu.
3. Er macht ein Ferngespräch. Das Ferngespräch kostet zwanzig Mark.
4. Wir brauchten ein Bad. Das Bad war ziemlich gross.

G *Verbinden Sie die Sätze mit dem passenden Relativpronomen!*

1. Wir besuchten unseren Onkel. Unser Onkel hatte ein grosses Haus.
2. Sie wohnten in dem Wohnviertel. Das Wohnviertel ist ein bisschen alt.
3. Er sitzt schon in dem Zug. Der Zug fährt um 14 Uhr ab.
4. Die Fluggäste mussten in das Flugzeug einsteigen. Es wartete schon.
5. Die Leute wollen einen Wolkenkratzer sehen. Der Wolkenkratzer ist wirklich sehr hoch.

6. Mutti sprach mit der Ärztin. Sie behandelte Vati.
7. Werner kauft jetzt die Butter. Sie muss natürlich frisch sein.
8. Er kam immer mit einer Blume. Die Blume war teuer.
9. Hast du den Unfall gesehen? Er war schrecklich.
10. Der Mann braucht das Reserverad. Es liegt im Kofferraum.
11. Das ist das Buch. Es ist ganz neu.

H *Beantworten Sie die Fragen!*

1. Macht dir Deutsch Spass?
2. Was schmeckt euch denn am besten?
3. Welche Schallplatte gefällt Ihnen sehr?
4. Wie geht es dir heute?

I *Beantworten Sie die Fragen!*

1. Machst du nachmittags oder abends Hausarbeiten?
2. Wo warst du heute morgen um neun Uhr?
3. Wohin möchtest du diesen Sommer fahren?
4. Welcher Film spielte letzten Freitag?
5. Was lernst du nächstes Jahr?
6. Bist du morgen abend frei?
7. Wo warst du denn den ganzen Juli?
8. Was hast du denn den ganzen Abend gemacht?

Zum Sprechen

Sie sprechen mit der Sprechstundenhilfe Fräulein Werner am Telefon. Fräulein Werner soll Ihnen einen Termin geben. Bereiten Sie ein Gespräch mit Ihrem Freund (Ihrer Freundin) vor!

Rätsel

Inflation

Waagerecht

1. das Geld zur Bank bringen
7. In einer Inflation ist das Geld _____.
8. Geschäft
9. Artikel (Feminin)
10. „Freunde" ohne „F" und „e"
12. 1/2 Kilo
13. wie wir lachen
14. Imperfekt von „liegen"
15. Artikel (Feminin)
17. das Gegenteil von „hier"
18. Dieses Suffix bedeutet „ohne".
20. Der Film _____ um elf Uhr.
22. nicht schwer
25. kurz für „das heisst"
26. Sie _____ Zigaretten gegen Butter.
30. wie senkrecht 27
32. Oh!
33. Er singt ein Weihnachts_____.
35. Imperfekt von „geben"
37. wie waagerecht 13
38. Superlativ von „gern"
39. Geld für G.I.s

Senkrecht

1. G.I.
2. Sie isst jeden Tag einen _____.
3. Deutschland, Frankreich und Spanien liegen in _____.
4. Was ist die _____ für diese Transaktion?
5. Heute sind die Deutschen _____ gegen die Inflation.
6. Helferin
7. Fragewort
11. _____ sicher
13. Siegfried war ein _____.
16. ich bin, er _____.
19. ö- ?
21. das Gegenteil von „alt"
22. ein Baum
23. Er hat eine gute _____.
24. Die Mark ist heutzutage _____.
27. Es tut weh. Er sagt _____!
28. _____ karren
29. er _____ (helfen)
31. be_____ en (Geld geben)
34. ich, _____, er
36. Die Badewanne ist im _____ezimmer.

Einkaufen

Make 10 words by combining pairs of the following. And then, how many new, original words can you make up?

PAPIER	WURST	WAGEN	ABTEILUNG
STAND	LADEN	PLASTIK	PLATZ
BEUTEL	LEBENS	BEDIENUNGS	SUPER
EINKAUFS	SELBST	GESETZ	SCHLUSS
MARKT	TÜTE	GEMÜSE	MITTEL

Beim Zahnarzt

Rearrange the letters to form words. Then rearrange the letters on the colored line to find the key word.

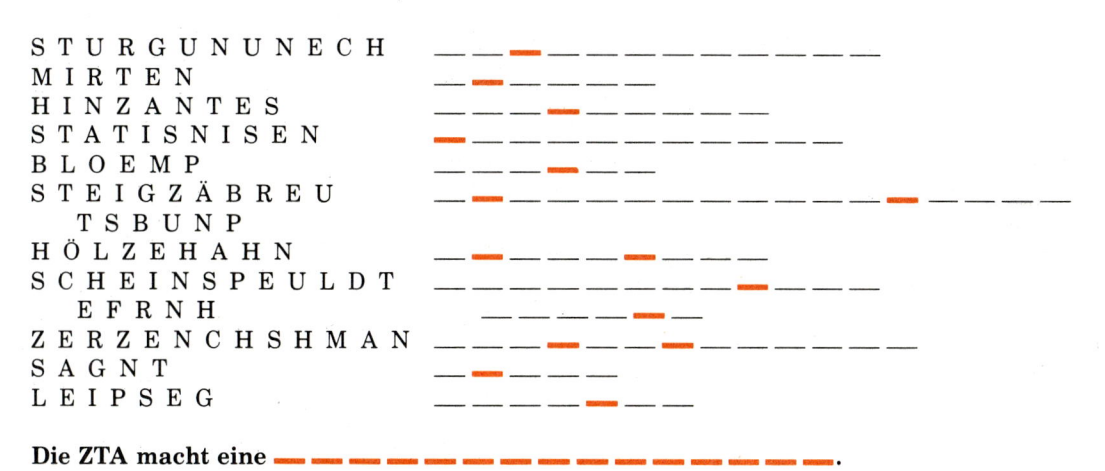

S T U R G U N U N E C H   _ _ _ _ _ _ _ _ _ _ _ _
M I R T E N   _ _ _ _ _ _
H I N Z A N T E S   _ _ _ _ _ _ _ _ _
S T A T I S N I S E N   _ _ _ _ _ _ _ _ _ _ _
B L O E M P   _ _ _ _ _ _
S T E I G Z Ä B R E U   T S B U N P   _ _ _ _ _ _ _ _ _ _ _ _ _ _ _ _ _
H Ö L Z E H A H N   _ _ _ _ _ _ _ _ _
S C H E I N S P E U L D T   E F R N H   _ _ _ _ _ _ _ _ _ _ _ _ _   _ _ _ _ _ _
Z E R Z E N C H S H M A N   _ _ _ _ _ _ _ _ _ _ _ _
S A G N T   _ _ _ _ _
L E I P S E G   _ _ _ _ _ _ _

Die ZTA macht eine _ _ _ _ _ _ _ _ _ _ _ _ _ _ _ .

Aufgabe 13

Vokabeln

1 Die Fachwerkhäuser sind romantisch.
Gabi fährt Rad auf dem Kopfsteinpflaster.

2 Das Haus hat ein langes, spitzes Dach.
Das ist der schleswig-holsteinische Baustil.
Der Wind pustet.

- **der Brief** Meine Schwester studiert in Deutschland. Sie schreibt uns viele Ansichtskarten und Briefe.
- **das Kino** Im Kino sieht man Filme.
- **genug** Das können wir nicht kaufen. Wir haben nicht genug Geld.
- **verdienen** Wenn man arbeitet, verdient man Geld.
- **süss** Schokolade ist süss, Obst auch.
- **das Mittelalter** vom 6. bis 15. Jahrhundert
- **sich freuen** glücklich sein

- die Küste
  das Boot
  das Konzert

Übungen

A *Beantworten Sie die Fragen, bitte!*

1. Wie sind die Fachwerkhäuser?
2. Wo fährt Gabi Rad?
3. Was hat das Haus?
4. Welcher Baustil ist das?
5. Was macht der Wind?
6. Wie sind die Fachwerkhäuser?

B *Ergänzen Sie, bitte!*

1. Ich schlafe gut, aber nicht _____ .
2. Ich _____ mich wirklich, dass er kommt.
3. Martina schreibt einen _____ nach München.
4. Die Schokolade schmeckt nicht. Sie ist nicht _____ .
5. Gehen wir Freitag ins _____ !
6. Wieviel Geld _____ du denn?

Nomen

A *Ersetzen Sie, bitte!*

Der Wind
Der Baustil | ist nicht schön.
Die Küste

Das | Rad / Dach / Kino / Boot | ist neu.

B *Beantworten Sie die Fragen, bitte!*

War der Wind furchtbar?
Ist der Baustil modern?
Ist die Nordseeküste schön?
Ist das Rad französisch?
Ist das Fachwerkhaus alt?

C *Ersetzen Sie, bitte!*

Die | Baustile / Konzerte / Boote / Küsten / Fachwerkhäuser | sind herrlich!

D *Beantworten Sie die Fragen, bitte!*

Sind die Fachwerkhäuser deutsch?
Sind die Konzerte immer gut?
Fahren die Räder schnell?
Sind die Küsten Amerikas schön?
Sind die Kinos in dieser Stadt neu?

Grammatik

In this lesson the nouns presented for active use are:

Singular	Plural
der Wind	die Winde
der Brief	die Briefe
der Baustil	die Baustile
die Küste	die Küsten
das Rad	die Räder
das Fachwerkhaus	die Fachwerkhäuser
das Kino	die Kinos
das Boot	die Boote
das Konzert	die Konzerte
das Kopfsteinpflaster	

Lesestück

Ein Brief von Schleswig-Holstein

Kappeln, den 10. April

Liebe Michaela!
    Deinen ersten langen Brief habe ich bekommen. Ich freue mich, dass meine Brieffreundin in einer Grossstadt wohnt. Eine Stadt wie Berlin ist doch ganz anders als ein „Dorf" wie Kappeln. Wir können uns viel erzählen, nicht wahr? Kappeln hat so 12.500 Einwohner, Westberlin zwei Millionen. Ein Wohnviertel in Berlin ist so gross wie ganz Kappeln!
    Du erzählst von Deiner Familie, von Berlin und von Dir selbst. Ich habe in letzter Zeit viel fotografiert und werde Dir ein paar Fotos schicken. Fotografieren ist mein Hobby, weisst Du. Seitdem ich fotografiere, habe ich unser Kappeln gut kennengelernt. Ich habe gesehen, wie schön es hier ist.
    Ich musste aber über Dich lachen. Du und so viele andere Leute glauben, dass die Kleinstädter noch im Mittelalter leben. Nein, Michaela, die Kühe laufen bei uns nicht durch die Strassen. Die Häuser sind auch keine Fachwerkhäuser. Der Baustil ist der schleswig-holsteinische Stil, von dem Du

das Dorf village

die Kuh cow

vielleicht schon etwas weisst. Unsere kleinen Häuser haben ein langes, spitzes Dach, das hier sehr typisch ist. Du kannst nicht wissen, wie stark der Wind über Schleswig-Holstein pustet. Ach ja, natürlich gibt es Strassen mit Kopfsteinpflaster. Aber romantisch wie ein Ort an der Mosel ist unser Kappeln nicht. Es ist einfach, sauber und nicht von Touristen überlaufen. Wie gesagt, ich finde es sehr schön.

Du möchtest wissen, wie sich die Leute hier ihr Geld verdienen. Was kann man schon in einer „Stadt" mit 12.500 Einwohnern machen, nicht wahr? Kappeln ist ein Fischerort. Aber natürlich gibt es hier auch Banken und und viele Geschäfte. Wir haben auch eine Fussgängerzone, in der wir wirklich alles kaufen können. Sehr modern, gar nicht romantisch, Michaela.

gar nicht *not at all*

Aber genug davon. Ich spreche jetzt über mich. Ich bin sechzehn, fotografiere gern und liebe das Wasser. Wenn man das Wasser nicht liebt, darf man nicht an der Küste leben. Mein Vater ist Fischer. Er hat ein Boot, mit dem er viel unterwegs ist. Meine Mutter arbeitet als Verkäuferin in Kappeln. Wir haben ein Auto, mit dem wir in den Ferien Autotouren machen.

Fischer möchte ich aber nicht werden. Fischer wie mein Vater haben es heute schwer. Ich möchte nach Hamburg und da die Ingenieurschule besuchen. Eine gut bezahlte, interessante Arbeit ist nicht so leicht in Kappeln zu finden. Ein Gymnasium gibt es hier auch nicht. Ich nehme jeden Morgen den Bus zum nächsten Ort.

Ob es nicht furchtbar langweilig hier ist, wolltest Du wissen. Keine Opern, kein Theater, keine Museen, keine Kinos! Das ist schon wahr. Wenn man ins Theater gehen will oder ins Konzert, dann muss man in die nächste Stadt fahren.

Weisst Du, so viel Zeit habe ich aber nicht. Und Geld auch nicht. Ich bin vielleicht um zwei von der Schule zu Hause. Manchmal auch später, weil ich zum Sportplatz gehe. Da treffe ich meine Freunde, und wir fahren mit dem Rad herum, oder wir gehen an den Hafen.

Der Winter ist sehr ruhig hier. Der Sommer ist aber toll. Ich helfe meinem Vater auf dem Boot, weisst Du, oder wir gehen eine Woche in Dänemark camping. Und die Luft, Michaela, die ist immer gut, immer frisch und immer süss. Du Grossstadtkind musst uns mal besuchen!

der Hafen *harbor*
ruhig *quiet*

Viele Grüsse
Dein Jan

Fragen

1. Was hat Jan bekommen?
2. Wo wohnt Michaela?
3. Wo wohnt Jan?
4. Was wird Jan Michaela schicken?
5. Was ist Jans Hobby?
6. Was glauben viele Leute?
7. Wo ist der Wind sehr stark?
8. Ist Kappeln romantisch?
9. Kommen viele Touristen nach Kappeln?
10. Wo können die Kappelner alles kaufen?
11. Was ist Jans Vater?
12. Als was arbeitet seine Mutter?
13. Haben sie ein Auto?
14. Was möchte Jan nicht werden?
15. Hat Kappeln ein Gymnasium?
16. Besucht Jan ein Gymnasium?
17. Was gibt es nicht in Kappeln?
18. Wohin muss man fahren, wenn man ins Konzert will?
19. Wie ist der Winter in Kappeln?
20. Wie ist der Sommer?
21. Wie ist die Luft in Kappeln?

Struktur

Relativpronomen—Singular

Dativ

Maskulin

A *Wiederholen Sie, bitte!*

Das ist der Freund. Ich schreibe dem Freund einen Brief.
Das ist der Freund, dem ich einen Brief schreibe.

Das ist der Ort. In dem Ort finden wir eine nette Gastwirtschaft.
Das ist der Ort, in dem wir eine nette Gastwirtschaft finden.

Ich habe einen Onkel in Kappeln. Wir fahren oft zu dem Onkel.
Ich habe einen Onkel in Kappeln, zu dem wir oft fahren.

B *Folgen Sie dem Beispiel, bitte!*

> Meine Tante erzählte von dem Ort. In dem Ort sind die Häuser sehr klein.→
> Meine Tante erzählte von dem Ort, in dem die Häuser sehr klein sind.

Andrea hat einen Freund. Sie kann dem Freund alles erzählen.
Wir suchen einen Gemüsestand. An dem Gemüsestand gibt es nur frisches Obst und Gemüse.
Das ist unser Opa. Wir schreiben unserem Opa viel.
Wolfgang hat einen Cousin. Mit seinem Cousin kann er Deutsch oder Englisch sprechen.
Wir danken unserem Onkel. Die vielen Geschenke sind von dem Onkel.

Feminin

A *Wiederholen Sie, bitte!*

Das ist die Tante. Sie schreiben der Tante viele Ansichtskarten.
Das ist die Tante, der sie viele Ansichtskarten schreiben.

Wir fahren mit der Strassenbahn. Wir bekommen einen Sitzplatz in der Strassenbahn.
Wir fahren mit der Strassenbahn, in der wir einen Sitzplatz bekommen.

Wir wollen die Arbeit machen. Wir bekommen Geld für die Arbeit.
Wir wollen die Arbeit, für die wir Geld bekommen.

B *Folgen Sie dem Beispiel, bitte!*

> Das ist eine Kleinstadt. In der Kleinstadt möchten wir auch leben.→
> Das ist eine Kleinstadt, in der wir auch leben möchten.

Das ist seine Brieffreundin. Er hat ihr Fotos geschickt.
Die Nordsee hat eine Küste. An der Küste sind viele Inseln.
Sie telefoniert mit der Sprechstundenhilfe. Sie hat einen Termin mit der Sprechstundenhilfe gemacht.
Ihr sitzt jetzt in einer Klasse. In der Klasse müsst ihr Deutsch sprechen.
Das ist die Mauer. Sie erzählten uns von der Mauer.
Das ist die Lehrerin. Ihr müsst der Lehrerin eure Hausarbeiten geben.

Neutrum

A *Wiederholen Sie, bitte!*

Das ist das Kind. Der Onkel gibt dem Kind immer Schokolade.
Das ist das Kind, dem der Onkel immer Schokolade gibt.

Sie hatten ein Foto. Du warst auch auf dem Foto.
Sie hatten ein Foto, auf dem du auch warst.

B *Folgen Sie dem Beispiel, bitte!*

> Das ist ein Haus. Auf dem Haus ist das Dach spitz.→
> Das ist ein Haus, auf dem das Dach spitz ist.

Das ist das Café. Sie trafen sich immer vor dem Café.
Wir haben ein Boot. Mit dem Boot fahren wir auf die Insel.
Ihr müsst in dem Wartezimmer warten. In dem Wartezimmer sind nicht so viele Leute.
Ich brauche das Netz. Du bist mit dem Netz einkaufen gegangen.
Das ist das Geld. Mit dem Geld sollen wir die Geschenke kaufen.
Sie suchte ein Studentenheim. In dem Studentenheim konnte sie glücklich sein.

Grammatik

The singular dative relative pronouns are also the same as the dative definite articles *dem, der, dem.* Remember that the case of the relative pronoun is governed by *its* function in the relative clause, *not* by the function of its antecedent.

    Das ist der Freund, dem ich viele Briefe schreibe.
    Ich erzähle dir von dem Freund, dem ich viele Briefe schreibe.
    Ich habe den Freund gern, dem ich viele Briefe schreibe.

Of course the dative relative pronoun also follows prepositions governed by the dative case. No contractions are made with the preposition and the relative pronoun.

    Da wohnt mein Freund, zu dem ich oft gehe.

Ein Haus in Schleswig-Holstein

Wiederholung

Das Perfekt

A   *Ersetzen Sie, bitte!*

Er hat | gekämpft.
       | gespart.
       | geklingelt.
       | durchgewählt.

Sie haben ihn | aufgeweckt.
             | gewechselt.
             | ausgesucht.
             | geliebt.

B *Beantworten Sie die Fragen, bitte!*

Hast du gearbeitet?
Hast du auch im Drachenblut gebadet?
Hast du einen Freund geliebt?
Hast du geweint?
Hast du auf Thomas gewartet?
Hast du dich gefreut?

Habt ihr die Nummer durchgewählt?
Habt ihr geklingelt?
Habt ihr hundert Mark gespart?
Habt ihr den Reifen gewechselt?
Habt ihr Ingrid aufgeweckt?

C *Ersetzen Sie, bitte!*

Sie hat sie | verlassen.
           | verbunden.
           | erzählt.
           | bezahlt.

Sie haben nichts | verdient.
                 | verbraucht.
                 | erklärt.

D *Beantworten Sie die Fragen, bitte!*

Hast du Berlin besucht?
Hast du viel Geld verbraucht?
Hast du etwas erzählt?
Hast du alles erklärt?

Wer hat den Herzinfarkt behandelt?
Wer hat die Verletzung verbunden?
Wer hat den Fahrstuhl bedient?
Wer hat alles bezahlt?

Grammatik

New verbs have appeared since Lesson 1. Remember that inseparable-prefix verbs do not need the prefix *ge-* to form their past participles.

baden→gebadet
verbinden→verbunden

Zusammenfassung

Folgen Sie dem Beispiel, bitte!

Wann besuchst du denn deine Tante?→
Ich habe meine Tante schon besucht.

Wann verbrauchst du denn die hundert Mark?
Wann wechselt sie denn den Reifen?
Wann klingelt es denn?
Wann behandelt der Arzt denn den Patienten?
Wann arbeitet ihr denn?

Zur Wortbildung
Präfixe und Suffixe

A *Wiederholen Sie, bitte!*

Das ist furchtbar langweilig.
Rita ist freundlich.
Ingrid ist unfreundlich.
Das ist aber praktisch.

B *Beantworten Sie die Fragen, bitte!*

Ist alles denn im Sommerschlussverkauf billig?
Fliegen die Maschinen planmässig?
Ist dein Freund fleissig?
Bist du traurig?
Gehst du regelmässig zur Zahnärztin?
Bist du immer hungrig?

Ist deine Schwester sportlich?
Ist euer Wohnzimmer gemütlich?
Ist dieser Strand herrlich?
Ist der ganze Dezember feierlich?
Bist du hässlich?
Bist du glücklich?

Sind die Zigaretten ungesund?
Wer ist heute unglücklich?
Wer war heute morgen unfreundlich?
Was ist unglaublich?
Wo ist es ungemütlich?

War der Käse französisch?
Ist eine bayrische Gastwirtschaft gemütlich?
Ist Italienisch schön?
Ist dieser Wagen britisch?

Grammatik

Many German adjectives end in *-ig*. This is like the English "-y."

   durstig *thirsty*
   hungrig *hungry*

Another common adjective suffix is *-lich*, which sometimes corresponds to the English "-ly."

   freundlich *friendly*
   glücklich *happy*
   hässlich *ugly*

The prefix *un-* may be attached to many adjectives to make them negative.

   unfreundlich *unfriendly*
   unmenschlich *inhuman*

Most adjectives of nationality end in *-isch*.

   italienisch *Italian*
   spanisch *Spanish*

Schleswig-Holstein: Häuser an der Küste

Persönliches

1. Wohnst du in einer Grossstadt, in einer Kleinstadt oder auf dem Dorf?
2. Gefällt es dir da?
3. Was ist in einer Grossstadt interessant?
4. Was ist in einer Kleinstadt schön?
5. Was ist auf einem Dorf am schönsten oder am langweiligsten?

Übungen zum Schreiben

A *Ergänzen Sie mit einem passenden Wort!*

1. In Schleswig-Holstein _____ der Wind immer.
2. _____ sind wirklich romantisch.
3. Heute nachmittag fahren wir _____.

B *Ergänzen Sie mit den passenden Artikeln!*

1. _____ Baustil ist wirklich nicht schön.
2. _____ Wind ist ja furchtbar!
3. _____ Konzert ist in Heidelberg.
4. _____ Küste ist wunderbar.
5. _____ Brieffreundin heisst Michaela.
6. _____ Boot war zu klein.
7. _____ Dach ist kaputt.

Das Haus hat ein langes, spitzes Dach.

C *Schreiben Sie die Sätze im Plural!*

1. Der Baustil ist ganz modern.
2. Die Brieffreundin wohnt in Berlin.
3. Das Konzert war doch toll.
4. Das Rad ist furchtbar teuer.
5. Das Fachwerkhaus ist sehr alt.

D *Verbinden Sie die Sätze mit den passenden Relativpronomen!*

1. Das ist die Werkstatt. In der Werkstatt steht unser Wagen.
2. Wir sind gern in der Fussgängerzone. In der Fussgängerzone sind so viele Geschäfte.
3. Michaela möchte den Ort auch besuchen. Sie hat viel von dem Ort gehört.
4. Das ist ihr Freund. Sie hat dem Freund heute ein Geschenk gekauft.
5. Das ist das Mädchen. Er schreibt dem Mädchen viele Briefe.
6. Wie heisst denn das Fräulein? Du hast mit dem Fräulein gesprochen.
7. Wo ist denn mein Koffer? In dem Koffer ist mein Pullover.
8. Ich habe eine Brieffreundin. Ich erzähle der Brieffreundin viel.
9. Das ist ihre Oma. Sie schicken der Oma auch Ansichtskarten.
10. Ich wohne in einer Kleinstadt. Es gefällt mir sehr in der Kleinstadt.

E *Schreiben Sie die Sätze im Perfekt!*

1. Die Krankenschwester verbindet die Verletzung.
2. Wir sparen zehn Mark im Monat.
3. Jan erzählt uns von Kappeln.
4. Sie baden oft.
5. Wechselt Mutti den Reifen?
6. Freut ihr euch auch?
7. Er bedient uns immer schnell.
8. Mutti verdient viel Geld.

Zum Schreiben

A Sie haben eine neue Brieffreundin (einen neuen Brieffreund) in Deutschland. Schreiben Sie ihr (ihm) einen Brief, in dem Sie über Ihre Stadt schreiben!

B Schreiben Sie fünf oder mehr Fragen über eine von diesen Städten!

    Kiel
    München
    Heidelberg

Aufgabe 14

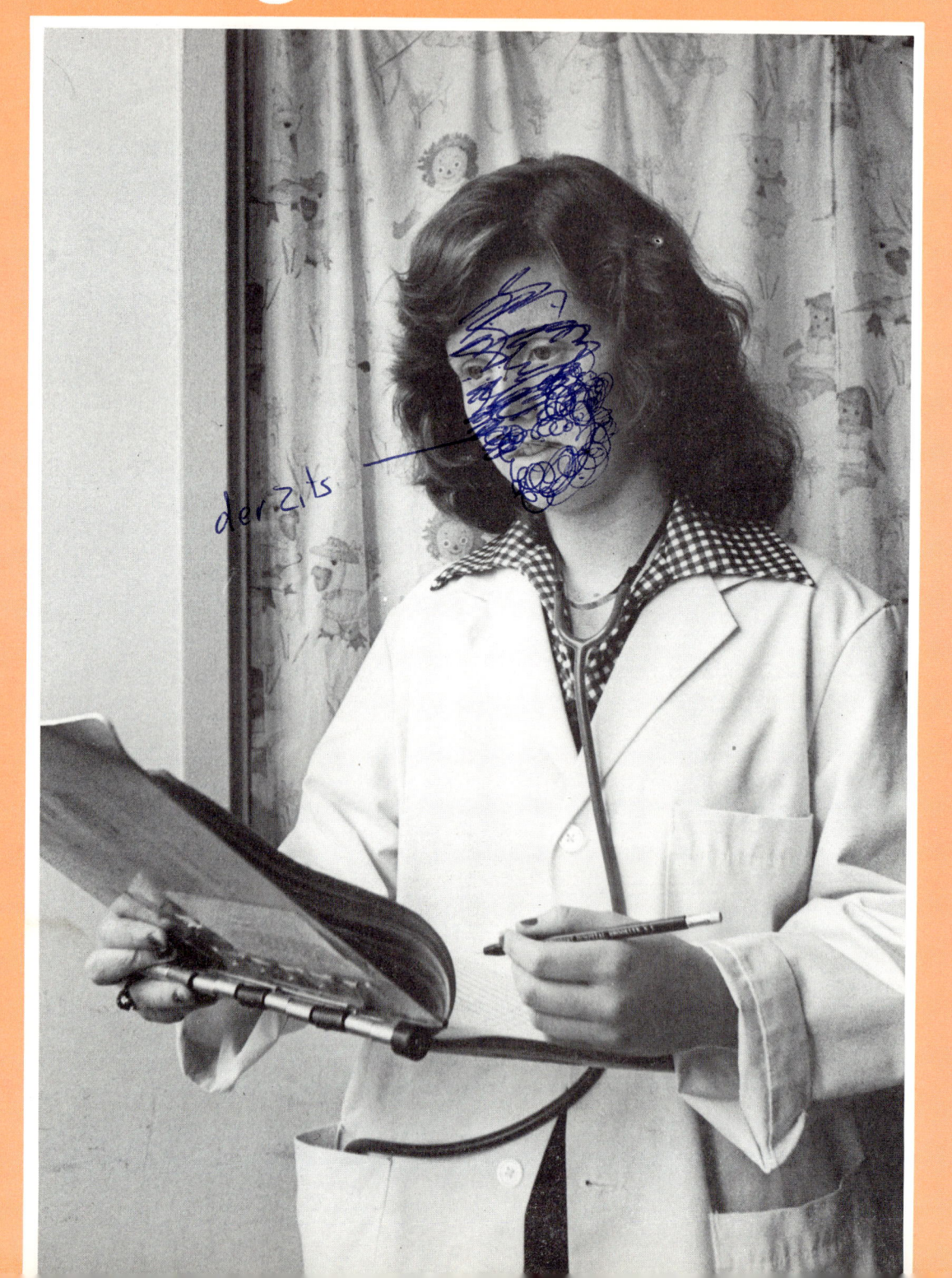

Vokabeln

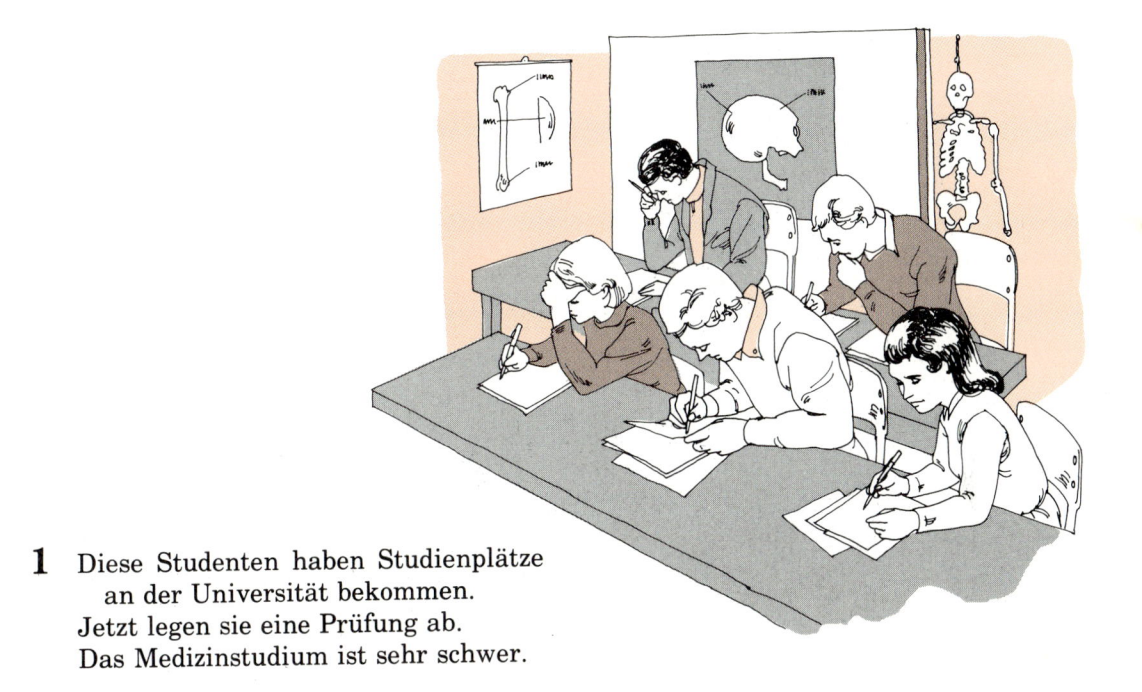

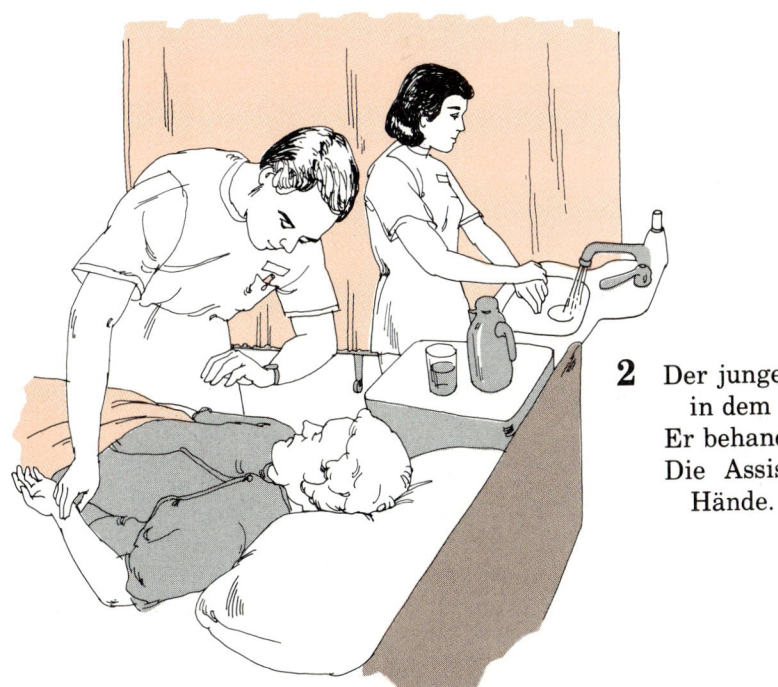

1 Diese Studenten haben Studienplätze an der Universität bekommen.
Jetzt legen sie eine Prüfung ab.
Das Medizinstudium ist sehr schwer.

2 Der junge Mediziner ist Assistenzarzt in dem Krankenhaus.
Er behandelt einen Notfall.
Die Assistenzärztin wäscht sich die Hände.

■ **das Abitur** eine schwere Prüfung, die man am Ende des Gymnasiums ablegt
der Noten-Durchschnitt In Amerika ist ein Noten-Durschnitt von 90 oder 95 sehr, sehr gut, von 70 oder 75 nicht so gut.
Es hat geklappt. Alles ist in Ordnung. Alles O.K.

■ die Anatomie
die Physiologie
die Psychologie
die Soziologie
die Chirurgie
die Temperatur

Übungen

A *Beantworten Sie die Fragen, bitte!*

1. Was haben die Stundenten bekommen?
2. Was legen sie ab?
3. Welches Studium ist sehr schwer?
4. Was ist der Mediziner?
5. Was behandelt er?

B *Ergänzen Sie, bitte!*

1. Das _____ macht man, wenn man achtzehn oder neunzehn Jahre alt ist.
2. Ich bekomme 92 in Deutsch. Mein _____ ist sehr gut.
3. Ralph interessiert sich sehr für die Menschen und wie sie leben. Er studiert _____ .
4. Es ist wieder 90° draussen. Die _____ ist furchtbar!

Nomen

A *Beantworten Sie die Fragen, bitte!*

Ist der Mediziner dein Freund?
War der Assistenzarzt auch da?
War die Prüfung schwer?
Ist die Temperatur gut bei euch?
Kostet das Studium viel in Amerika?
Ist das Krankenhaus berühmt?

B *Ersetzen Sie, bitte!*

Die | Abiture / Prüfungen / Temperaturen / Krankenhäuser | waren furchtbar.

C *Beantworten Sie die Fragen, bitte!*

Waren die Assistenzärzte freundlich?
Sind die Studienplätze in Heidelberg?
Waren die Studien interessant?
Sind die Krankenhäuser gut?

Grammatik

In this lesson the nouns presented for active use are:

Singular	Plural
der Mediziner*	die Mediziner*
der Assistenzarzt	die Assistenzärzte
die Assistenzärztin	die Assistenzärztinnen
der Studienplatz	die Studienplätze
der Notfall	die Notfälle
der Durchschnitt	die Durchschnitte
die Prüfung	die Prüfungen
die Temperatur	die Temperaturen
das Abitur	die Abiture
das Studium	die Studien
das Krankenhaus	die Krankenhäuser

* No feminine form. Women say *Ich studiere Medizin.*

Heidelberg: Das Medizinstudium

Lesestück

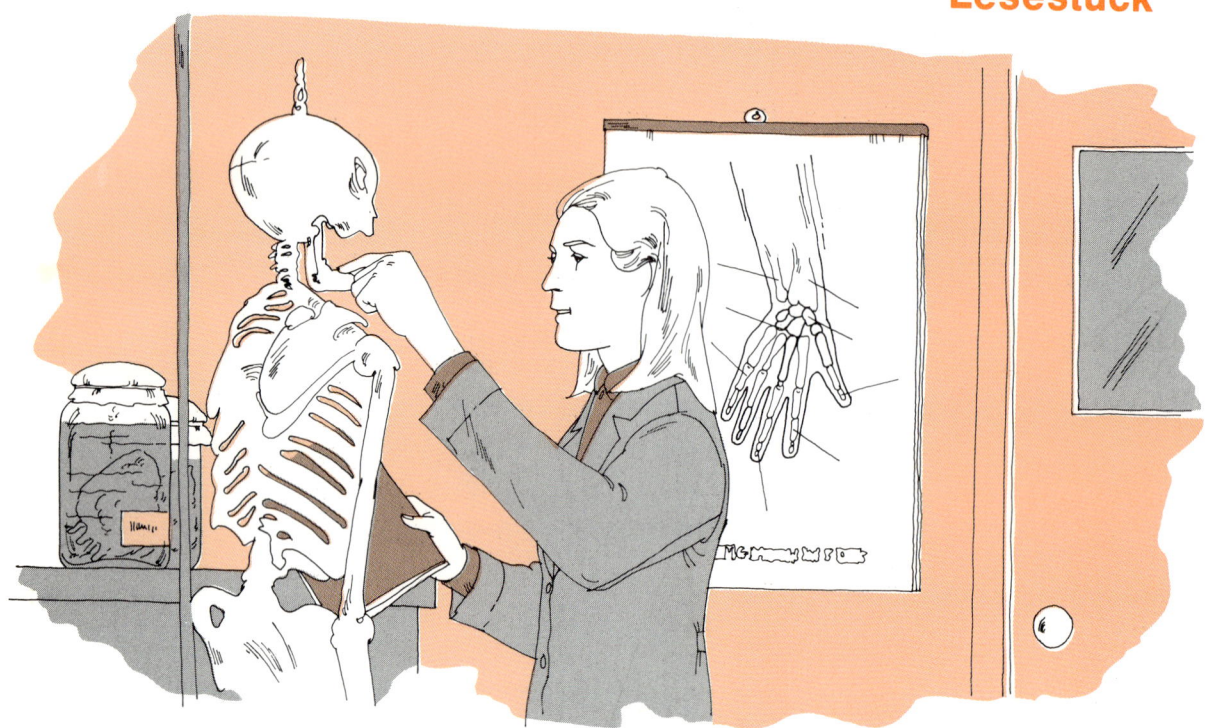

Wie man in Deutschland Arzt wird

Uta Schönfeldt möchte Ärztin werden. Wie ist das denn nun in Deutschland? Erstens: das Abitur, das Uta natürlich hat, muss sehr gut sein. Zweitens: Uta braucht einen Studienplatz. Sie schreibt an die Zentralstelle für die Vergabe von Studienplätzen (ZVS), die die Studienplätze vergibt. Das Problem ist nun aber, dass Medizin ein Numerus-Clausus Fach ist. Nicht jeder Abiturient, der Medizin studieren möchte, kann einen Studienplatz bekommen. Es gibt einfach nicht genug Studienplätze für Medizin an den Universitäten.

Utas Noten-Durchschnitt in ihrem Abitur war 1,2. Natürlich hat sie mit ihrer 1,2 den Studienplatz bekommen, den sie haben wollte. Alles hat geklappt. Sie wird in Heidelberg studieren.

vergeben *to allocate*

222

In den ersten vier Semestern hat Uta die vorklinischen Fächer. (In Amerika heissen diese Semester „pre-med". Der amerikanische Student hat sie erst nach zwei Jahren Studienzeit auf der Universität.) In diesen vier Semestern muss sie Fächer wie Anatomie, Physiologie, Biochemie, medizinische Psychologie und Soziologie nehmen. Nach dieser Studienzeit von zwei Jahren müssen die Mediziner eine Prüfung ablegen. Sie heisst „das Physikum".

Nach dem Physikum kommen die klinischen Semester. Uta muss jetzt Fächer wie Pathologie, innere Medizin, Chirurgie und Pädiatrie studieren. Sie kann ihre klinischen Semester in zwei oder auch in drei Jahren fertig machen. Uta will sich aber etwas Geld verdienen und wird drei Jahre brauchen. Viele Mediziner arbeiten nachts in einem Krankenhaus, wo sie Nachtwachen machen, Temperatur und Puls messen und die Patienten waschen.

die Nachtwache *night watch*
messen *to measure*

Die drei Jahre der klinischen Semester sind vorbei, und Uta muss wieder eine Prüfung ablegen. Es gibt nicht viele Prüfungen. Aber für die wenigen Prüfungen muss man dann alles wissen. Grosser Stress! In Amerika ist es ein bisschen leichter. Hier legt der Student bestimmt drei-bis viermal im Semester eine Prüfung ab. Jetzt, nach fünf Jahren, wird Uta Assistenzärztin in einem Krankenhaus. In dem einen Jahr als Assistenzärztin muss sie natürlich den normalen Krankenhausdienst machen: Notfälle behandeln, dem Stationsarzt helfen, usw.

wenig *few*

der Krankenhausdienst *service in a hospital*

Dann wird Uta Schönfeldt Frau Doktor Schönfeldt.

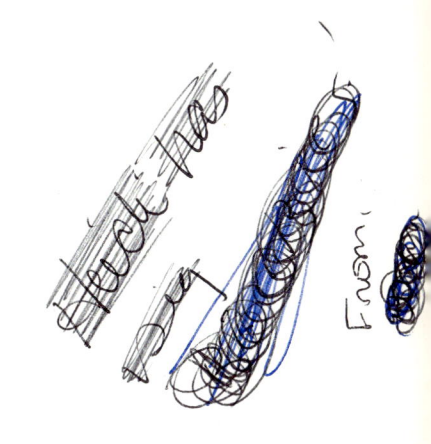

Fragen

1. Was möchte Uta Schönfeldt werden?
2. Was muss sehr gut sein?
3. Wie heisst die Zentralstelle, die die Studienplätze vergibt?
4. Bekommt jeder Abiturient einen Studienplatz?
5. Wo bekommt Uta einen Studienplatz?
6. Was kann beginnen?
7. Wann hat Uta die vorklinischen Fächer?
8. Welche Prüfung muss sie dann ablegen?
9. Wieviele Jahre braucht ein Mediziner für die klinischen Fächer?
10. Wieviele Jahre wird Uta brauchen?
11. Wo wird sie nachts arbeiten?
12. Wann muss Uta wieder eine Prüfung ablegen?
13. Was ist Uta nach fünf Jahren geworden?

Struktur

Relativpronomen—Singular

Akkusativ

Maskulin

A Wiederholen Sie, bitte!

Das ist mein Freund Andreas. Ich kenne meinen Freund gut.
Das ist mein Freund Andreas, den ich gut kenne.

Sie sprachen mit dem Mann. Sie kennen ihn gut.
Sie sprachen mit dem Mann, den sie gut kennen.

Wir haben einen Onkel. Wir besuchen unseren Onkel oft.
Wir haben einen Onkel, den wir oft besuchen.

B Ersetzen Sie, bitte!

Das ist der Assistenzarzt, den wir | gesehen / gefunden / gesucht | haben.

Das ist der Wald, durch den wir | gegangen / gelaufen / gefahren | sind.

Das ist der Studienplatz, den sie haben | wollte. / sollte. / konnte.

C Folgen Sie dem Beispiel, bitte!

Sie sprachen über den Film. Ich habe den Film auch gesehen. →
Sie sprachen über den Film, den ich auch gesehen habe.

Das ist der Mediziner. Edward hat ihn im Krankenhaus kennengelernt.
Sie haben einen Wagen. Sie mussten viel für den Wagen bezahlen.
Werner hat einen Freund. Ohne den Freund will er nicht mitkommen.
Wir haben den Ort gefunden. Du findest ihn so romantisch.
Der Arzt erzählte von dem Notfall. Er behandelte den Notfall.
Wir gehen zu dem Markt. Wir finden den Markt schön.

Feminin

A Wiederholen Sie, bitte!

Das ist meine Freundin Andrea. Ich besuche meine Freundin oft.
Das ist meine Freundin Andrea, die ich oft besuche.

Sie sprachen mit der Frau. Sie kennen sie gut.
Sie sprachen mit der Frau, die sie gut kennen.

Wir haben eine Tante. Wir besuchen unsere Tante oft.
Wir haben eine Tante, die wir oft besuchen.

B Ersetzen Sie, bitte!

Das ist die Abiturientin, die Peter | kennengelernt / gesehen / fotografiert | hat.

Das ist die Kleinstadt, durch die wir | gefahren / gegangen / gelaufen | sind.

Das ist die Küste, die sie sehen | wollten. / mussten. / konnten.

C *Folgen Sie dem Beispiel, bitte!*

> Das ist die Universität. Karla will sie besuchen. →
> Das ist die Universität, die Karla besuchen will.

Karl-Heinz hat eine Zahnärztin. Er mag sie.

Ich suche die Lebensmittelabteilung. Du findest sie so gut.

Wo ist denn die Gastwirtschaft? Ihr geht so gern in die Gastwirtschaft.

Das ist eine Familie. Wir haben die Familie gern.

Das ist die Mauer. Ich habe die Mauer viel fotografiert.

Neutrum

A *Wiederholen Sie, bitte!*

Das ist das Kind. Du musst das Kind zur Schule bringen.

Das ist das Kind, das du zur Schule bringen musst.

Er sprach mit dem Fräulein. Er lernte das Fräulein in Berlin kennen.

Er sprach mit dem Fräulein, das er in Berlin kennenlernte.

Gerhard zeigt uns das Foto. Er findet das Foto am schönsten.

Gerhard zeigt uns das Foto, das er am schönsten findet.

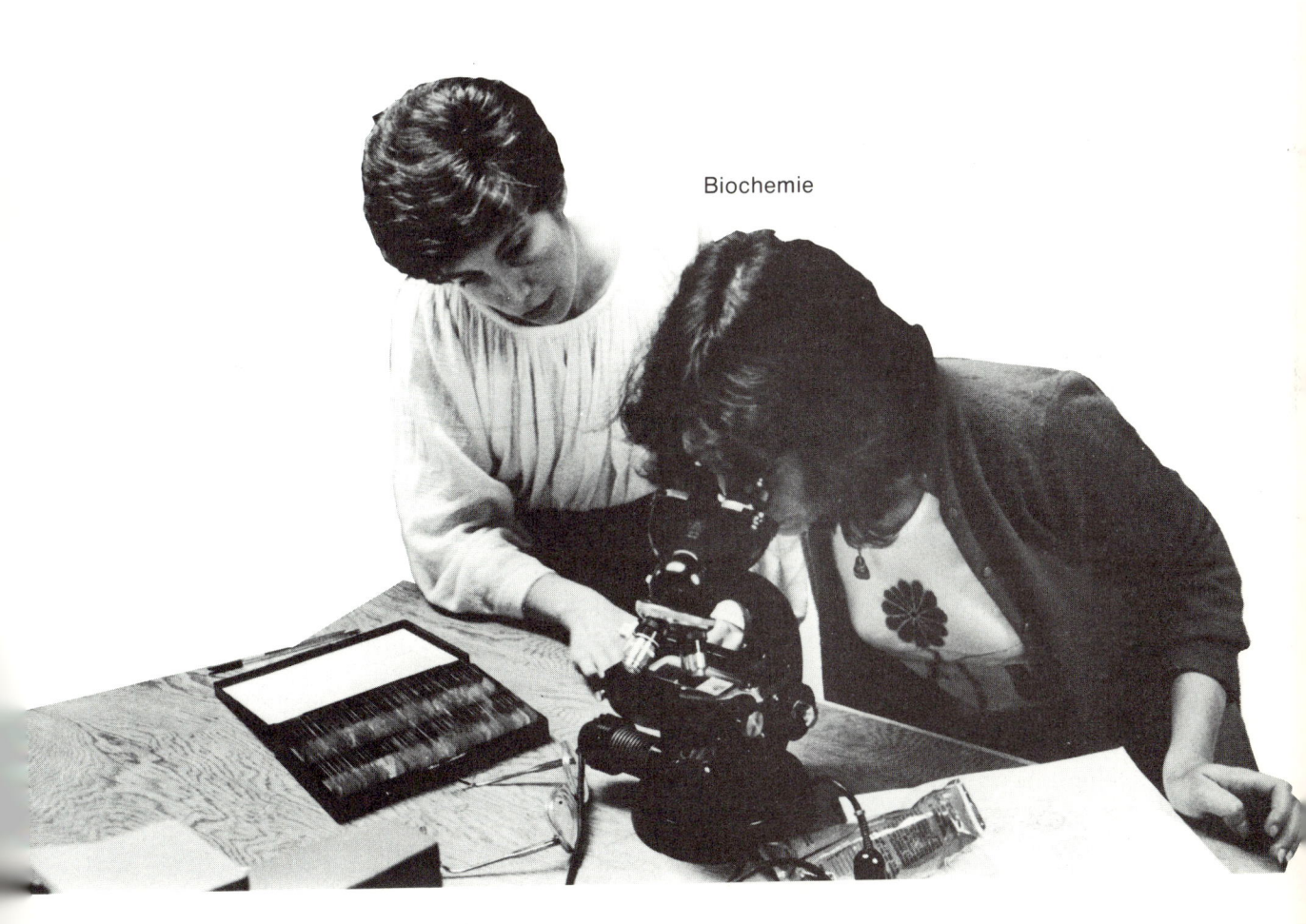

Biochemie

B *Folgen Sie dem Beispiel, bitte!*

Das ist das Abitur. Wir finden das Abitur sehr schwer. →
Das ist das Abitur, das wir sehr schwer finden.

Martina macht ein Ferngespräch. Sie konnte das Ferngespräch nicht bezahlen.

Ich wollte das Brot nicht essen. Ich sah das Brot.

Mutti kaufte das Benzin. Sie brauchte das Benzin.

Das ist das Flugzeug. Die Fluggäste steigen jetzt in das Flugzeug ein.

Wir kennen ein Studentenheim. Ihr werdet das Studentenheim bestimmt schön finden.

Da liegt das Reserverad. Ich habe das Reserverad nicht gefunden.

Grammatik

The accusative relative pronouns are the same as the accusative definite articles *den, die, das*. Remember that the case of the relative pronoun is determined by *its* function in the relative clause. Transposed word order is always used in the relative clause.

Das ist der Junge, den ich gut kenne.
Das ist der Junge, den ich kennengelernt habe.
Das ist der Junge, den ich kennenlernen möchte.

Reflexivpronomen im Dativ

A *Wiederholen Sie, bitte!*

Ich kaufe mir ein Eis.
Was suchst du dir aus?
Wir wünschen uns eine Ferienreise.
Ich wasche mir die Hände.

B *Ersetzen Sie, bitte!*

Marianne | mietet / kauft / wünscht | sich ein Auto.

Die Jungen | holen / backen / bestellen | sich Kuchen.

C *Beantworten Sie die Fragen, bitte!*

Hast du dir schon etwas bestellt?
Hast du dir die Zeitung geholt?
Hast du dir das Brötchen mit Käse belegt?
Was wünscht ihr euch zum Geburtstag?
Was baut ihr euch im Sand?
Was backt ihr euch?

Zieht Robert sich immer einen Trainingsanzug an?
Verdient Karin sich ein bisschen Geld?
Kauft Erika sich ein Paar Schuhe?

Reservieren die Eltern sich ein Hotelzimmer?
Mieten sie sich ein Auto?
Suchen sie sich ein schönes Hotel aus?

Grammatik

The dative pronoun is often used in a reflexive construction. Note that the third-person singular and plural is always *sich*.

Study the following review of all the pronouns you have learned so far.

Nominative	Dative	Accusative	Reflexive	Dative Reflexive
ich	mir	mich	mich	mir
du	dir	dich	dich	dir
er	ihm	ihn	sich	sich
sie	ihr	sie	sich	sich
es	ihm	es	sich	sich
wir	uns	uns	uns	uns
ihr	euch	euch	euch	euch
sie	ihnen	sie	sich	sich
Sie	Ihnen	Sie	sich	sich

The dative reflexive construction is often equivalent to the English "for myself," "for yourself."

Ich kaufe mir ein Eis. *I'm buying myself an ice cream.*

The dative reflexive is also used to replace a possessive adjective with parts of the body and articles of clothing.

Ich wasche mir die Hände. *I wash my hands.*
Ich ziehe mir einen Pullover an. *I'm putting on my sweater.*

---

aber . . . sondern

A *Wiederholen Sie, bitte!*

Ihr könnt ins Kino gehen, aber ich lese.
Ich gehe nicht ins Kino, sondern (ich) lese.

Rita ist gross, aber Susanne ist klein.
Susanne ist nicht gross, sondern (sie ist) klein.

Sie fährt nach Paris, aber ich fahre nach Rom.
Sie ist jetzt nicht in Paris, sondern in Rom.

B *Verbinden Sie die Sätze mit* aber, *bitte!*

Psychologie ist schwer. Soziologie ist nicht so schwer.
Marlene hat Einser. Ich habe keine.
Das Konzert war sehr schön. Die Schallplatte ist nicht gut.
Erika hat zwanzig Mark. Michael hat nur zehn Mark.
Die Zahnärztin arbeitete schnell. Die ZTA arbeitete nicht schnell.
Der Ober bekam das Trinkgeld. Der Liftboy bekam es nicht.

Anatomie

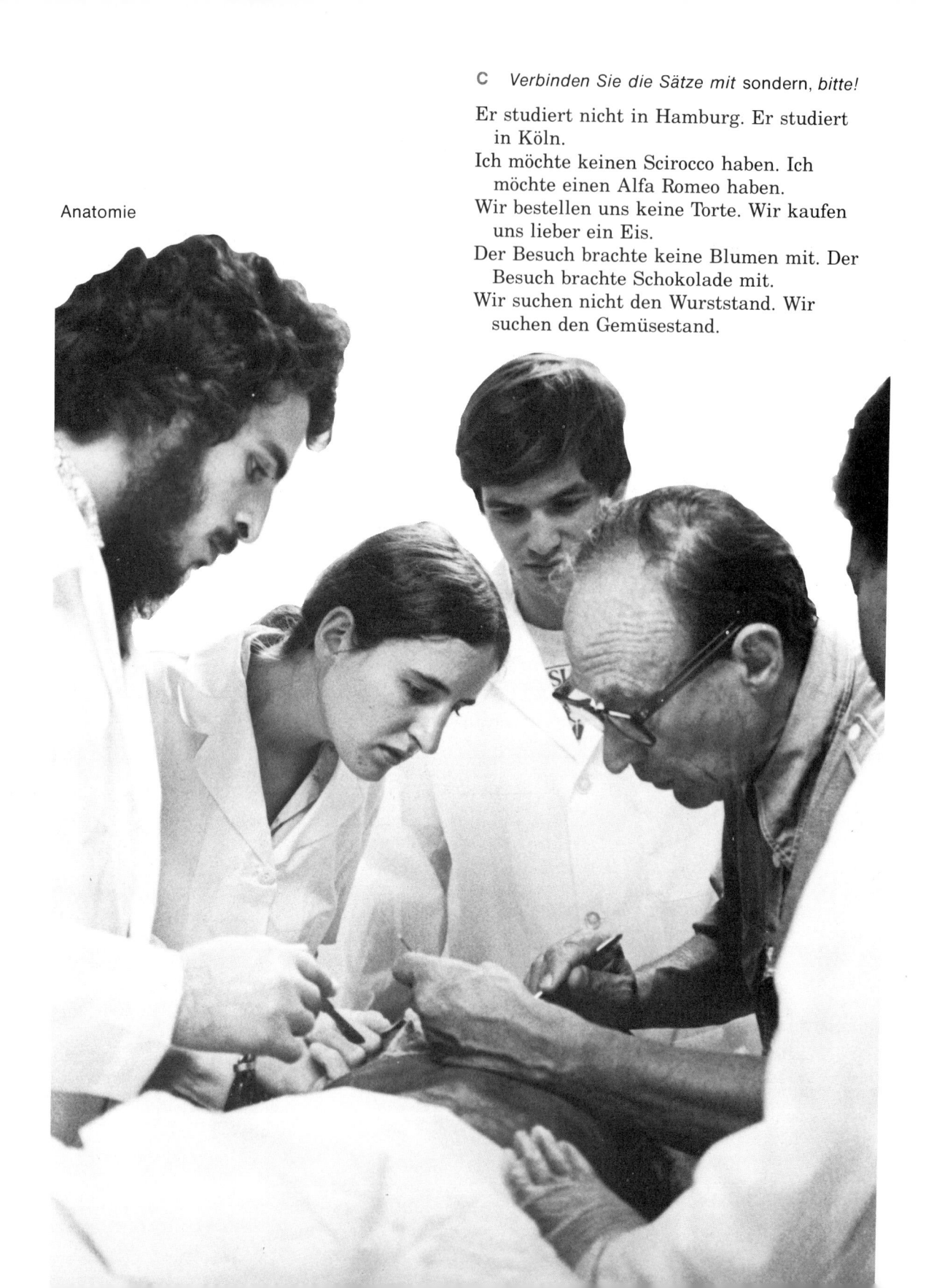

C *Verbinden Sie die Sätze mit* sondern, *bitte!*

Er studiert nicht in Hamburg. Er studiert in Köln.
Ich möchte keinen Scirocco haben. Ich möchte einen Alfa Romeo haben.
Wir bestellen uns keine Torte. Wir kaufen uns lieber ein Eis.
Der Besuch brachte keine Blumen mit. Der Besuch brachte Schokolade mit.
Wir suchen nicht den Wurststand. Wir suchen den Gemüsestand.

Grammatik

Aber means "but" and is used in affirmative statements.

Seine Eltern fliegen nach Ibiza, aber meine Eltern fliegen nach Rom.

Sondern also means "but." It is used after negative statements to contradict the negation and is equivalent to the English "but rather."

Sie studiert nicht Medizin, sondern Psychologie.
Wir brauchen kein Auto, sondern ein Motorrad.

Zusammenfassung

Verbinden Sie die Sätze mit aber *oder* sondern, *bitte!*

Sie ist keine Studentin. Sie ist Abiturientin.
Wir wollen die Grossstädte sehen. Wir wollen auch die Fischerorte besuchen.
Diese Gastwirtschaft ist teuer. Die Kneipe ist nicht teuer.
Ich will kein Ferngespräch führen, Ich will ein Ortsgespräch führen.

Zur Wortbildung

Verb + Nomen

A *Ersetzen Sie, bitte!*

Der Fahrstuhl
Die Fahrkarte   ist nicht für uns.
Das Kaugummi

Ich weiss nicht, was der Reisepreis / wo das Badezimmer ist.

B *Folgen Sie dem Beispiel, bitte!*

schliessen und das Fach→
das Schliessfach

schlagen und die Sahne
werken und die Statt
wohnen und das Viertel
essen und das Zimmer
kauen und das Gummi
fahren und der Stuhl
bauen und der Stil
tanken und die Stelle
reisen und der Preis
baden und die Wanne
warten und das Zimmer

Eine Vorlesung in der Bonner Universitätsklinik

Grammatik

Another type of compound noun consists of a verb and a noun. The infinitive ending -en is dropped from the verb, and the verb stem precedes the noun. In some cases only the -n is dropped. The article for the new compound noun is the same as the article used for the original noun.

    kaufen, das Haus → das Kaufhaus
    baden, das Zimmer → das Badezimmer

Persönliches

1. Was ist dein Noten-Durchschnitt in der „high school"?
2. Glaubst du, dass du eine gute Schülerin (ein guter Schüler) bist?
3. Möchtest du studieren?
4. Glaubst du, dass du einen Studienplatz an einer amerikanischen Universität bekommen kannst?
5. Gibt es in Amerika auch Numerus-Clausus Fächer?
6. Findest du es eine gute Idee, dass man an deutschen Universitäten wenige Prüfungen ablegt?

Übungen zum Schreiben

A *Ergänzen Sie mit einem passenden Wort!*

1. Haben Sie einen _____ bekommen?
2. Die berühmte _____ ist in Heidelberg.
3. Das _____ ist schwer.
4. Der junge _____ arbeitet auch im Krankenhaus.
5. Er behandelt einen _____ .

B *Ergänzen Sie mit den passenden Artikeln!*

1. _____ Studium dauert fünf Jahre.
2. _____ Abitur ist eine Prüfung.
3. _____ Noten-Durchschnitt ist nur eine Drei.
4. _____ Prüfung macht wirklich keinen Spass.
5. Was ist _____ Temperatur denn?
6. _____ Mediziner ist im achten Semester.
7. _____ Krankenhaus ist ganz modern.

C *Schreiben Sie die Sätze im Plural!*

1. Der Studienplatz ist nicht frei in Heidelberg.
2. Die Assistenzärztin ist schlau, freundlich, schlank und sportlich.
3. Der Mediziner war auch da.
4. Die Prüfung ist Montag.
5. Die Temperatur ist nicht gesund.

D *Verbinden Sie die Sätze mit den passenden Relativpronomen!*

1. Das ist das Krankenhaus. Sie haben die Frau in das Krankenhaus gebracht.
2. Das ist die Fussgängerzone. Wir gehen gern in die Fussgängerzone.
3. Brigitte hat eine Brieffreundin. Sie besucht ihre Brieffreundin diesen Sommer.
4. Mutti hat einen Termin bei der Zahnärztin gemacht. Ich mag die Zahnärztin nicht.
5. Heute sehen wir einen Film. Du hast den Film nicht gesehen.
6. Karl-Heinz braucht das Geld. Er hat Stefan das Geld geliehen.
7. Wir kauen jetzt das Kaugummi. Die Lehrer hassen das Kaugummi.
8. Ich möchte ein Einzelzimmer reservieren. Ich brauche es für eine Woche.
9. Da kommt das Eis. Du hast uns das Eis bestellt.

Die Professorin hilft einem Studenten.

E *Folgen Sie dem Beispiel!*

> Ich ziehe mir den Trainingsanzug an. Und Christina? →
> Christina zieht sich auch den Trainingsanzug an.

1. Er holt sich jetzt ein Stück Torte. Und ihr?
2. Mutti mietet sich einen Strandkorb. Und Oma?
3. Dorothea sucht sich einen BMW aus. Und du?
4. Wolfgang kauft sich eine neue Aktentasche. Und Susanne?
5. Ich wünsche mir neue Trainingsschuhe zum Geburtstag. Und Petra?

F *Schreiben Sie die Infinitive und die Nomen!*

1. das Badezimmer
2. der Baustil
3. die Werkstatt
4. die Tankstelle
5. der Fahrstuhl
6. das Wartezimmer
7. das Kaugummi
8. die Schlagsahne

Zum Schreiben

Beantworten Sie die Fragen in der Form eines Aufsatzes!

Warum schreibst du an die ZVS?
Wo willst du Medizin studieren?
Was ist Medizin natürlich?
Hast du Angst, dass du keinen Studienplatz bekommst?

Aufgabe 15

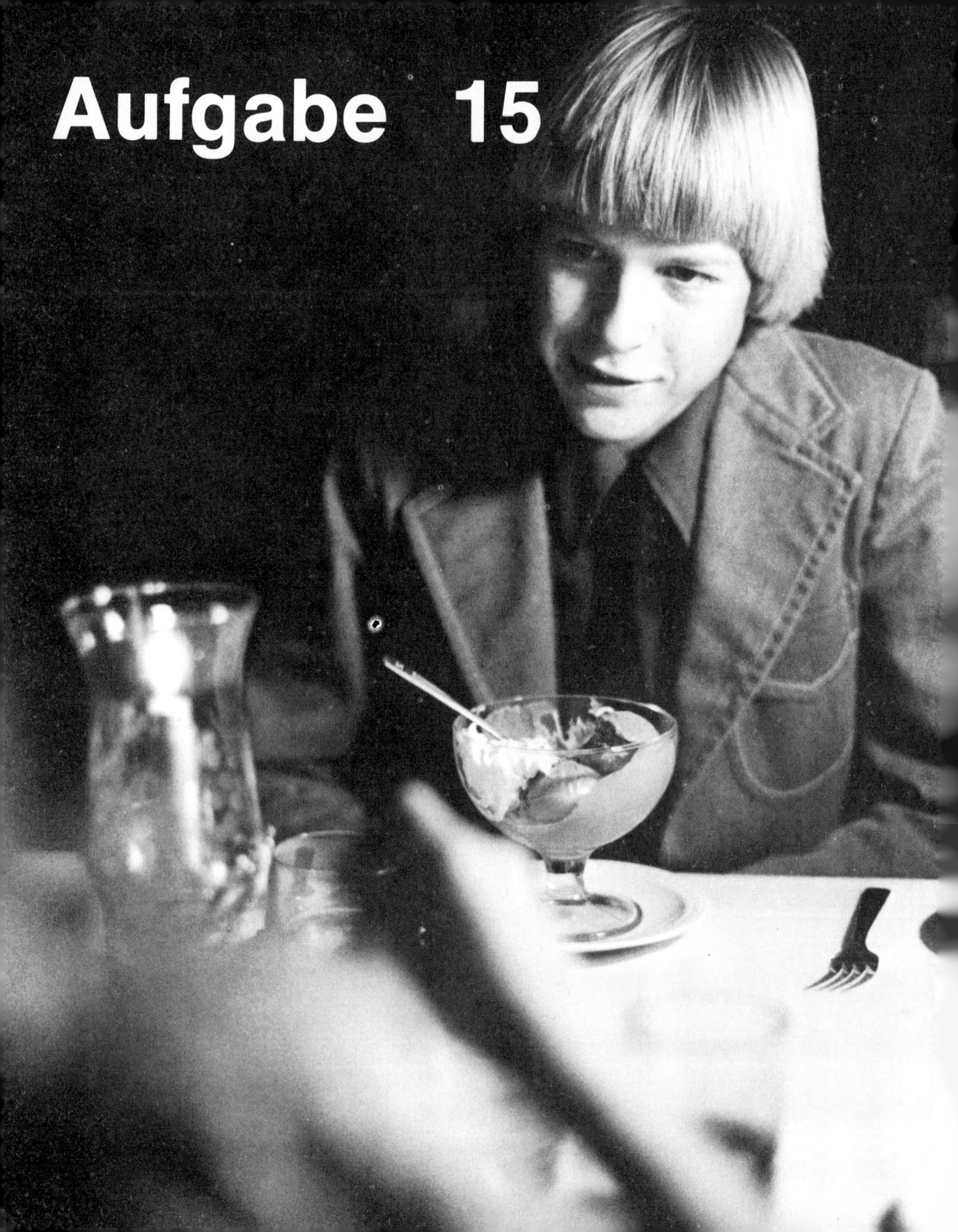

Vokabeln

1 An dem Tisch in der Ecke sitzen zwei Herren.
Auf dem Tisch liegen Speisekarten.

2 Ein Herr hat das Hauptgericht bestellt: Forelle blau mit Kartoffeln.
Eine Beilage hat der Herr sich auch bestellt: gemischten Salat.

Der Kellner bringt den beiden
Mädchen ihren Nachtisch.
Das Eis mit der Himbeersosse
ist der Nachtisch.
Die Himbeersosse ist heiss.

■ **Platz nehmen** sich setzen
  Appetit haben essen möchten

■ die Suppe
  das Mineralwasser

Übungen

A *Beantworten Sie die Fragen, bitte!*

1. Wo sitzen die zwei Herren?
2. Was liegt auf dem Tisch?
3. Welches Hauptgericht hat ein Herr bestellt?
4. Was ist die Beilage?
5. Was bringt der Kellner den Mädchen?
6. Wie ist die Himbeersosse?

B *Ersetzen Sie, bitte!*

1. Wir nehmen hier _____ .
2. Ich möchte keinen Saft trinken. Ich möchte _____ .
3. Johannes und Christina wollen bestellen. Sie brauchen die _____ .
4. Ich habe grossen _____ auf etwas Süsses.
5. Nein, keine _____ . Es ist zu warm draussen.

München: ein Restaurant

Nomen

A *Ersetzen Sie, bitte!*

Wo ist denn der | Tisch?
| Nachtisch?
| Salat?

Die | Speisekarte | kommt jetzt.
| Beilage |
| Suppe |

Das | Mineralwasser | schmeckt gut.
| Hauptgericht |

B *Beantworten Sie die Fragen, bitte!*

Ist der Appetit immer gut?
War der Tisch schon voll?
Schmeckt denn der Nachtisch?
Ist der Salat immer frisch?
Ist die Speisekarte interessant?
Ist die Himbeersosse heiss?
Ist die Beilage zu teuer?
Ist die Suppe heute gut?
Ist das Mineralwasser gesund?

C *Ersetzen Sie, bitte!*

Die | Nachtische | sind immer gut hier.
| Salate |
| Hauptgerichte |
| Beilagen |
| Suppen |

D *Beantworten Sie die Fragen, bitte!*

Sind die Tische frei?
Sind die Nachtische interessant hier?
Schmecken die Salate hier?
Sind die Beilagen Pommes frites und Salat?
Sind die Hauptgerichte auch frisch?
Sind die Kartoffeln heiss?

Grammatik

The nouns presented in this lesson for active use are:

Singular	Plural
der Appetit	
der Tisch	die Tische
der Nachtisch	die Nachtische
der Salat	die Salate
die Ecke	die Ecken
die Speisekarte	die Speisekarten
die Beilage	die Beilagen
die Suppe	die Suppen
die Himbeersosse	die Himbeersossen
die Kartoffel	die Kartoffeln
das Mineralwasser	
das Hauptgericht	die Hauptgerichte

Sie essen mit **Gabel** und **Messer**.

Gespräch

Herr Ober, bitte!

Thomas	Ich habe so einen Durst. Ich freue mich auf kaltes Mineralwasser!
Julia	Gehen wir an den Tisch in der Ecke!
Thomas	Da sitzt aber schon ein Herr.
Heike	Es ist doch ein grosser Tisch . . . Entschuldigung, ist hier noch frei?
der Herr	Ja, bitte. Nehmen Sie Platz!
Thomas	Da liegen ja die Speisekarten. Ich hole sie uns.
der Kellner	Guten Tag! Möchten Sie etwas trinken?
Julia	Ja, ich möchte Mineralwasser.
Thomas	Und ich auch.

Heike	Für mich Apfelsaft, bitte!	
Thomas	Ich habe auch grossen Hunger. Ich bestelle mir ein Menü. Es ist alles dabei: Suppe, Hauptgericht mit Beilagen und Nachtisch. Sagt mal, ist die Bedienung in diesen Preisen enthalten?	das Menü *complete dinner* die Bedienung *service* enthalten *included*
Heike	Klar. Hier steht's doch: „In allen Preisen sind Bedienungsgeld und 13 Prozent Mehrwertsteuer enthalten." Aber du weisst ja, wie das ist. Man gibt auch noch ein kleines Trinkgeld. Nun, ich bestelle mir nur ein Hauptgericht. Schnitzel Natur mit Pommes frites und Salat.	die Mehrwertsteuer *value added tax*
Julia	Und ich? Ich weiss nicht, worauf ich Appetit habe . . . Eine Suppe bestimmt.	
Thomas	Nimm doch die Ochsenschwanzsuppe!	die Ochsenschwanzuppe *oxtail soup*
Julia	O.K. Und danach Forelle blau mit Kartoffeln. Ein gemischter Salat ist wohl nicht dabei . . .	ist . . . dabei *comes with*
Heike	Na, den musst du dir extra bestellen . . . Herr Ober, wir möchten bestellen.	
Später		
der Kellner	Ihr Nachtisch, mein Herr. Möchten die Damen auch einen Nachtisch? Das Eis mit Himbeersosse ist sehr gut.	
Julia	Nein, danke.	
der Kellner	Hat's Ihnen geschmeckt?	
Julia	Ja, danke. Wir möchten zahlen.	
der Kellner	Zusammen oder getrennt?	getrennt *separately*
Julia	Getrennt, bitte.	
Heike	Um vier Uhr können wir ja in das Café „Drei Rosen" gehen, dessen Kuchen einfach herrlich ist.	

Fragen

1. Worauf freut sich Thomas?
2. Was liegt auf dem Tisch?
3. Was möchte Julia trinken?
4. Was möchte Heike trinken?
5. Ist die Bedienung in den Preisen enthalten?
6. Was gibt man aber doch?
7. Was bestellt sich Heike?
8. Was bestellt sich Julia?
9. Was muss sich Julia extra bestellen?
10. Bezahlen die drei zusammen oder getrennt?
11. Wohin gehen die drei später?

Struktur

Relativpronomen—Singular

Der Genitiv

Maskulin und Neutrum

A *Wiederholen Sie, bitte!*

Wessen Schwester kennst du?
Das ist der Junge, dessen Schwester ich kenne.
Das ist das Mädchen, dessen Schwester ich kenne.

B *Folgen Sie dem Beispiel, bitte!*

Das ist Herr Fuhrmann. Seine Chemiestunden sind interessant.→
Das ist Herr Fuhrmann, dessen Chemiestunden interessant sind.

Das ist Onkel Hans. Sein Haus ist neu.
Das ist der Junge. Sein Noten-Durchschnitt ist Eins.
Das ist Doktor Baier. Seine Untersuchung geht schnell.
Das ist mein Bruder. Ich fahre sein Auto.
Das ist das Café. Seine Torten sind wunderbar.
Das ist das Mädchen. Sein Deutsch ist sehr gut.
Das ist das Kind. Sein Bruder ist nett.
Das ist das Auto. Sein Reifen hat eine Panne.

Feminin

A *Wiederholen Sie, bitte!*

Wessen Speisekarten sind interessant?
Das ist die Gastwirtschaft, deren Speisekarten interessant sind.
Wessen Freund kennst du nicht?
Das ist Karin, deren Freund ich nicht kenne.

B *Folgen Sie dem Beispiel, bitte!*

Ich suche die Gastwirtschaft. Ihre Nachtische sind gut.→
Ich suche die Gastwirtschaft, deren Nachtische gut sind.

Das ist Johanna. Ihr Appetit ist immer gut.
Das ist Oma Edda. Ihr neues Buch ist fantastisch.
Das ist die Strassenbahn. Ihre Sitzplätze sind frei.
Das ist die Familie Bergler. Ihre Kinder sind wirklich schlau.

Was willst du bestellen?

Eine Forelle

Grammatik

As with all relative pronouns, the gender of the genitive pronoun is governed by its antecedent. The singular genitive pronouns are *dessen* in the masculine and neuter and *deren* in the feminine.

    Kennst du Herrn Meder, dessen Junge mein Freund ist?
    Kennst du Frau Meder, deren Junge mein Freund ist?
    Das ist das Mädchen, dessen Bruder mein Freund ist.

Note that the genitive interrogative pronoun is *wessen*. It is used for all genders.

    Wessen Freund ist das?
    Wessen Freundin ist das?
    Wessen Geld ist das?

Verben mit Präpositionen—Dativ und Akkusativ

A *Wiederholen Sie, bitte!*

Hast du Angst vor dem Lehrer?
Er erzählt uns jetzt von dem Athleten.
Sie studierte an der Universität Heidelberg.

Karin wartet auf ihren Bruder.
Sie sprachen viel über den Lehrer.

B *Ersetzen Sie, bitte!*

Sie | dachte oft an / lachte oft über / schrieb oft an / schrieb oft über | ihren Onkel.

C *Beantworten Sie die Fragen, bitte!*

Hast du Angst vor der Betäubungsspritze?
Erzählst du uns von deiner Reise?
Möchtest du auch an der Universität Heidelberg studieren?

Wartet ihr auf mich?
Denkt ihr oft an das Studium?
Sprecht ihr viel über die Inflation?
Lacht ihr über die Hausarbeiten?

Schreiben Sie an einen Brieffreund?
Freuen Sie sich auf die Sommerferien?
Interessieren Sie sich für die Psychologie?
Haben Sie jetzt Appetit auf einen Hamburger?

Grammatik

Certain German verbs frequently are used with the prepositions that require the dative or the accusative case. These are prepositions, *not* prefixes.

Angst haben vor	Appetit haben auf
erzählen von	warten auf
denken an	sich freuen über
schreiben an	schreiben über
studieren an	sprechen über

Wiederholung

Pronomen im Dativ

A *Wiederholen Sie, bitte!*

Alle bringen dem Freund ein Geschenk.
Alle bringen ihm ein Geschenk.

Alle bringen der Freundin ein Geschenk.
Alle bringen ihr ein Geschenk.

B *Ersetzen Sie, bitte!*

Oma bringt | mir / dir / uns / euch / ihnen | immer etwas mit.

C *Folgen Sie dem Beispiel, bitte!*

> Zeigt der Kellner den Herren den Tisch in der Ecke? →
> Ja, der Kellner zeigt ihnen den Tisch in der Ecke.

Wünschst du deiner kranken Schwester gute Besserung?
Hilft Hans-Peter seiner Mutter gern?
Glaubt Erika ihrem Bruder?
Schreiben Sie Ihren Brieffreundinnen gern?
Geben die Mädchen ihren Brüdern Schallplatten?
Möchte Klaus dir Berlin zeigen?

Pronomen im Akkusativ

A *Wiederholen Sie, bitte!*

Alle bringen dem Freund ein Geschenk.
Alle bringen es dem Freund.

Alle bringen der Freundin einen Kuchen.
Alle bringen ihn der Freundin.

B *Ersetzen Sie, bitte!*

Frau Behrends kennt | mich / dich / uns / euch / sie | nicht?

C *Folgen Sie dem Beispiel, bitte!*

> Zeigt der Kellner den Herren den Tisch? →
> Ja, der Kellner zeigt ihn den Herren.

Trifft Joachim euch nach der Schule?
Schenkst du den Kindern die Schokolade?
Gibt Mutti dem Vater den Pullover zum Geburtstag?
Spendiert ihr dem Freund das Eis?
Geben Sie dem Kellner das Trinkgeld?
Schreibst du der Brieffreundin den Brief?

Zwei Pronomen in einem Satz

A *Wiederholen Sie, bitte!*

Ich zeige dem Bruder die Speisekarte.
Ich zeige sie ihm.

Ich spendiere der Schwester den Nachtisch.
Ich spendiere ihn ihr.

B *Folgen Sie dem Beispiel, bitte!*

> Schickt Petra dem Opa die Ansichtskarte? →
> Ja, Petra schickt sie ihm.

Bringt der Kellner dem Gast das Mineralwasser?
Bringt die Krankenschwester dem Patienten die Arznei?
Zeigen Sie der Dame das Krankenhaus?
Zeigen Sie dem Lehrer die Hausarbeiten?
Zeigt ihr der Kusine die Fussgängerzone?
Kauft ihr dem Kind das Stück Kuchen?
Bringt der Kellner der Dame den Salat?
Zeigt Karl-Heinz dem Herrn die Lebensmittelabteilung?

Grammatik

When both a dative and an accusative noun are used in the same sentence, the dative noun always precedes the accusative noun.

Ich kaufe meiner Schwester den Nachtisch.

When either a dative or an accusative pronoun is used in a sentence along with a noun, the pronoun, regardless of its case, always precedes the noun.

Ich kaufe meiner Schwester den Nachtisch.
Ich kaufe ihr den Nachtisch.
Ich kaufe ihn meiner Schwester.

If both a dative and an accusative pronoun are used in the same sentence, the accusative always precedes the dative pronoun. Note that the same order is used in English.

Ich kaufe meiner Schwester den Nachtisch.
Ich kaufe ihn ihr.

Zusammenfassung

Beantworten Sie die Fragen mit Pronomen, bitte!

Zeigt ihr uns auch das berühmte Museum?
Schreiben Sie dem Brieffreund viele Ansichtskarten?
Schenken Sie Ihrer Mutter die Trainingsschuhe?
Schickt ihr den Kusinen ein Paket?
Kannst du mir dein Auto leihen?
Gibst du dem Bruder ein Kofferradio zum Geburtstag?

Zur Wortbildung

Infinitive, die Nomen werden

A *Wiederholen Sie, bitte!*

Wir fahren sehr gern Ski.
Das Skifahren macht wirklich Spass.

Wir essen gern.
Das Essen macht wirklich Spass.

B *Ersetzen Sie, bitte!*

Das | Fernsehen / Sprechen / Telefonieren / Schwimmen / Einkaufen | macht Spass.

245

C *Folgen Sie dem Beispiel, bitte!*

    Fährst du auch gern Auto?→
    Ja, das Autofahren macht mir Spass.

Schläfst du auch gern?
Liest du auch gern?
Bäckst du auch gern?
Fliegst du auch gern?
Fotografierst du auch gern?
Plauderst du auch gern?
Läufst du auch gern herum?
Kochst du auch gern?
Arbeitest du auch gern?

Grammatik

Many German infinitives can become nouns by using the neuter article *das* and capitalizing the verb. This construction is equivalent to the English "-ing" form.

    Das Fliegen macht Spass.   *Flying is fun.*

Zum + Infinitive

A *Wiederholen Sie, bitte!*

Wir reisen wirklich gern.
Zum Reisen braucht man Geld.

Wir schwimmen wirklich gern.
Zum Schwimmen braucht man warmes Wetter.

B *Ersetzen Sie, bitte!*

| Zum | Wandern / Essen / Einkaufen / Kochen / Fotografieren / Plaudern / Schlafen | braucht man Zeit. |

Eine Suppe

Grammatik

Zum plus a noun formed by an infinitive is equivalent to the English "for . . . ing."

Zum Studieren braucht man Geld.
One needs money for studying.

Persönliches

1. Gehst du gern in ein Restaurant, oder isst du lieber zu Hause?
2. Kennst du ein Restaurant, das gut aber nicht so teuer ist?
3. Bestellst du immer einen Nachtisch, wenn du im Restaurant isst?
4. Mit wem gehst du gern ins Restaurant?
5. Esst ihr ziemlich schnell, oder plaudert ihr lange?
6. Worüber sprecht ihr oft?
7. Gebt ihr dem Ober oder dem Fräulein immer ein Trinkgeld?
8. Gebt ihr es gern?

Übungen zum Schreiben

A *Ergänzen Sie mit einem passenden Wort!*

1. Wir wollen an dem Tisch in der _____ sitzen.
2. Der _____ bringt jetzt schon den Nachtisch.
3. Wo liegt denn die _____?
4. Ich möchte auch eine _____: Pommes frites.
5. Wer _____ denn alles?
6. Das _____ ist heute Fisch.

B *Ergänzen Sie mit den passenden Artikeln!*

1. _____ Ecke ist schön gemütlich.
2. _____ Hauptgericht ist Forelle blau.
3. _____ Appetit ist immer da.
4. _____ Speisekarte war nicht sehr interessant.
5. _____ Salat ist ja heute schön frisch.
6. _____ Nachtisch ist mir zu teuer.
7. _____ Suppe ist auch gut.

C *Schreiben Sie die Sätze im Plural!*

1. Die Speisekarte liegt nicht auf dem Tisch.
2. Der Tisch ist zu klein für uns.
3. Die Suppe schmeckt heute wirklich gut.
4. Die Beilage kostet drei Mark.
5. Das Hauptgericht ist immer sehr gut.

D *Verbinden Sie die Sätze mit den passenden Relativpronomen!*

1. Es ist Gerda. Ihr Rad ist kaputt.
2. Ich habe einen Onkel. Sein Haus ist sehr gross.
3. Es ist mein Bruder. Sein Appetit ist immer gut.
4. Wir haben einen Lehrer. Seine Klassen sind nicht langweilig.
5. Helga kennt eine Gastwirtschaft. Ihre Salate sind wunderbar.
6. Das ist das Kaufhaus. Seine Preise sind herabgesetzt.
7. Das ist das Kind. Du suchst seine Mutter.
8. Wir kennen eine Universität. Ihre Studienfächer sind sehr interessant.

E *Beantworten Sie die Fragen!*

1. Was gibst du deiner Mutter zum Geburtstag?
2. Was zeigst du deinem Cousin, wenn er euch besucht?
3. Was gibst du dem Kellner?
4. Was zeigst du der Lehrerin?
5. Was leihst du deinem Freund?
6. Wem backt ihr einen Kuchen?
7. Wem schenkt ihr die Schokolade?
8. Wem zeigt ihr das Einkaufszentrum?
9. Wem erklärt ihr die Inflation?
10. Wem macht ihr die Suppe?

F *Schreiben Sie die Antworten von Übung E mit zwei Pronomen (Dativ und Akkusativ)!*

G *Folgen Sie dem Beispiel!*

trablaufen→
Das Trablaufen macht uns Spass.

1. baden
2. lernen
3. erzählen
4. bedienen
5. bezahlen
6. einkaufen
7. feiern
8. spendieren

H *Folgen Sie dem Beispiel!*

    Reist du gern? →
    Zum Reisen braucht man Geld.

1. Fährst du gern?
2. Telefonierst du gern?
3. Isst du gern?
4. Spendierst du gern?
5. Fotografierst du gern?
6. Feierst du gern?

Zum Sprechen

Sie sitzen mit zwei guten Freunden (oder Freundinnen) in einer Gastwirtschaft oder im Restaurant. Es ist 12 Uhr, und Sie haben alle grossen Hunger und Durst. Bereiten Sie ein Gespräch mit dem Kellner und Ihren Freunden vor! Spielen Sie es vor!

Rätsel

Ein Brief

Waagerecht

1. Er fischt.
4. Dort zeigt man einen Film.
7. wie 6 senkrecht
8. ich bin, wir _____
9. ich esse, ihr _____
11. das Gegenteil von „danken"
13. _____ liegt Hamburg?
14. ein Platz
15. meine, deine, _____
17. kurz für „Niederlande"
18. _____, weiss, blau
19. _____ nicht
22. Artikel
24. Ich wasche im _____.
26. Sie hat Finger.
29. Jetzt geht mir ein Licht auf. Ich habe eine _____.
31. _____-Geschäft
33. ein deutsches Auto
34. Imperativ von „rufen"
35. _____ sw. (und so weiter)
36. negative Vorsilbe
38. Ach _____!
39. Wir _____ die Wurst. (kochen)

Senkrecht

1. Süddeutscher Baustil
2. das Gegenteil von „sauer"
3. Er isst viel, weil er _____ ist.
4. wo See und Land sich treffen
5. Ein „A" Schüler bekommt nur gute _____.
6. Er weiss nicht, _____ sie kommt.
9. Im Café bestellt er ein _____.
10. Bau_____ (Plural)
12. das Gegenteil von „ja"
16. Wurst_____ (Plural)
20. Prüfung am Ende des Gymnasiums
21. Er hat kein Auto. Er fährt _____.
23. Imperativ von „essen"
25. Artikel (Mask.)
27. k_____fen
28. du (Dativ)
30. deine (Plural)
32. Ein Fischer hat ein _____.
37. _____ und?

250

Vom Anfang Zum Ende

Take the first syllable from each word and use it as the last syllable of another word.
Der lange Weg führt zum Doktor der Medizin. (*Schwer!*)

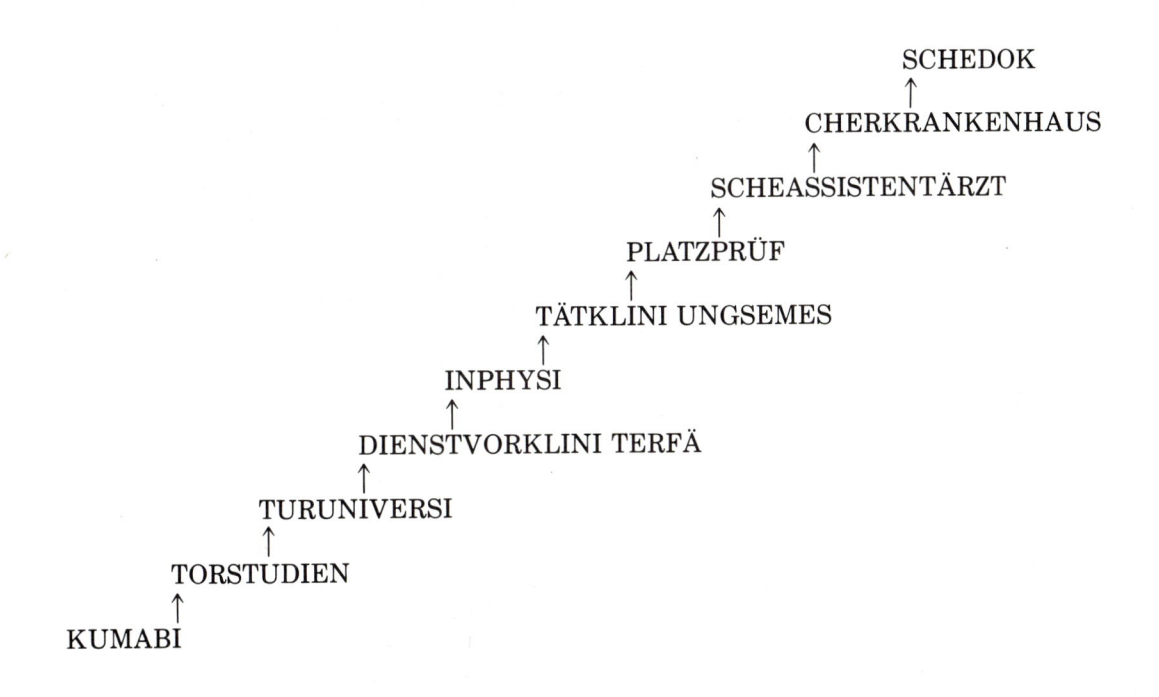

```
                                                    SCHEDOK
                                                       ↑
                                            CHERKRANKENHAUS
                                                       ↑
                                        SCHEASSISTENTÄRZT
                                                  ↑
                                          PLATZPRÜF
                                                ↑
                                  TÄTKLINI UNGSEMES
                                        ↑
                                  INPHYSI
                                      ↑
                        DIENSTVORKLINI TERFÄ
                                  ↑
                        TURUNIVERSI
                              ↑
                    TORSTUDIEN
                        ↑
            KUMABI
```

Buchstabenraub

Cross off one letter from each nonsense word to make a real German word you know.
What you get will be a German proverb.

SENDE / GLUT / FALLES / GURT

HALLER / MAN / PFANG / MIST / SCHWEUR

LIES / BERT / SPLÄT / FALS / GAER / NISCHT /

MORD / GELN / MOER / GLEN / NEUR / NISCHT / SHEUTE
 SAU / GERN / FALLE / PFAU / LEIN / LEUM / TEE

Aufgabe 16

Vokabeln

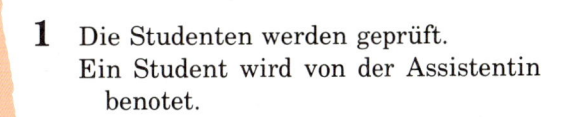

1 Die Studenten werden geprüft.
Ein Student wird von der Assistentin benotet.

2 Die Studentinnen müssen nicht nur lesen, sondern auch pauken.
Sie pauken in der Mensa.

■ **das Hauptfach** Für einen Biologie-Studenten ist Biologie ein Hauptfach.
das Nebenfach Für einen Biologie-Studenten ist Chemie ein Nebenfach.
die Vorlesung eine grosse „Klasse" in der Universität

■ der Kontakt   finanziell   organisieren
der Professor   finanzieren
der Assistent
der Sekretär
das System

Übungen

A *Beantworten Sie die Fragen, bitte!*

1. Wer wird von der Assistentin benotet?
2. Müssen die Studentinnen nur lesen?
3. Müssen sie auch pauken?
4. Wo pauken sie?

B *Ergänzen Sie, bitte!*

1. Die Studenten hören die _____ um 14 Uhr.
2. Deutsch haben wir jeden Tag. Es ist ein _____.
3. Eine Reise nach Deutschland kann ich dieses Jahr nicht _____.
4. Der _____ kommt um 9 Uhr.

Universität München: Alle Studenten suchen etwas.

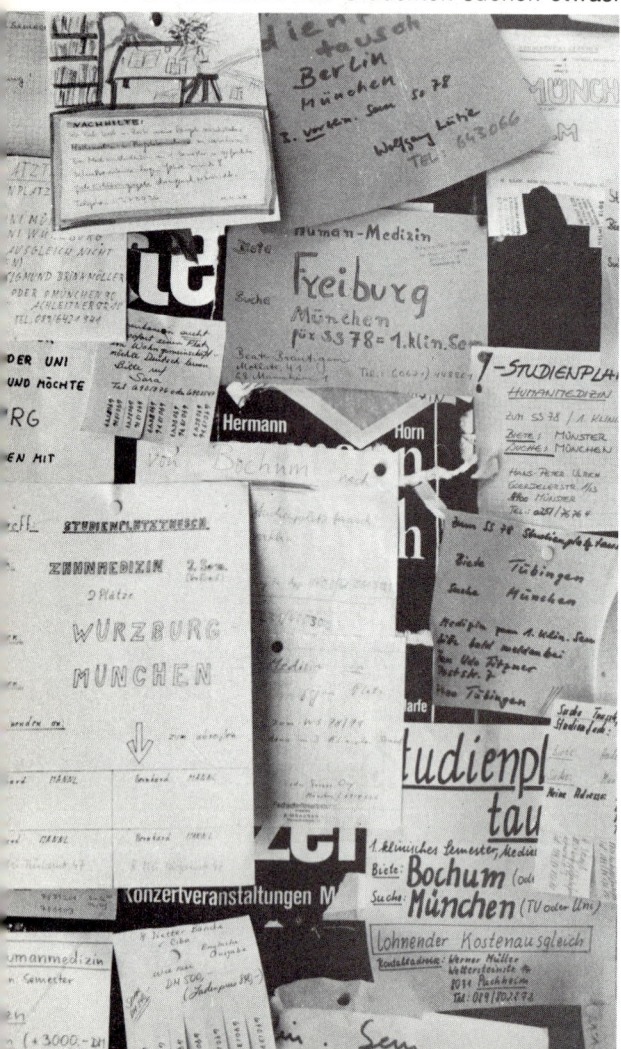

Nomen

A *Ersetzen Sie, bitte!*

Wie war denn | der Professor?
             | die Vorlesung?
             | das Seminar?
             | das System?

B *Beantworten Sie die Fragen, bitte!*

Kommt der Assistent auch?
Ist die Mensa gut?
Ist das Seminar schwer?
Ist das Nebenfach Deutsch?

C *Beantworten Sie die Fragen, bitte!*

Sind die Sekretäre intelligent?
Sind die Professoren in der Schule?
Haben die Mensas Bier?
Machen die Vorlesungen Spass?
Sind die Hauptfächer Deutsch und Englisch?

Universität Heidelberg: eine Übung

Grammatik

The nouns presented in this lesson for active use are:

Singular	Plural
der Sekretär	die Sekretäre
die Sekretärin	die Sekretärinnen
der Professor	die Professoren
die Professorin	die Professorinnen
die Mensa	die Mensas
die Vorlesung	die Vorlesungen
das System	die Systeme
das Hauptfach	die Hauptfächer
das Nebenfach	die Nebenfächer

Lesestück

An der deutschen Universität

Nicht nur das deutsche Schulsystem, sondern auch das Universitätssystem ist anders als in Amerika. Kurz gesagt: in Amerika wird das Studium gut organisiert, in Deutschland nicht. Der amerikanische Student weiss, wie das System läuft. Er weiss, was seine Haupt- und Nebenfächer sind. Er weiss, wann er in den verschiedenen „Klassen" geprüft wird. Und er weiss, wann er mit seinem Studium fertig sein kann. Er weiss das alles, weil es im „catalog" steht. Wenn er aber eine Frage hat, geht er zu einem „advisor".

    So leicht ist es an einer deutschen Universität nicht. Erstens gibt es keine Vorlesungsverzeichnisse, die die Lehrveranstaltungen für das ganze Studium enthalten. Der Student kann kein vierjähriges Studium planen, so wie das in Amerika möglich ist. Zweitens ist es möglich, dass die Professoren die Vorlesungen, die im Vorlesungsverzeichnis stehen (und die der Student vielleicht braucht), nicht geben. Drittens gibt es keine „departments" oder „department chairpersons", die

das Vorlesungsverzeichnis *college catalogue*
die Lehrveranstaltung *university class*
enthalten *to contain*
möglich *possible*

die Lehrveranstaltungen organisieren. Jeder Professor ist König. Auch ist der Kontakt mit den Professoren in den ersten zwei Jahren des Studiums gering. Man kann zum Beispiel dieses im Vorlesungsverzeichnis lesen: Schmitt durch Janowski. Das bedeutet, dass der Assistent Herr Janowski das Seminar (auch die Übung oder Vorlesung) des Herrn Professor Schmitt durchführt.

der König *King*
gering *minimal*

durchführen *(here)* to *conduct*

Die amerikanischen Studenten fühlen die ganzen vier oder fünf Jahre ihres Studiums einen bestimmten Druck auf sich. Sie fühlen diesen Druck in allen „Klassen", denn sie werden in allen „Klassen" regelmässig geprüft und benotet. Der deutsche Student fühlt den Druck aber nur am Ende, wenn er mit seinem Studium fertig werden will und sich zum Examen meldet.

Wie werden nun diese vier, fünf Jahre an der Universität finanziert? Wir wissen ja, dass viele amerikanische Studenten sehr, sehr fleissig sind. Sie arbeiten drei Monate während der Sommerferien und verdienen sich Geld. Sie arbeiten nicht nur während des Sommers, sondern auch nach ihren „Klassen", in der Mensa, als Sekretäre und Sekretärinnen bei einer „Department Chairperson", in einem Laboratorium, usw. Natürlich leihen sich die Eltern, deren Söhne und Töchter studieren, auch Geld von den Banken.

Die Universität selbst ist in Deutschland frei. Und die Studenten bekommen auch Geld durch Bafög (Bundesausbildungsförderungsgesetz). Also der Staat selbst unterstützt die Studenten finanziell. Einige Studenten arbeiten 50 oder 100 Stunden im Monat für einen Professoren und werden von der Universität bezahlt. Ein paar Studenten jobben. Das bedeutet, dass sie in den Ferien vielleicht in einem Hotel arbeiten. In der Cafeteria oder in der Mensa aushelfen gibt es an deutschen Universitäten nicht.

Bafög *financial aid*
unterstützen *to support*

Die meisten deutschen Studenten haben Einzelzimmer in Studentenheimen. Auf den Fluren sind die grossen Küchen, in denen die Flurfeste gefeiert werden. Für die Flurfeste braucht man natürlich Musik, Tanz und Bier. In Uni-Nähe gibt es auch gemütliche Studentenkneipen, die am Abend immer voll sind.

In einem amerikanischen Studentenzimmer wird von Tag zu Tag gepaukt und geschrieben—mit lauter Musik aus dem Stereo! Und wie ist das in Deutschland? Nicht viele Studenten haben ein Stereogerät, aber jemand paukt immer—in Deutschland, in Amerika, überall.

Fragen

1. Wo wird ein Studium gut organisiert?
2. Warum weiss der amerikanische Student so viel über sein Studium?
3. Kann der deutsche Student sich ein vierjähriges Studium planen?
4. Was ist der Professor in Deutschland?
5. Gibt es Kontakt mit den Professoren?
6. Was fühlen die amerikanischen Studenten vier Jahre lang?
7. Wer wird regelmässig geprüft?
8. Was machen viele amerikanische Studenten während der Sommerferien?
9. Wo ist die Universität frei?
10. Was gibt Bafög den deutschen Studenten?
11. Bedeutet „jobben" arbeiten?
12. Arbeiten deutsche Studenten auch in der Mensa?
13. Wo werden die Flurfeste gefeiert?
14. Wo sind die Studentenkneipen?

Struktur

Relativpronomen—Plural

Nominativ

A *Wiederholen Sie, bitte!*

Das sind die Studenten. Die Studenten haben uns oft besucht.
Das sind die Studenten, die uns oft besucht haben.

Wir gehen mit den Studenten. Die Studenten haben uns oft besucht.
Wir gehen mit den Studenten, die uns oft besucht haben.

Wir treffen die Studenten. Die Studenten haben uns oft besucht.
Wir treffen die Studenten, die uns oft besucht haben.

B *Folgen Sie dem Beispiel, bitte!*

Wo sind denn die Mensas? Die Mensas haben billiges Essen. →
Wo sind denn die Mensas, die billiges Essen haben?

Claudia hat auch Nebenfächer. Sie interessieren sie.
Da stehen die Professoren. Sie sprechen auch Englisch.
Wie heissen denn die Herren? Die Herren sind so nett.
Wir haben mit den Fischern gesprochen. Sie arbeiten das ganze Jahr hier.
Wer hat denn die Beilagen bestellt? Sie sind furchtbar teuer.
Wir möchten die Fotos sehen. Die Fotos sind am schönsten.

Der Genitiv

A *Wiederholen Sie, bitte!*

Wessen Trainingsschuhe stehen da?
Das sind die Jungen, deren Trainingsschuhe da stehen.
Das sind die Damen, deren Trainingsschuhe da stehen.
Das sind die Kinder, deren Trainingsschuhe da stehen.

B *Folgen Sie dem Beispiel, bitte!*

Wo gibt es denn Mensas? Ihr Essen ist besser.→
Wo gibt es denn Mensas, deren Essen besser ist?

Wie heissen denn die Professoren? Ihre Seminare sind furchtbar schwer.
Wo sind denn die Fischerorte? Ihre Häfen sind schön.
Wie heissen denn die Gastwirtschaften? Ihre Salate schmecken so gut.
Wer waren denn die Mädchen? Ihr Abitur war sehr gut.
Wo sind denn die Kleinstädte? Ihre Häuser sind Fachwerkhäuser.
Wo sind denn die Supermärkte? Ihre Lebensmittel sind billiger.

Dativ

A *Wiederholen Sie, bitte!*

Das sind meine Freundinnen. Ich fliege mit ihnen nach Deutschland.
Das sind meine Freundinnen, mit denen ich nach Deutschland fliege.

Ich spreche oft mit den Freundinnen.
Ich fliege mit ihnen nach Deutschland.
Ich spreche oft mit den Freundinnen, mit denen ich nach Deutschland fliege.

Wir haben zwei Autos. Vater und Mutter fahren mit den Autos zur Arbeit.
Wir haben zwei Autos, mit denen Vater und Mutter zur Arbeit fahren.

Universität München: Studenten

B *Folgen Sie dem Beispiel, bitte!*

Wir suchen die Hotels. Die Gäste sprechen Deutsch in den Hotels.→
Wir suchen die Hotels, in denen die Gäste Deutsch sprechen.

Da sind auch die Küchen. Man feiert in den Küchen.
Die Studenten besuchen die Vorlesungen. In den Vorlesungen müssen sie nicht schwer arbeiten.
Ich habe furchtbare Zahnschmerzen. Ich kann mit den Zahnschmerzen nicht leben.
Wir müssen Oma und Opa schreiben. Wir haben bei ihnen Ferien gemacht.

Akkusativ

A *Wiederholen Sie, bitte!*

Das sind unsere Freundinnen. Wir besuchen die Freundinnen oft.
Das sind die Freundinnen, die wir oft besuchen.

Wir möchten neben den Mädchen sitzen. Wir kennen die Mädchen.
Wir möchten neben den Mädchen sitzen, die wir kennen.

Wir treffen die Freundinnen. Wir haben die Freundinnen gern.
Wir treffen die Freundinnen, die wir gern haben.

B *Folgen Sie dem Beispiel, bitte!*

Wir sprechen mit den Freunden. Wir treffen sie später.→
Wir sprechen mit den Freunden, die wir später treffen.

Biologie und Psychologie sind zwei Fächer. Petra mag sie.
Wo sind denn meine Freunde? Ich suche sie.
Wo stehen denn die Reifen? Ich muss die Reifen wechseln.
Das sind die Blumen. Heinrich hat sie mitgebracht.
Wo sind denn die Krankenschwestern? Sie können die Verletzungen behandeln.

Grammatik

The case of the plural relative pronoun is determined by its function in the relative clause, *not* by the function of its antecedent. The plural relative pronouns are:

nominative: die
genitive: deren
dative: denen
accusative: die

Remember that the relative clause takes transposed word order.

Das sind die Mädchen, die gut Deutsch sprechen können.
Das sind die Mädchen, deren Eltern auch Deutsch sprechen.
Das sind die Mädchen, mit denen wir immer Deutsch sprechen.
Das sind die Mädchen, die ihr auch kennt.

Das Passiv

A *Wiederholen Sie, bitte!*

Heidi wechselt den Reifen.
Der Reifen wird von Heidi gewechselt.
Der Reifen wird gewechselt.

Heidi wechselte den Reifen.
Der Reifen wurde von Heidi gewechselt.
Der Reifen wurde gewechselt.

B *Ersetzen Sie, bitte!*

Hier wird | gelacht.
         | gepaukt.
         | gearbeitet.

Hier wurde | Deutsch gesprochen.
           | die Prüfung abgelegt.
           | der Reifen gewechselt.

C *Beantworten Sie die Fragen nach dem Beispiel, bitte!*

Liest man viel in der Englischklasse?→
Ja, in der Englischklasse wird viel gelesen.

Hört man in Amerika viel Musik?
Trinkt man in Deutschland viel Bier?
Lernt man in dieser Schule Deutsch?
Spricht man hier Englisch?
Spielt man im Sommer Tennis?
Ass man hier Kuchen?
Schrieb man viel in der Klasse?
Trieb man hier viel Sport?

Universitätsklinik Bonn: eine Vorlesung

Grammatik

When the subject of a sentence (the doer) is irrelevant or obvious, the passive voice is often used in German. Note the various ways to translate the passive voice.

In Italien wird viel Wein getrunken.　*A lot of wine is drunk in Italy.*
In Frankreich wird viel Käse gegessen.　*They eat a lot of cheese in France.*
Hier wird gelesen.　*You read here.*

The past participle is used with the present or past tense of *werden* (*wird* or *wurde*).

---

nicht nur . . . sondern auch

A *Wiederholen Sie, bitte!*

Stefan spricht nicht nur Deutsch, sondern auch Französisch.
Erika spielt nicht nur Tennis, sondern auch Korbball.

B *Folgen Sie dem Beispiel, bitte!*

Unsere Eltern haben nicht nur Deutschland besucht. Sie haben auch Frankreich besucht.
Unsere Eltern haben nicht nur Deutschland, sondern auch Frankreich besucht.

Berlin hat nicht nur viele Wohnviertel. Berlin hat auch einen See.
In der Küche kann man nicht nur essen. In der Küche kann man auch feiern.
Die Studentinnen besuchen nicht nur Vorlesungen. Sie besuchen auch Übungen.
Michael paukt nicht nur für Deutsch. Er paukt auch für Englisch.
Wir bestellen nicht nur Hamburger. Wir bestellen auch Pommes frites.
Ich mag nicht nur Kiel. Ich mag auch Köln.

Grammatik

The expression *nicht nur . . . sondern auch* is equivalent to the English expression "not only . . . but also."

Wir trinken nicht nur Wasser, sondern auch Saft.

Persönliches

1. Weisst du schon, was dein Hauptfach an der Uni sein wird?
2. Hast du dir auch ein paar Nebenfächer ausgesucht?
3. Möchtest du ein paar Lehrveranstaltungen an einer deutschen Uni besuchen?
4. Glaubst du auch, dass der amerikanische Student immer einen Druck fühlt?
5. Paukst du viel?
6. Paukst du mit lauter Musik?
7. Sparst du dein Geld für ein Auto oder für ein Studium?

Übungen zum Schreiben

A *Ergänzen Sie mit einem passenden Wort!*

1. An der Uni werden die Schüler _____.
2. An der Universität höre ich eine _____.
3. In der Schule muss man viel schreiben und _____.

B *Ergänzen Sie mit den passenden Artikeln!*

1. _____ Nebenfach ist auch wichtig.
2. _____ Kontakt mit den Professoren ist gut.
3. _____ Assistent ist für den Professoren da.
4. _____ Mensa gehört auch zu der Universität.
5. _____ System war schrecklich.
6. _____ Vorlesung ist auf deutsch.

C *Verbinden Sie die Sätze mit den passenden Relativpronomen!*

1. Ich habe Zahnschmerzen. Die Zahnschmerzen tun mir sehr weh.
2. Sie gehen oft in die Schnellimbisse. Ihre Pommes frites schmecken wirklich gut.
3. Das sind Maria und Christina. Ich habe ihnen oft geschrieben.
4. Was sind denn die Fächer? Du hast sie so schwer gefunden.
5. Wir kaufen jetzt die Lebensmittel. Wir brauchen sie für unsere Reise.
6. Die Touristen wollen die Wolkenkratzer sehen. Sie haben so viel über die Wolkenkratzer gelesen.
7. Wo wohnen denn die Studenten? Ihre Kaffeeklätsche hast du oft besucht.

Universität Heidelberg: die Mensa

D *Schreiben Sie die Sätze im Passiv!*

1. Im Juli benotet man die Schüler.
2. Hier hörte man viel Musik.
3. An dieser Universität prüft man viel.
4. In der Schule paukt man.
5. In dieser Klasse lachte man viel.
6. Hier wartete man immer.
7. Hier lernte man viel.

E *Folgen Sie dem Beispiel, bitte!*

Wir haben in der Sonne gelegen. Wir haben Eis gegessen.→
Wir haben nicht nur in der Sonne gelegen, sondern auch Eis gegessen.

1. Wir mussten den Zug nehmen. Wir mussten die Strassenbahn nehmen.
2. Die Studentinnen besuchten die Vorlesungen. Die Studentinnen besuchten die Übungen.
3. Vati bestellte das Hauptgericht. Er bestellte die Beilagen.
4. Wir kauften einen neuen Reifen. Wir wechselten ihn auch.

Zum Schreiben

A *Beantworten Sie die Fragen in der Form eines Aufsatzes!*

Wie heisst die Universität, die Sie besuchen möchten?
Was werden Ihr Hauptfach und Ihre Nebenfächer sein?
Warum können Sie Ihr vierjähriges Studium planen?
Warum werden Sie vielleicht in der Mensa arbeiten?

B *Schreiben Sie einen Aufsatz von fünf oder mehr Sätzen!*

Erklären Sie das Universitätssystem in Deutschland, und warum Sie nicht (oder doch) da studieren wollen!

Aufgabe 17

Vokabeln

1 In seinem Zimmer war immer ein Klavier.
Auf dem Klavier liegen Notenblätter.

2 Er steht vor dem Dirigenten.
Den Applaus kann er nicht hören, weil er taub ist.

- **der Berg** Die Zugspitze ist ein Berg.
  der Kellner Im Restaurant bringt der Kellner die Speisekarte und dann das Essen.
  das Ei Um eine Omelette zu machen, braucht man Eier.
  schmutzig nicht sauber
  die Weinstube eine Gastwirtschaft, wo man Wein trinkt
  spazieren gehen im Wald herumwandern, aber auch in der Stadt
  manchmal nicht immer

- der Stuhl   haarig   improvisieren
  die Schulter   roh
  die Natur   phänomenal
  die Tragödie
  das Publikum
  das Haar
  das Konzert

Übungen

A *Beantworten Sie die Fragen, bitte!*

1. Was war immer in seinem Zimmer?
2. Wo liegen die Notenblätter?
3. Wo steht er?
4. Warum kann er den Applaus nicht hören?

B *Ergänzen Sie, bitte!*

1. Georg und Ellen wollen nicht ins Museum gehen. Sie wollen ins _____ .
2. In einer Kneipe trinkt man viel Bier. In einer _____ trinkt man Wein.
3. Das Ei ist nicht gekocht. Es ist _____ .
4. Peter sieht nicht sauber aus. Er ist _____ .
5. Nach dem Essen wollen wir _____ gehen.
6. Ich liebe die _____ : das Wasser, die Berge, den Wald.
7. Wir gehen _____ ins Museum, aber nie montags.

Nomen

A *Ersetzen Sie, bitte!*

Wo ist denn | der Kellner?
            | der Dirigent?
            | die Weinstube?
            | das Klavier?
            | das Konzert?

B *Beantworten Sie die Fragen, bitte!*

War der Applaus gross?
Heisst der Berg die Zugspitze?
Ist der Stuhl kaputt?
Sprach der Kellner Deutsch?
Ist die Natur nicht schön?
War die Weinstube gemütlich?

War das Publikum nett?
Ist das Klavier alt?
War das Konzert gut?
Ist das Ei roh?

C *Ersetzen Sie, bitte!*

Die | Konzerte
    | Dirigenten
    | Weinstuben | interessieren uns.
    | Tragödien
    | Noten

D *Beantworten Sie die Fragen, bitte!*

Sind die Berge auch schön?
Waren die Kellner gut?
Sind die Weinstuben voll?
Sind die Konzerte immer interessant?
Sind die Eier frisch?

Wien

Grammatik

The nouns presented in this lesson for active use are:

Singular	Plural
der Applaus	
der Berg	die Berge
der Stuhl	die Stühle
der Kellner	die Kellner
die Kellnerin	die Kellnerinnen
der Dirigent	die Dirigenten
die Dirigentin	die Dirigentinnen
die Natur	
die Note	die Noten
die Weinstube	die Weinstuben
die Schulter	die Schultern
die Tragödie	die Tragödien
das Publikam	
das Notenblatt	die Notenblätter
das Ei	die Eier
das Klavier	die Klaviere
das Haar	die Haare
das Konzert	die Konzerte

Ein Notenblatt

Lesestück

Portrait eines Mannes

Heute würde man ihn hässlich nennen—klein mit breiten Schultern und einem grossen Kopf, von dem schwarzes Haar fiel. Seine Finger waren kurz und haarig.

    Dreissig Jahre lebte er in Wien. In diesen 30 Jahren zog er 64mal um. Meistens lebte er allein.

    Seine Zimmer waren nie sauber, obwohl er einen Diener oder eine Haushälterin hatte. In einem Zimmer war immer das Klavier—darauf Berge von Notenblättern und darunter ein Nachttopf. Im Zimmer waren auch Stühle, mit seinen Hosen und Jacken oder mit schmutzigen Tellern beladen.

    Manchmal kochte er für sich selbst, aber oft ging er abends in Weinstuben und Gasthäuser. Jeden Donnerstag ass er eine dicke Brotsuppe mit zehn rohen Eiern. Und wehe, wenn ein Kellner in einer Gastwirtschaft nicht das Richtige brachte! Er nahm dann den Teller und warf ihn zurück. Aber alle lachten dann—die anderen Gäste, der Kellner und auch er.

breit *broad*

umziehen *to move*

der Diener *male servant*
die Haushälterin *housekeeper*
der Nachttopf *chamber pot*
beladen *loaded*

werfen *to throw*

Er schrieb viele Briefe in seinem Leben. Sechshundert kann man heute noch lesen. Briefe an Banken, an Freunde, an seine Brüder, an Frauen. Und jeden Tag schrieb er Noten. Er hatte immer wieder neue Ideen. Sein Gedächtnis muss phänomenal gewesen sein, denn er arbeitete eine Idee ganz in seinem Kopf aus, bevor er sie dann niederschrieb. Und das würde manchmal Jahre dauern. Die Idee für die neunte Symphonie, zum Beispiel, hatte er jahrelang im Kopf.

das Gedächtnis memory

Er schrieb Briefe. Er schrieb Noten. Er improvisierte zu Hause auf dem Klavier. Er gab Konzerte. Er dirigierte. Er verkaufte seine Sonaten, Trios, Quartetten, Konzertstücke, Symphonien. Er suchte neue Wohnungen. Er verliebte sich. Er entfremdete alte Freunde. Er war in Rage. Er war deprimiert und einsam.

sich verlieben to fall in love

Als er einmal mit einem Schüler spazieren ging, fragte der Schüler ihn, ob er nicht das schöne Flötenspielen eines Schäfers hörte. Er antwortete „nein" und wurde furchtbar deprimiert. Das war die wirkliche Tragödie seines Lebens. Er war nur 30 Jahre alt.

der Schäfer shepherd
deprimiert depressed

1823 war Beethovens Neunte Symphonie fertig. Es ist die Musik des Triumphes. Es wäre eine Musik für Götter. Er war dabei, bei der Erstaufführung der Neunten. Er stand neben dem Dirigenten, mit seinem Rücken zum Publikum. Der Applaus war ohrenbetäubend. Beethoven hörte natürlich nichts. Er war taub. Eine der Sängerinnen nahm ihn bei der Hand und drehte ihn um. Er sollte sehen, was er nicht hören konnte. Wenn er nur hören könnte!

umdrehen to turn around

Vier Jahre später war er tot, im Alter von 57 Jahren.

Fragen

1. Wie sah dieser Mann aus?
2. Lebte er meistens allein?
3. Wieviele Jahre lebte er in Wien?
4. Waren seine Zimmer sauber?
5. Was lag auf dem Klavier?
6. Was lag auf den Stühlen?
7. Wohin ging er abends oft?
8. An wen schrieb er viele Briefe?
9. Was schrieb er jeden Tag?
10. Was war phänomenal?
11. Was machte er mit seinen Sonaten, Trios usw.?
12. Wer war der Mann, von dem wir hier sprechen?
13. Konnte er seine letzte Symphonie hören?

Struktur

Der Konditional

A *Wiederholen Sie, bitte!*

Würden Sie mir helfen?
Würden Sie das auf englisch sagen?
Würdest du lauter sprechen?
Würdest du mir schreiben?

B *Folgen Sie dem Beispiel, bitte!*

    Sprechen Sie Deutsch!→
    Würden Sie Deutsch sprechen?

Zeigen Sie uns die Stadt!
Leihen Sie uns zehn Mark!
Geben Sie mir das!
Erklären Sie mir das!
Zeigen Sie mir das!

C *Wiederholen Sie, bitte!*

Ich würde das nicht sagen.
Wir würden auch kommen.
Würdest du mitkommen?
Würdet ihr warten?
Hans-Werner würde bezahlen.
Die Eltern würden lachen.

D *Beantworten Sie die Fragen, bitte!*

Würdest du eine Stunde warten?
Würdest du heute etwas Gutes kochen?
Würdet ihr fragen?
Würdet ihr im Sommer arbeiten?
Würde Marianne in Heidelberg oder in
    München studieren?
Würde Karl-Heinz sie besuchen?
Würden viele Touristen in München
    herumlaufen?
Würden deine Eltern ein Klavier kaufen?

E *Folgen Sie dem Beispiel, bitte!*

    Opa hilft nicht.→
    Wenn Opa doch nur helfen würde!

Oma kommt nicht.
Wir lernen es nicht.
Er hört es nicht.
Sie glaubt uns nicht.
Klaus versteht das nicht.
Ihr kennt die Musik nicht.

Beethovens Geburtshaus, Bonn

Grammatik

The conditional is used in German, as in English, to express what one would do but cannot because of some interfering reason.

Ich würde nach Deutschland fliegen. (Aber ich habe kein Geld.)

The conditional is formed by using the past tense of the verb *werden* with an umlaut plus an infinitive. Study these forms:

Ich würde mitspielen. Wir würden schlafen.
Du würdest mitgehen. Ihr würdet zu Hause bleiben.
Er würde netter sein. Sie würden herumlaufen.
Sie würde kein Geld haben.
Es würde schön sein.

The conditional is also used

1. to express a polite request:

Würden Sie mir helfen? *Would you help me?*

2. to express a wish:

Wenn sie doch nur bezahlen würde! *If only she would pay!*

Note that this construction is almost always accompanied by *doch, nur,* or *doch nur.*

Der Konjunktiv

Präsens

A *Wiederholen Sie, bitte!*

Wenn du doch nur mitkommen würdest!
Wenn du doch nur mitkämest!

Wenn ihr doch nur schlauer sein würdet!
Wenn ihr doch nur schlauer wäret!

B *Ersetzen Sie, bitte!*

Wenn er es doch nur | schriebe!
                    | wüsste!
                    | bekäme!
                    | äße!
                    | hätte!

Wenn sie doch nur | spielte!
                  | hörte!
                  | fragte!
                  | arbeitete!
                  | lernte!

C *Folgen Sie dem Beispiel, bitte!*

    Wenn Onkel Karl doch nur mitkommen würde!→
    Wenn Onkel Karl doch nur mitkäme!

Wenn du doch nur Klavier spielen würdest!
Wenn ich doch nur fünf Mark bekommen würde!
Wenn wir doch nur ins Konzert gehen würden!
Wenn er doch nur die Noten lesen würde!
Wenn sie doch nur ein paar Stunden bleiben würde!
Wenn es doch nur nicht so viel regnen würde!
Wenn wir doch nur in der Gastwirtschaft essen würden!
Wenn ihr mir doch nur eine Ansichtskarte schicken würdet!
Wenn Peter doch nur Deutsch lernen würde!
Wenn Erika doch nur pauken würde!

Grammatik

The indicative mood of a verb expresses facts or reality. Until page 271, only the indicative forms of verbs were used.

    Wir sprechen Deutsch.
    Wir waren auch da.
    Wir sind nach Deutschland geflogen.
    Wir werden es lernen.

The subjunctive mood of a verb expresses the idea of probability, of unreality, rather than of facts.
    The forms of the present subjunctive of weak verbs in German are the same as the simple past indicative forms.

Simple past indicative	Present subjunctive
ich lernte	lernte
du lerntest	lerntest
er, sie, es lernte	lernte
wir lernten	lernten
ihr lerntet	lerntet
sie, Sie lernten	lernten

Since there is no difference between the simple past indicative and the present subjunctive of weak verbs, the conditional is often substituted.

    Wenn du doch nur fragtest!
    Wenn du doch nur fragen würdest!

The present subjunctive of strong verbs is formed by using the simple past indicative and adding the endings -e, -est, -e, -en, -et, -en.

	bleiben	**gehen**
ich	bliebe	ginge
du	bliebest	gingest
er, sie, es	bliebe	ginge
wir	blieben	gingen
ihr	bliebet	ginget
sie, Sie	blieben	gingen

Verbs with an a, o, or u in the simple past have an umlaut in the present subjunctive.

	sein	**haben**
ich	wäre	hätte
du	wärest	hättest
er, sie, es	wäre	hätte
wir	wären	hätten
ihr	wäret	hättet
sie, Sie	wären	hätten

The forms of many of the strong verbs (especially those with ä, ö, or ü) sound too old-fashioned to German speakers. The conditional is therefore often substituted for these verbs.

Wenn er doch nur lesen würde!   (Wenn er doch nur läse!)
Wenn er doch nur fliegen würde! (Wenn er doch nur flöge!)
Wenn er doch nur fahren würde!   (Wenn er doch nur führe!)

Below is a chart of the irregular verbs used in this course. A star indicates those forms which are commonly replaced by the conditional (*würde*) form.

Infinitive	Simple past	Subjunctive
haben	hatte	hätte
sein	war	wäre
bringen	brachte	brächte*
finden	fand	fände*
trinken	trank	tränke*
beginnen	begann	begänne*
schwimmen	schwamm	schwämme*
sehen	sah	sähe*
lesen	las	läse*
essen	ass	ässe*
fressen	frass	frässe*
geben	gab	gäbe*
sitzen	sass	sässe*
liegen	lag	läge*
sprechen	sprach	spräche*
treffen	traf	träfe*
nehmen	nahm	nähme*
kommen	kam	käme
bekommen	bekam	bekäme
fliegen	flog	flöge*
wiegen	wog	wöge*
anziehen	zog an	zöge an*
können	konnte	könnte
dürfen	durfte	dürfte
müssen	musste	müsste
fahren	fuhr	führe*
werden	wurde	würde
helfen	half	hülfe*
stehen	stand	stünde*
verstehen	verstand	verstünde*
wissen	wusste	wüsste
waschen	wusch	wüsche*
einsteigen	stieg ein	stiege ein*
bleiben	blieb	bliebe
scheinen	schien	schiene
leihen	lieh	liehe
schreiben	schrieb	schriebe
heissen	hiess	hiesse
schlafen	schlief	schliefe
laufen	lief	liefe
kennen	kannte	kennte*

Der Konjunktiv mit *wenn*

A *Wiederholen Sie, bitte!*

Wenn ich Zeit habe, besuche ich dich.
Wenn ich Zeit hätte, würde ich dich besuchen.
Wenn ich Zeit hätte, besuchte ich dich.

Wenn ich krank bin, gehe ich nicht mit.
Wenn ich krank wäre, würde ich nicht mitgehen.
Wenn ich krank wäre, ginge ich nicht mit.

B *Folgen Sie dem Beispiel, bitte!*

Er hört den Applaus nicht. Er ist nicht glücklich. →
Wenn er den Applaus hörte, wäre er glücklich.

Ingrid ist nicht nett. Sie spielt nicht mit uns Tennis.
Du hast kein Geld. Wir können nicht ins Café gehen.
Viktor geht nicht mit. Ich komme nicht.
Ich weiss das nicht. Ich bin nicht glücklich.
Ihr seid nicht hier. Ihr dürft nicht mitkommen.
Karla hat keine Hausarbeiten. Sie muss nicht zu Hause bleiben.
Sie machen keine Ferien. Sie besuchen Wyk auf Föhr nicht.

„... Er war in Rage. Er war deprimiert und einsam."

Grammatik

If the *wenn* clause contains verbs in the indicative, then what is said is a statement of fact. If the *wenn* clause contains the subjunctive (and/or the conditional), then what is said is a statement contrary to fact, i.e., a wish.

Note that the clause introduced by *wenn* takes transposed word order. If the *wenn* clause begins the sentence, the main clause takes inverted word order.

> Ich hätte einen besseren Noten-Durchschnitt, wenn ich mehr pauken würde.
> Wenn ich mehr pauken würde, hätte ich einen besseren Noten-Durchschnitt.

Uses of the subjunctive

The subjunctive is used to express a wish.

> Wenn er doch nur käme!
> (Wenn er doch nur kommen würde!)

The subjunctive is used after *als ob,* which is equivalent to the English "as if."

> Sie sieht aus, als ob sie todmüde wäre.

The subjunctive is also used to make a question sound more polite.

> Könnten Sie mir sagen, wo . . .
> Würden Sie mir sagen, wo . . .
> Hättest du vielleicht eine Mark?

Persönliches

1. Kennst du Beethovens Musik?
2. Hast du sie gern?
3. Würdest du eine von Beethovens Symphonien auf deine „Insel" mitnehmen (wenn du auf einer Insel leben müsstest)?
4. Welche Schallplatten würdest du mitnehmen?
5. Gehst du manchmal zu einem Konzert?

Übungen zum Schreiben

A Ergänzen Sie mit einem passenden Wort!

1. Haben Sie den _____ gehört?
2. Uta spielt jeden Tag zwei Stunden _____.
3. Uta hat viele _____.
4. *Hamlet* ist eine _____.

Bonn

B *Ergänzen Sie mit den passenden Artikeln!*

1. _____ Natur ist herrlich.
2. _____ Publikum war sehr freundlich.
3. _____ Kellner kam schnell.
4. _____ Schulter tut weh.
5. _____ Notenblatt liegt auf dem Klavier.
6. _____ Weinstube ist wirklich gemütlich.
7. _____ Berg heisst die Zugspitze.

C *Schreiben Sie die Sätze im Plural!*

1. Die Tragödie war interessant.
2. Der Kellner ist nicht freundlich.
3. Das Klavier ist furchtbar teuer.
4. Der Dirigent war deutsch.
5. Der Berg ist hoch.

D *Folgen Sie dem Beispiel!*

Fragt er sie?→
Nein, er würde sie nicht fragen.

1. Geht Werner zum Zahnarzt?
2. Lacht ihr darüber?
3. Gehen Sie nach dem Essen spazieren?
4. Paukst du jeden Tag?
5. Gehen sie ins Museum?
6. Arbeitet ihr nach der Schule?
7. Steht Ellen im Geschäft Schlange?

E *Folgen Sie dem Beispiel!*

Onkel Karl geht nicht mit.→
Wenn Onkel Karl doch nur mitgehen würde!
Wenn Onkel Karl doch nur mitginge!

1. Dietmar schreibt uns nicht.
2. Du bist heute nicht freundlich.
3. Ihr bezahlt das Mittagessen nicht.
4. Herr Fuhrmann kommt nicht mit.
5. Du läufst keine fünf Kilometer.
6. Wir lernen Französisch nicht.

F Ergänzen Sie die Sätze mit dem Konjunktiv!

1. Wenn Viktor doch nur nicht so faul _____! *sein*
2. Wenn Marion doch nur Zeit _____! *haben*
3. Wenn ich doch nur nicht krank _____! *werden*
4. Wenn Oma und Opa doch nur _____! *kommen*
5. Wenn ihr doch nur die Symphonien _____! *hören*
6. Wenn wir doch nur besser Klavier _____! *spielen*
7. Wenn Edward doch nur nicht alles _____! *wissen*
8. Wenn Ingrid doch nur _____! *bleiben*
9. Wenn Sie doch nur den Wagen _____! *kaufen*
10. Wenn die Sonne doch nur _____! *scheinen*

G Schreiben Sie die Sätze von Übung F im Konditional!

H Folgen Sie dem Beispiel!

> Ins Café gehen? →
> Wenn ich doch nur ins Café gehen könnte!
> Wenn ich doch nur ins Café gehen dürfte!

1. In Europa herumfahren?
2. Ski fahren?
3. Geld verdienen?
4. Euch besuchen?
5. Schallplatten kaufen?
6. Klavier spielen?

I Folgen Sie dem Beispiel!

> Wenn Thomas Deutsch spräche, studierte er an der Universität in München. →
> Wenn Thomas Deutsch spräche, würde er an der Universität in München studieren.

1. Wenn wir ein grosses Haus hätten, wären wir sehr glücklich.
2. Wenn du die Musik hörtest, fändest du sie wunderbar.
3. Wenn der Dirigent besser wäre, gäbe das Publikum mehr Applaus.
4. Wenn sie Medizin studierte, ginge sie nicht nach Deutschland.
5. Wenn die Stadt ein Einkaufszentrum hätte, kauften wir da immer ein.
6. Wenn ich Geld hätte, bestellte ich mir morgen ein Motorrad.

Zum Schreiben

A Suchen Sie fünf oder mehr Adjektive, Nomen usw., mit denen Sie Beethoven beschreiben können!

B Spielen Sie eine von Beethovens Symphonien auf dem Stereo! Gefällt Ihnen diese Musik? Warum? Warum nicht?

Aufgabe 18

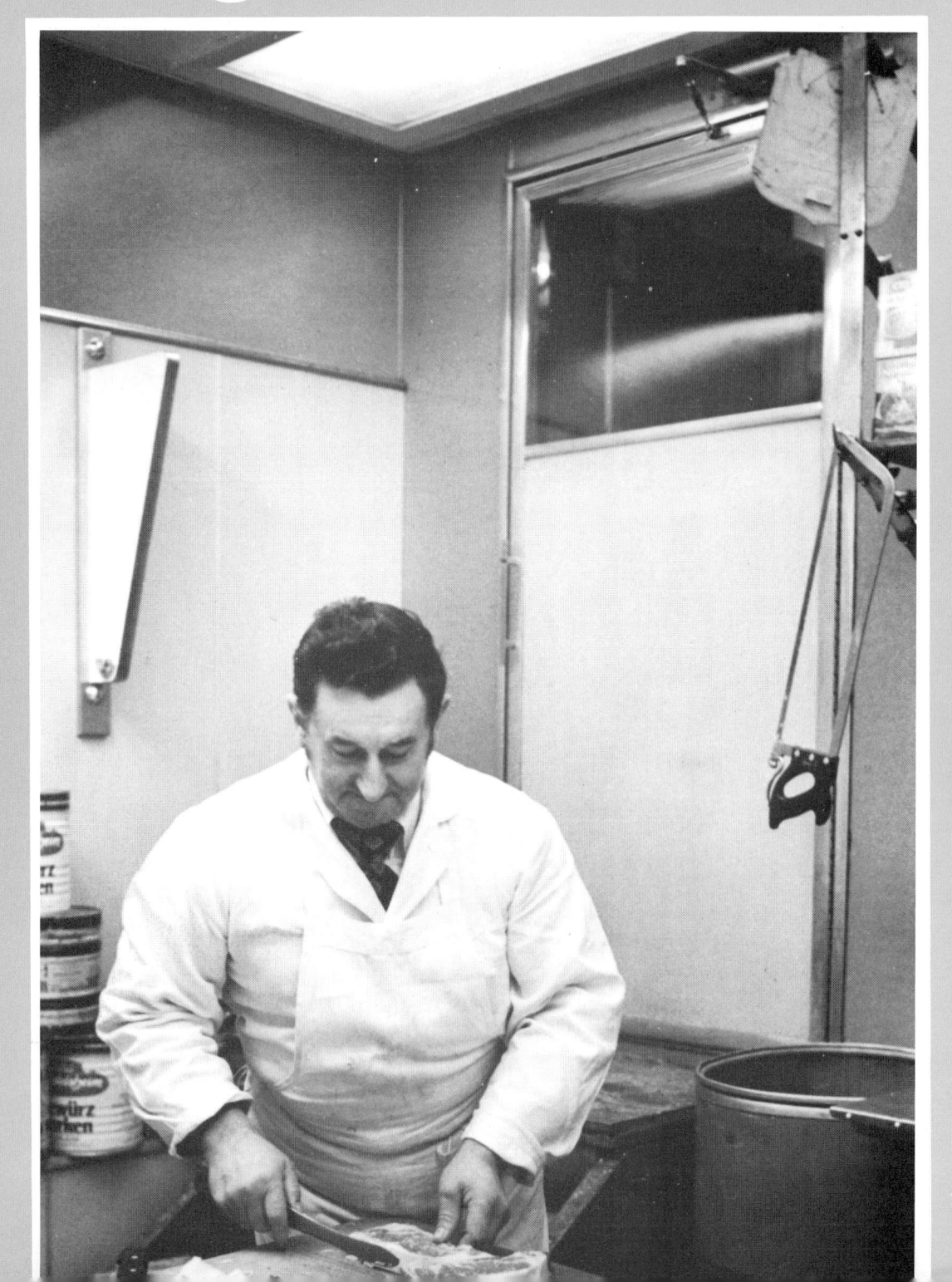

Vokabeln

1 Der Junge steht vor dem Schlachter.
Er sieht aus, als ob er Hunger hätte.
Seine Mutter sagt, dass sie jetzt in den
Laden gingen.

2 Da hängen Leberwürste und Salamis.
Hackfleisch ist heute günstig.

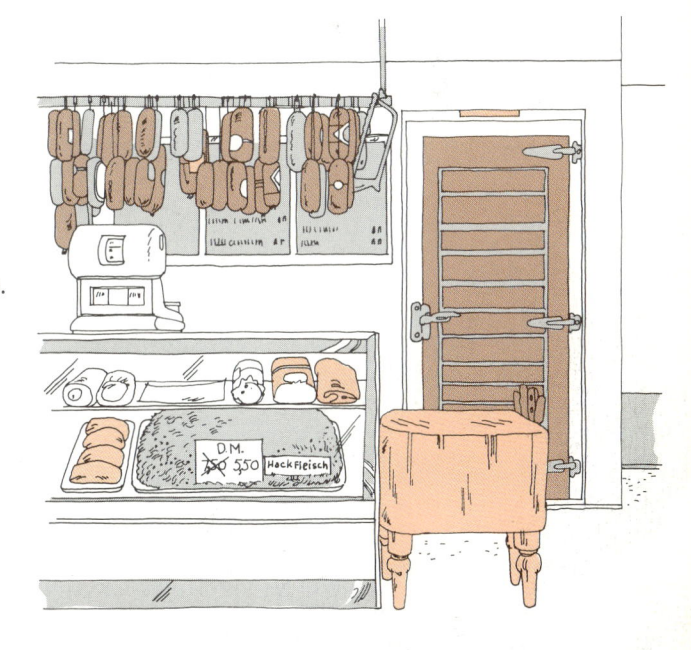

3 Der junge Mann macht einen Schmorbraten.
Er brät den Schmorbraten gut an.
Er kocht auch Petersilienkartoffeln und grüne Bohnen.

■ **schier** nicht gemischt, pur
das Rindfleisch Fleisch von einer Kuh

■ die Blutwurst
das Tatar

Übungen

A *Beantworten Sie die Fragen, bitte!*

1. Wo steht der Junge?
2. Wie sieht der Junge aus?
3. Was hängt in dem Laden?
4. Was ist heute günstig?
5. Was macht der junge Mann mit dem Schmorbraten?

B *Ergänzen Sie, bitte!*

1. Die Amerikaner essen gern _____.
2. _____ ist rohes Rindfleisch.
3. Eine Wurst aus Blut gemacht ist _____.
4. Was nicht gemischt ist, ist _____.

Nomen

A   *Ersetzen Sie, bitte!*

Ist | der Laden
der Schlachter
der Schmorbraten
die Kartoffel
das Hackfleisch | gut?

B   *Beantworten Sie die Fragen, bitte!*

Ist der Laden in der Hauptstrasse?
Ist der Schlachter deutsch?
Schmeckt der Schmorbraten?
Ist die Kartoffel gut?
Ist die Blutwurst frisch?
Ist die Bohne grün?
Ist das Hackfleisch schier?
Ist das Rindfleisch teuer?

C   *Beantworten Sie die Fragen, bitte!*

Sind die Läden voll?
Sind die Schlachter deutsch?
Kosten die Kartoffeln viel?
Schmecken die Bohnen?

Der junge Mann will einen Schmorbraten machen.

Grammatik

The nouns presented in this lesson for active use are:

Singular	**Plural**
der Laden	die Läden
der Schlachter	die Schlachter
die Schlachterin	die Schlachterinnen
der Schmorbraten	die Schmorbraten
die Blutwurst	die Blutwürste
die Kartoffel	die Kartoffeln
die Bohne	die Bohnen
das Hackfleisch	
das Rindfleisch	

Gespräch

Schlachter Nielsen in Hamburg

Samstagmorgen um neun Uhr	
Frau Nielsen	Guten Morgen, Frau Brüggemann. Heute sind Sie aber früh da.
Frau Brüggemann	Guten Morgen, Frau Nielsen. Ich wäre ja schon gestern nachmittag gekommen, wenn wir keinen Besuch bekommen hätten. Das Haus ist voll. Ich muss heute viel einkaufen . . . Was gibt's denn im Angebot?

das Angebot *special buy*

Frau Nielsen	Machen Sie doch einen Schmorbraten! Rindfleisch vom Schwanzstück ist jetzt besonders günstig.	das Schwanzstück *piece from tail end*
Frau Brüggemann	Gute Idee. Geben Sie mir genug für acht Personen, bitte! Ja, was passt denn dazu?	dazu passen *to go with*
Frau Nielsen	Ganz einfach. Ich würde Petersilienkartoffeln und grüne Bohnen dazu machen. Sie müssen aber den Braten gut anbraten. Das ist wichtig. Darf es sonst noch etwas sein?	
Frau Brüggemann	Ja, ich brauche Aufschnitt. Ich hätte gern ein Pfund gemischt: Blutwurst, Schinkenwurst, Jagdwurst usw. Und dann auch eine kleine Leberwurst, ein halbes Pfund Salami und ein halbes Pfund geräucherten Schinken. Was könnte ich denn noch nehmen?	die Jagdwurst *sausage made with beef and raw bacon* geräuchert *smoked*
Frau Nielsen	Hackfleisch ist auch günstig. Möchten Sie schieres oder gemischtes Hackfleisch?	
Frau Brüggemann	Ich will Tatar machen. Also würde ich schieres Hackfleisch brauchen. Ich glaube, das wäre dann alles.	
Frau Nielsen	Ich danke Ihnen. Auf Wiedersehen, Frau Brüggemann.	
Frau Brüggemann	Auf Wiedersehen!	

Fragen

1. Was hat Frau Brüggemann bekommen?
2. Welches Fleisch ist günstig?
3. Wieviel Fleisch braucht Frau Brüggemann?
4. Was passt zu dem Braten?
5. Welchen Aufschnitt kauft Frau Brüggemann?
6. Kauft sie schieres oder gemischtes Hackfleisch?
7. Was macht Frau Brüggemann damit?

Die Frauen kaufen Aufschnitt.

Struktur

Mehr über den Konjunktiv

A *Ersetzen Sie, bitte!*

Wenn du doch nur | gepaukt / gekocht / gespart / fotografiert / geschrieben | hättest!

Wenn ihr doch nur | gegessen / getrunken / bezahlt / gelacht / gewartet | hättet!

Wenn Susanne doch nur | mitgefahren / gegangen / eingestiegen | wäre!

Wenn die beiden doch nur | aufgestanden / geblieben / abgefahren | wären!

B *Folgen Sie dem Beispiel, bitte!*

    Sie haben kein Deutsch gesprochen.→
    Wenn sie doch nur Deutsch gesprochen hätten!

Mutti hat nicht gut gekocht.
Ich habe nicht gepaukt.
Wir haben die Musik nicht gehört.
Werner hat nicht viel Geld verdient.
Wir haben uns keinen Kuchen ausgesucht.
Das Eis hat nicht gut geschmeckt.
Der Kellner hat uns nicht schnell bedient.

C *Folgen Sie dem Beispiel, bitte!*

    Klaus ist nicht mitgefahren.→
    Wenn Klaus doch nur mitgefahren wäre!

Du bist nicht um ein Uhr zurückgekommen.
Wir sind nicht zu Fuss gegangen.
Jürgen ist nicht in München herumgelaufen.
Der Zug ist nicht um 16 Uhr abgefahren.
Oma ist nicht in Hamburg ausgestiegen.
Der Ober ist nicht freundlich gewesen.
Der Onkel und die Tante sind nicht in Spanien geblieben.

Grammatik

The past subjunctive is formed with the present subjunctive of *haben* or *sein* plus the past participle.

	lernen	**gehen**
ich	hätte gelernt	wäre gegangen
du	hättest gelernt	wärest gegangen
er, sie, es	hätte gelernt	wäre gegangen
wir	hätten gelernt	wären gegangen
ihr	hättet gelernt	wäret gegangen
sie, Sie	hätten gelernt	wären gegangen

The subjunctive, again, expresses unreality and wishes. It expresses that which is imagined, wanted, or not real. The past subjunctive refers to the past.

    Wenn sie doch nur Deutsch gesprochen hätten!
    If they only had spoken German.
    Wenn sie doch nur nach Deutschland geflogen wären!
    If only they had flown to Germany.

Remember that for the past subjunctive you must know the appropriate subjunctive forms of *sein* and *haben* plus the past participle, which never changes. Note again the common use of *doch* and *nur*.

Der Konjunktiv mit *wenn*

A   *Wiederholen Sie, bitte!*

Wenn ich Zeit habe, besuche ich dich.
Wenn ich Zeit hätte, würde ich dich besuchen.
Wenn ich Zeit gehabt hätte, hätte ich dich besucht.

Wenn ich Zeit habe, gehe ich mit.
Wenn ich Zeit hätte, würde ich mitgehen.
Wenn ich Zeit gehabt hätte, wäre ich mitgegangen.

B   *Folgen Sie dem Beispiel, bitte!*

  Wir haben kein Geld gehabt. Wir sind nicht nach Spanien geflogen. →
  Wenn wir Geld gehabt hätten, wären wir nach Spanien geflogen.

Mutti hat kein Hackfleisch gebraucht. Ich bin nicht zum Schlachter gegangen.
Die Flurfeste sind nicht schön gewesen. Wir sind nicht gegangen.
Es ist nicht billig gewesen. Sie haben da nicht gegessen.
Der Käse ist nicht frisch gewesen. Wolfgang hat ihn nicht bestellt.
Ich habe keinen Appetit auf Suppe gehabt. Ich habe sie mir nicht gekocht.
Der Kellner hat das Trinkgeld nicht gefunden. Er ist nicht glücklich gewesen.
Die Universität ist nicht in Wolfenbüttel gewesen. Carsten hat sie nicht besucht.
Die Fussgängerzone ist nicht modern gewesen. Wir haben nicht viel eingekauft.
Ich habe keine Zahnschmerzen gehabt. Ich bin nicht zum Zahnarzt gegangen.
Wir haben keine Panne gehabt. Ich habe nicht geweint.

Sie geht zum Schlachter.

Grammatik

Study the following *wenn* clauses.

indicative plus indicative:

> Wenn ich Geld habe, kaufe ich Blumen.
> *When I have money, I'll buy flowers.*

present subjunctive plus conditional:

> Wenn ich Geld hätte, würde ich Blumen kaufen.
> *If I had money, I would buy flowers.*

present subjunctive plus present subjunctive:

> Wenn ich Geld hätte, kaufte ich Blumen.
> *If I had money, I would buy flowers.*

past subjunctive plus past subjunctive:

> Wenn ich Geld gehabt hätte, hätte ich Blumen gekauft.
> *If I had had money, I would have bought flowers.*

Als ob ("as if") can also be used with the past subjunctive.

> Er sah aus, als ob er krank wäre.   *He looked as if he were sick.*
> Er sah aus, als ob er krank gewesen wäre.   *He looked as if he had been sick.*

Der Konjuktiv bei der indirekten Rede

A *Wiederholen Sie, bitte!*

Inge fragt: „Kommst du morgen?"
Inge fragte: „Kommst du morgen?"
Inge fragt, ob ich morgen käme.
Inge fragte, ob ich morgen käme.

Dieter hat gesagt, dass er | fahren / lesen / studieren / arbeiten | würde.

B *Ersetzen Sie, bitte!*

Inge hat gefragt, warum Peter nicht | ginge. / bliebe. / schriebe. / schliefe.

Mutti sagt immer, dass wir viel Sport treiben | sollten. / könnten. / müssten. / dürften.

293

C *Folgen Sie dem Beispiel, bitte!*

> Dieter fragte: „Warum fahren sie?" →
> Dieter fragte, warum sie fahren würden.

Sie sagte: „Ich studiere in München."
Oma sagte: „Ich miete mir einen Strandkorb."
Ellen fragte: „Wann feiern wir Geburtstag?"
Wir fragten: „Wann fliegen sie wieder nach Ibiza?"
Jörg sagte: „Ich bringe meinen Trainingsanzug mit."
Susanne sagte: „Im Sommer lese ich viel."

D *Folgen Sie dem Beispiel, bitte!*

> Wir müssen um acht Uhr abfahren. →
> Sie sagten, dass wir um acht Uhr abfahren müssten.

Wir haben wirklich keine Zeit.
Wir sind um 18 Uhr da.
Wir sollen auch mitfahren.
Wir können auch nach Spanien fliegen.
Wir dürfen heute auch in der Gastwirtschaft essen.
Wir gehen auch ins Einkaufszentrum.

E *Wiederholen Sie, bitte!*

Gisela sagte: „Ich hörte das."
Gisela sagte: „Ich habe das gehört."
Gisela sagte, dass sie das gehört hätte.

F *Ersetzen Sie, bitte!*

Er sagte, dass sie nicht	gekommen / gefahren / geflogen / mitgegangen	wären.

Sie fragte, ob wir Peter	gesehen / besucht / verstanden / mitgenommen	hätten.

G *Folgen Sie dem Beispiel, bitte!*

> Thomas sagte: „Ich habe das nicht gelernt." →
> Thomas sagte, dass er das nicht gelernt hätte.

Vati sagte: „Ich habe die Petersilienkartoffeln nicht gekocht."
Katarina sagte: „Ich habe die Fünfte Symphonie sehr gern gehabt."
Hans-Peter sagte: „Ich bin um elf Uhr ins Einkaufszentrum gefahren."
Edward sagte: „Ich bin zum Schlachter gegangen."
Sie sagten: „Wir haben viel gelacht."
Sie sagten: „Wir haben schon bezahlt."
Gabi sagte: „Ich habe mich sehr gefreut."
Dietmar sagte: „Ich habe hundert Mark gespart."
Sie sagten: „Wir sind vier Wochen in Deutschland gewesen."
Sie sagten: „Wir sind dick geworden."

Grammatik

When a speaker reports what someone says and doesn't use quotation marks (*i.e.,* she said she got the job), the subjunctive is used.

Ingrid sagt (sagte): „Karl ist krank."
Ingrid sagt, dass Karl krank wäre.

Ingrid sagte: „Karl war krank."
Ingrid sagte: „Karl ist krank gewesen."
Ingrid sagte, dass Karl krank gewesen wäre.

If the statement in direct discourse is in the present, the present subjunctive is used. If the statement in direct discourse is either in the conversational or simple past, the past subjunctive is used in the dependent clause.

The modal auxiliary verbs take an umlaut in the present subjunctive (except *wollen* and *sollen*). Study the following.

	dürfen	**wollen**
ich	dürfte	wollte
du	dürftest	wolltest
er, sie, es	dürfte	wollte
wir	dürften	wollten
ihr	dürftet	wolltet
sie, Sie	dürften	wollten

Wenn du doch nur kommen dürftest!
Er fragte mich, ob ich kommen wollte.

Zur Wortbildung

Nomen mit *-heit* and *-ung*

A *Wiederholen Sie, bitte!*

Sie waren krank.
Die Krankheit war furchtbar.

Sie wandern gern.
Die Wanderung war schön.

B *Folgen Sie dem Beispiel, bitte!*

gesund→
die Gesundheit
bedienen→
die Bedienung

schön	vorlesen
sicher	zusammenfassen
frei	überraschen
dumm	verletzen
üben	behandeln

Grammatik

Certain nouns are formed from adjectives by adding the suffix *-heit*. Other nouns are formed from the stem of verbs plus the suffix *-ung*. These two types of nouns are always feminine.

Persönliches

1. Kauft ihr Fleisch und Aufschnitt in einem Supermarkt oder von einem Schlachter?
2. Belegst du deine Brote lieber mit Aufschnitt oder mit Käse?
3. Isst du belegtes Brot mit Messer und Gabel?
4. Glaubst du, dass deutscher Aufschnitt gut schmeckt?
5. Magst du lieber Hamburger oder Tatar?
6. Hast du schon einmal Tatar gegessen?
7. Isst du manchmal Wurst und Käse zum Frühstück?

Übungen zum Schreiben

A *Ergänzen Sie mit einem passenden Wort!*

1. Der Aufschnitt vom _____ ist sehr frisch.
2. Der _____ ist schön und sauber.
3. Wo hängen denn die _____?
4. Heute ist das Hackfleisch wirklich _____.
5. Morgen essen wir _____.
6. _____ und grüne Bohnen essen wir auch.

B *Ergänzen Sie mit den passenden Artikeln!*

1. _____ Kartoffel schmeckt nicht.
2. _____ Fleisch ist sehr teuer.
3. _____ Schmorbraten ist für Sonntag.
4. _____ Laden ist im Einkaufszentrum.
5. _____ Schlachter verkauft auch Salamis.

C *Schreiben Sie die Sätze im Plural!*

1. Die Bohne ist weiss, nicht grün.
2. Die Kartoffel ist mir zu alt.
3. Wo ist denn der Laden?
4. Der Schlachter verkauft alles.

D *Folgen Sie dem Beispiel!*

Tennis hat er nicht gespielt. →
Wenn er doch nur Tennis gespielt hätte!

1. Schmorbraten hat sie Sonntag nicht gemacht.
2. Tatar haben wir nicht gegessen.
3. Nach Bremen ist Klaus nicht gefahren.
4. Beethovens Sonaten hast du nicht gehört.
5. In Italien seid ihr nicht gewesen.
6. Faul seid ihr geworden.
7. Das Seminar hat er nicht besucht.

E *Folgen Sie dem Beispiel!*

Ich studiere an der Universität Heidelberg. →
Wenn ich Geld hätte, würde ich an der Universität Heidelberg studieren.
Wenn ich Geld hätte, studierte ich an der Universität Heidelberg.

1. Ich gehe auch ins Museum.
2. Ich kaufe mir einen BMW.
3. Ich bleibe hier.
4. Ich bestelle mir Eis.
5. Ich arbeite nicht.
6. Ich mache in Frankreich Ferien.

F *Folgen Sie dem Beispiel!*

Ihr lernt schnell Deutsch. →
Wenn ihr in Deutschland wäret, würdet ihr schnell Deutsch lernen.

1. Wir fahren auch nach Kiel.
2. Du trinkst Bier.
3. Ihr lest deutsche Zeitungen.
4. Sie gehen auch in die Museen.
5. Wir besuchen das Oktoberfest in München.
6. Sie kaufen auch beim Schlachter ein.
7. Wir gehen auch viel zu Fuss.
8. Du mietest auch einen Strandkorb.

G *Folgen Sie dem Beispiel!*

    Wir haben euch nicht besucht.→
    Wenn wir Zeit gehabt hätten, hätten wir euch besucht.

1. Wir haben nichts über Siegfried gelesen.
2. Wir haben nicht alle neun Symphonien gehört.
3. Wir haben keinen Schmorbraten gemacht.
4. Wir sind nicht nach Rom geflogen.
5. Wir sind nicht lange auf Föhr geblieben.
6. Wir sind nicht mitgefahren.
7. Wir sind nicht zum Kaffeeklatsch gegangen.
8. Wir haben den Öldruck nicht geprüft.

„Was gibt's denn im Angebot?"

H *Schreiben Sie die Sätze mit indirekter Rede!*

1. Oma sagte: „Ich habe keine Zeit."
2. Er fragte: „Wann seid ihr denn in Köln gewesen?"
3. Walter sagte: „Meine Freunde kaufen sich neue Luftmatratzen."
4. Sie fragten: „Seid ihr glücklich?"
5. Sie fragten: „Wo sind denn die Fachwerkhäuser?"
6. Er sagte: „Ich habe mir den Nachtisch schon bestellt."
7. Vati fragte: „Wo wollt ihr denn Ferien machen?"
8. Wir sagten: „Wir dürfen nicht mitkommen."
9. Er sagte: „Wo war denn die gemütliche Kneipe?"

Zum Sprechen

Sie planen ein deutsches Abendessen für ein paar Freunde. Besprechen Sie mit einem Freund (einer Freundin), was Sie beim Schlachter kaufen sollen! Spielen Sie das Gespräch vor!

Rätsel

Auf Der Uni

Rearrange the letters to form words. Then rearrange the letters on the colored line to find the key word.

SAMEN
SORPROFES
TUCHPAHAF
KUPANE
ÖFGAB
PIENKE
HANSTELVERTUGNARI

GUNRÜPF
MEYSST
TOBNETE
TONKATK
RÄTUNETSIVI
ZALFENILIN

Jeder Student sucht seine Kurse in diesem Buch.

__ __ __ __ __ __ __ __ __ __ __ __ __ __ __ __

300

Beim Schlachter

In the following crucigram there are 21 German words of 3 letters or more. On a sheet of paper write the letters of the crucigram. Then circle each word you can find. The words can go left to right, right to left, up down and down up. To help you, the words are listed below.

```
T S C H S C H L A C H T E R S T I S
U S A R B E I R T O C H S W B M N T
E T W S C H W A N Z S T Ü C K L E A
D S E L M Z I T A B I N O P R S T L
T R U V E H W A H N E T A R B R A E
S U M N T A R T S Ä L B C D F O R B
S W Ö R T C H P F E F G H X A U B E
A T L E R K N O N E D A L U V E R R
L U E H R F I K A A N G E B O T O W
A L U C N L G E B R I M I C H A M U
M B E U L E F F O T R A K L S C H R
I M T Ä R I E C H B D E W Z U H C S
J K E R M S U W N J A G D W U R S T
E R A L O C Ä S E S C H Ü C K L E N
I N S N E H C O K M E U L R E M M U
```

Deutsch
Ist
Nummer
Eins
Schlachter
Schwanzstück
Hackfleisch

Braten
Tatar
Angebot
Laden
Rindfleisch
Salami
Blutwurst

Räuchern
Kartoffel
Jagdwurst
Bohne
Kochen
Schmorbraten
Leberwurst

301

Numbers

0	null
1	eins
2	zwei
3	drei
4	vier
5	fünf
6	sechs
7	sieben
8	acht
9	neun
10	zehn
11	elf
12	zwölf
13	dreizehn
14	vierzehn
15	fünfzehn
16	sechzehn
17	siebzehn
18	achtzehn
19	neunzehn
20	zwanzig
21	einundzwanzig
22	zweiundzwanzig
23	dreiundzwanzig
24	vierundzwanzig
25	fünfundzwanzig
26	sechsundzwanzig
27	siebenundzwanzig
28	achtundzwanzig
29	neunundzwanzig
30	dreissig
31	einunddreissig
40	vierzig
50	fünfzig
60	sechzig
70	siebzig
80	achtzig
90	neunzig
100	hundert
101	hundertundeins, hunderteins
105	hundertfünf
116	hundertsechzehn
120	hundertzwanzig
125	hundertfünfundzwanzig
142	hundertzweiundvierzig
180	hundertachtzig
199	hundertneunundneunzig
200	zweihundert
250	zweihundertfünfzig
268	zweihundertachtundsechzig
300	dreihundert
400	vierhundert
500	fünfhundert
600	sechshundert
700	siebenhundert
800	achthundert
900	neunhundert
1000	tausend
1005	tausend (und) fünf
1020	tausend (und) zwanzig
1056	tausend (und) sechsundfünfzig
1270	tausend zweihundert siebzig
1972	tausend neunhundert zweiundsiebzig, neunzehnhundert zweiundsiebzig
2000	zwei tausend
10000	zehn tausend
20112	zwanzig tausend hundertundzwölf
100.000	hundert tausend
595.060	fünfhundertfünfundneunzig tausend (und) sechzig
1.000.000	eine Million
50.000.000	fünfzig Millionen
1.000.000.000	eine Milliarde

Time

1:00	Es ist ein Uhr.
	Es ist eins.
2:00	Es ist zwei Uhr.
3:00	Es ist drei Uhr.
4:00	Es ist vier Uhr.
5:00	Es ist fünf Uhr.
6:00	Es ist sechs Uhr.
7:00	Es ist sieben Uhr.
8:00	Es ist acht Uhr.
9:00	Es ist neun Uhr.
10:00	Es ist zehn Uhr.
11:00	Es ist elf Uhr.
12:00	Es ist zwölf Uhr.
1:15	Es ist Viertel zwei.
	Es ist Viertel nach eins.
	Es ist fünfzehn Minuten nach eins.
3:30	Es ist halb vier.
	Es ist drei Uhr dreissig.
5:45	Es ist drei Viertel sechs.
	Es ist Viertel vor sechs.
	Es ist fünfzehn Minuten vor sechs.
6:10	Es ist zehn Minuten nach sechs.
8:50	Es ist zehn Minuten vor neun.

Days

Montag
Dienstag
Mittwoch
Donnerstag
Freitag
Samstag (Sonnabend)
Sonntag

Months

Januar
Februar
März
April
Mai
Juni
Juli
August
September
Oktober
November
Dezember

Verbs

Below is a list of the common irregular verbs used throughout this text.

infinitive	present stem	imperfect	past participle	English
backen	bäckt	buk (backte)	gebacken	bake
beginnen		begann	begonnen	begin
bekommen		bekam	bekommen	get
bleiben		blieb	(ist) geblieben	remain
brennen		brannte	gebrannt	burn
bringen		brachte	gebracht	bring
denken		dachte	gedacht	think
enthalten	enthält	enthielt	enthalten	contain
erfahren	erfährt	erfuhr	erfahren	experience
essen	isst	ass	gegessen	eat
fahren	fährt	fuhr	(ist) gefahren	go, drive
fallen	fällt	fiel	(ist) gefallen	fall
finden		fand	gefunden	find
fliegen		flog	(ist) geflogen	fly
fressen	frisst	frass	gefressen	eat (of animals)
geben	gibt	gab	gegeben	give
haben	hat	hatte	gehabt	have
halten	hält	hielten	gehalten	hold, keep
hängen		hing	gehangen	hang
heissen		hiess	geheissen	be called
helfen	hilft	half	geholfen	help
kennen		kannte	gekannt	know
kommen		kam	(ist) gekommen	come
lassen	lässt	liess	gelassen	let, leave
laufen	läuft	lief	(ist) gelaufen	run
lesen	liest	las	gelesen	read
liegen		lag	gelegen	lie
nehmen	nimmt	nahm	genommen	take
nennen		nannte	genannt	name
reiten		ritt	(ist) geritten	ride
rennen		rannte	(ist) gerannt	run
riechen		roch	gerochen	smell
rufen		rief	gerufen	shout, call
scheinen		schien	geschienen	shine, seem

schlafen	schläft	schlief	geschlafen	sleep
schlagen	schlägt	schlug	geschlagen	beat
schliessen		schloss	geschlossen	close
schreiben		schrieb	geschrieben	write
schwimmen		schwamm	geschwommen	swim
sehen	sieht	sah	gesehen	see
sein	bin, bist, ist, sind, seid, sind	war	(ist) gewesen	be
singen		sang	gesungen	sing
sitzen		sass	gesessen	sit
sprechen	spricht	sprach	gesprochen	speak
stehen		stand	gestanden	stand
steigen		stieg	(ist) gestiegen	climb, rise
tragen	trägt	trug	getragen	wear, carry
treffen	trifft	traf	getroffen	meet
trinken		trank	getrunken	drink
verbringen		verbrachte	verbracht	spend (time)
vergessen	vergisst	vergass	vergessen	forget
versprechen	verspricht	versprach	versprochen	promise
verstehen		verstand	verstanden	understand
waschen	wäscht	wusch	gewaschen	wash
werden	wird	wurde	(ist) geworden	become
wissen	weiss	wusste	gewusst	know

Cases

Der words

	masculine	feminine	neuter	plural
nominative	der dieser	die diese	das dieses	die diese
genitive	des dieses	der dieser	des dieses	der dieser
dative	dem diesem	der dieser	dem diesem	den diesen
accusative	den diesen	die diese	das dieses	die diese

Ein words

	masculine	feminine	neuter	plural
nominative	ein mein	eine meine	ein mein	meine
genitive	eines meines	einer meiner	eines meines	meiner
dative	einem meinem	einer meiner	einem meinem	meinen
accusative	einen meinen	eine meine	ein mein	meine

Adjectives

	masculine	feminine	neuter	plural
nominative				
with *der* word	kleine	kleine	kleine	kleinen
with *ein* word	kleiner	kleine	kleines	kleinen
no modifier	frischer	frische	frisches	frische
genitive				
with *der* word	kleinen	kleinen	kleinen	kleinen
with *ein* word	kleinen	kleinen	kleinen	kleinen
dative				
with *der* word	kleinen	kleinen	kleinen	kleinen
with *ein* word	kleinen	kleinen	kleinen	kleinen
no modifier	frischem	frischer	frischem	frischen
accusative				
with *der* word	kleinen	kleine	kleine	kleinen
with *ein* word	kleinen	kleine	kleines	kleinen
no modifier	frischen	frische	frisches	frische

Pronouns

nominative	dative	accusative	reflexive dative	reflexive accusative
ich	mir	mich	mir	mich
du	dir	dich	dir	dich
er	ihm	ihn	sich	sich
sie	ihr	sie	sich	sich
es	ihm	es	sich	sich
wir	uns	uns	uns	uns
ihr	euch	euch	euch	euch
sie	ihnen	sie	sich	sich
Sie	Ihnen	Sie	sich	sich

305

Vocabulary

The number following each entry indicates the lesson in which the word first appeared.

A

der Abend, -e *evening* 9
das Abendessen, - *dinner* 6
abends *evenings* 4
das Abenteuer, - *adventure* 1
aber *but, however* 1
abfahren *to depart, to leave* 7
der Abfallkorb, ⸚e *wastepaper basket* 7
abgefahren *see* abfahren 18
abholen *to pick up, to call for* 7
das Abitur, - *final secondary school examination* 14
der Abiturient, -en *student who has passed the Abitur* 14
die Abiturientin, -nen *student who has passed the Abitur* 14
abkühlen *to cool off* 3
ablegen *to take (an exam)* 14
abnehmen *to take off (clothes)* 9
die Abschiedsfeier, -n *farewell celebration* 4
acht *eight* 4
das Adjektiv, -e *adjective* 3
die Adresse, -n *address* 8
der Advent *advent* 4
adverbial *adverbial* 12
der Akkusativ, -e *accusative case* 3
die Aktentasche, -n *briefcase* 2
aktiv *active* 6
akzeptieren *to accept* 10

der Alfa Romeo *an Italian car* 10
alle *all, every* 2
  wir alle *all of us* 2
allein *alone* 1
allergisch *allergic* 10
alles *everything* 1
als *as, when* 1; *than* 6
also *thus, well* 2
als ob *as if* 18
alt *old* 1
das Alter *age* 17
die Ambulanz, -en *ambulance* 4
das Amerika *America* 2
der Amerikaner, - *American* 7
die Amerikanerin, -nen *American* 4
amerikanisch *American* 3
an *at, on, near* 9
  am Nachmittag *in the afternoon* 9
analysieren *to analyze* 2
die Anatomie *anatomy* 14
anbraten *to sear, to fry* 18
ander- *other* 2
anders *different* 7
das Angebot, -e *offer* 18
angenehm *pleasant* 2
der Angestellte, -n *employee* 8
die Angestellte, -n *employee* 8
die Angst, ⸚e *fear* 1
  keine Angst *don't be afraid* 6
der Anhänger, - *trailer* 1
ankommen *to arrive* 2
der Anruf, -e *phone call* 9
anschauen *to look at* 7
anschnallen *to fasten* 3
die Ansichtskarte, -n *postcard* 4
anstatt *instead of* 9
anstellen *to employ* 8

antworten *to answer* 17
die Anweisung, -en *direction, instruction* 1
anziehen *to put on, to get dressed* 5
der Anzug, ⸚e *suit* 4
der Apfel, ⸚ *apple* 10
der Apfelsaft, ⸚e *apple juice* 15
der Appetit *appetite* 15
der Applaus *applause* 17
die Arbeit, -en *work, job* 8
arbeiten *to work* 1
arm *poor* 8
  arm sein *to be poor* 10
der Artikel, - *article* 1
die Arznei, -en *medicine, drug* 2
der Arzt, ⸚e *doctor* 2
die Ärztin, -nen *doctor* 2
das Aspirin, -s *aspirin* 11
ass *see* essen 2
der Assistant, -en *assistant* 12
die Assistentin, -nen *assistant* 12
der Assistenzarzt, ⸚e *intern* 14
die Assistenzärztin, -nen *intern* 14
der Athlet, -en *athlete* 5
die Athletin, -nen *athlete* 11
die Atmosphäre, -n *atmosphere* 8
auch *also* 1
auf *on, upon, to* 2
aufbauen *to build, to reconstruct* 5
aufführen *to act out* 3
die Aufgabe, -n *lesson, task* 1
aufgeben *to give up* 5
aufgestanden *see* aufstehen 18
aufmachen *to open* 12
der Aufsatz, ⸚e *essay, composition* 1

der Aufschnitt, -e *cold cuts* 3
aufstehen *to get up* 1
aufwecken *to waken* 1
das Auge, -n *eye* 7
der Augenblick, -e *moment* 9
aus *out of, from* 1
ausarbeiten *to work out* 17
der Ausdruck, ⸚e *expression* 12
ausgeben *to spend* 10
ausgehen *to go out* 1
aushelfen *to help out* 8
der Ausländer, - *foreigner* 2
die Ausländerin, -nen *foreigner* 2
aussehen *to appear, to look* 17
ausserhalb *outside of* 9
aussuchen *to select* 1
das Auto, -s *car* 1
die Autobahn, -en *highway, freeway* 3
das Autofahren *driving* 5
der Autofahrer, - *driver* 5
die Autofahrerin, -en *driver* 5
die Autokarte, -n *map* 3
die Autotour, -en *excursion, car trip* 13

B

das Baby, -s *baby* 1
der Bach, ⸚e *brook, stream* 1
backen *to bake* 14
der Backstein, -e *brick* 14
das Bad, ⸚er *bath* 8
baden *to bathe* 1
die Badewanne, -n *bathtub* 8
das Badezimmer, - *bathroom* 2
das Bafög (Bundesausbildungsförderungsgesetz) *financial aid for education* 16

die Bahn, -en *track* 4
der Ballon, -s *balloon* 6
die Bank, -en *bank* 10
die Batterie, -n *battery* 3
bauen *to build* 5
der Baum, ⸚e *tree* 3
der Baustil, -e *architectural style* 13
das Bayern *Bavaria* 11
bayrisch *Bavarian* 13
bedeuten *to mean* 6
bedienen *to operate, to work* 8; *to serve* 11
die Bedienung, -en *service* 15
begann *see* beginnen 2
beginnen *to begin, start* 1
behandeln *to treat, to attend to* 4
das Behandlungszimmer, - *examination room* 12
bei *with, by* 1
beide *both* 1
die beiden *both of them* 1
die Beilage, -n *vegetables or salad* 15
das Beispiel, -e *example* 1
zum Beispiel (z.B.) *for example (e.g.)* 4
bekam *see* bekommen 2
bekommen *to receive* 2
beladen *loaded* 17
belegen *to put on* 1
Brot belegen *to make a sandwich* 1
benoten *to give a grade* 16
benotet werden *to get graded* 16
das Benzin *gasoline* 3
bereit sein *to be ready* 4
der Berg, -e *mountain* 17
der Berliner, - *inhabitant of Berlin* 5
Berliner Grossschnauze *Berliner big mouth* 5
berühmt *famous* 3
besonders *especially* 18

besprechen *to discuss* 18
besser *better* 11
die Besserung *improvement* 15
das Beste *the best* 7
bestellen *to order* 1
bestimmt *certain, definite, surely* 3
der Besuch, -e *visit* 7
besuchen *to visit (place, people)* 1; *to attend (school)* 2
die Betäubungsspritze, -n *anaesthetic (shot)* 12
die Betonwüste, -n *"cement desert"* 8
das Bett, -en *bed* 2
bevor *before* 17
bewachen *to guard* 1
bewundernswert *admirable* 4
bezahlen *to pay* 9
die Bezahlung, -en *payment* 10
das Bier, -e *beer* 1
billig *inexpensive, cheap* 4
die Biochemie *biochemistry* 14
die Biologie *biology* 4
der Biologiestudent, -en *biology major* 16
die Biologiestudentin, -nen *biology major* 16
bis *to* 4
bisschen *little* 3
bitte schön *you're welcome* 7
blass *pale* 11
blau *blue* 15
bleiben *to stay* 1
blieb *see* bleiben 2
blockieren *to blockade* 5
die Blume, -n *flower* 2
das Blut *blood* 1
der Blutdruck *blood pressure* 4

307

der Bluttropfen, - *drop of blood* 1
die Blutwurst, -̈e *blood sausage* 18
der BMW *German car* 10
die Bohne, -n *bean* 10
bohren *to drill* 12
das Boot, -e *boat* 13
böse *bad, evil, angry* 1
die Boutique, -s *boutique* 11
brachte *see* bringen 2
brachte . . . mit *see* mitbringen 2
die Brandwunde, -n *burn* 4
der Braten, - *roast* 18
braten *to roast, to fry* 18
die Bratwurst, -̈e *bratwurst* 11
brauchen *to need* 1
braun *brown* 11
breit *wide, broad* 17
der Brief, -e *letter* 3
der Brieffreund, -e *pen pal* 13
die Brieffreundin, -nen *pen pal* 13
die Broschüre, -n *brochure* 8
das Brot, -e *bread* 3; *sandwich* 7
das Brötchen, - *roll* 1
die Brotsuppe, -n *bread soup, broth* 17
der Bruder, -̈ *brother* 1
das Buch, -̈er *book* 1
der Bus, -se *bus* 11
die Butter *butter* 3

C

das Café, -s *café* 1
der Campingplatz, -̈e *campsite* 1
die Chemie *chemistry* 4
die Chemieklasse, -n *chemistry class* 7
der Chemielehrer, - *chemistry teacher* 8
die Chemielehrerin, -nen *chemistry teacher* 8

die Chemiestunde, -n *chemistry period (class)* 6
die Chirurgie *surgery* 14
das Chlor *chlorine* 6
der Cousin, -s *male cousin* 7

D

da *there* 1
dabei sein *to come with it* 15; *to be present* 17
das Dach, -̈er *roof* 13
dachte *see* denken 2
dafür *for it, for that* 10
die Dame, -n *lady* 1
damit *with it, with that* 10
danach *after that* 10
das Dänemark *Denmark* 13
danke schön *thank you very much* 1
danken *to thank* 13
dann *then* 1
darauf *on it, on that* 17
darunter *under it, under that* 17
das *the* 1
dass *that (conjunction)* 1
der Dauerlauf *long-distance run or race* 2
dauern *to last* 5
die Daunenjacke, -n *down-filled jacket* 5
davon *about that, from that* 13
dazu passen *to go with* 18
dein *your* 1
deine *your* 1
demonstrieren *to demonstrate* 6
denen *to them, to whom, to which* 16
denken *to think* 2
denken an *to think about* 15
denn *anyway, well* 1

deprimiert *depressed* 17
der *the, that* 1
deren (*feml and pl.*) *whose, of whom, of which* 15
dessen (*masc. and neut., sing.*) *whose, of whom, of which* 15
das Deutsch *German* 1
auf deutsch *in German* 2
der Deutsche, -n *German (person)* 2
die Deutsche, -en *German (person)* 2
die Deutsche Demokratische Republik (DDR) *the German Democratic Republic (GDR), official name of East Germany* 5
die Deutschklasse, -n *German class* 6
das Deutschland *Germany* 1
der Deutschlehrer, - *German teacher* 6
die Deutschlehrerin, -nen *German teacher* 6
der Dezember *December* 9
dich *you* 8
dick *fat, thick* 3
die *the, that* 1
der Diener, - *servant* 17
die Dienerin, -nen *servant* 17
der Dienstag, -e *Tuesday* 12
dies- *this* 2
das Ding, -e *thing* 3
dir *to you* 1
der Dirigent, -en *conductor* 17
die Dirigentin, -nen *conductor* 17
dirigieren *to conduct* 17
diskutieren *to discuss* 2

die D-Mark (Deutschmark, DM) *German currency* 10
doch *after all, still, however* 1
der Dollar, - *dollar* 8
der Dolmetscher, - *interpreter* 8
die Dolmetscherin, -nen *interpreter* 8
die Donau *Danube* 5
der Donnerstag, -e *Thursday* 9
das Doppelzimmer, - *double room* 8
das Dorf, -̈er *village* 5
der Drache, -n *dragon* 1
das Drachenblut *dragon's blood* 1
das Drama, Dramen *drama* 5
dramatisch *dramatic* 10
draussen *outside* 2
eine Drei *grade of three on report card* 14
dritt- *third* 1
drittens *thirdly* 16
die Drogerie, -n *drugstore* 11
der Druck, -̈e *pressure* 4
der Dummkopf, -̈e *idiot* 6
durch *through* 1
durchführen *to conduct* 16
der Durchschnitt, -e *average* 14
durchwählen *to dial direct* 9
dürfen *to be allowed, may* 1
durfte *see* dürfen 1
der Durst *thirst* 15
durstig *thirsty* 7
die Dusche, -n *shower* 2
duschen *to shower* 2

E

die Ecke, -n *corner* 15
der Edelstein, -e *jewel* 1
das Ei, -er *egg* 10
einfach *simple, simply* 2
die Einfahrt, -en *entrance* 3
eingestiegen *see* einsteigen 18
das Einkaufen *shopping* 11
einkaufen *to shop* 10
der Einkaufswagen, - *shopping cart* 11
das Einkaufszentrum, Einkaufszentren *shopping center* 1
einmal *someday* 1; *once* 6
einsam *lonely* 2
die Eins, -er *highest grade on report card* 2
einsteigen *to board (a train), to get in* 3
die Einwirkung, -en *reaction* 6
der Einwohner, - *inhabitant* 13
die Einwohnerin, -nen *inhabitant* 13
das Einzelzimmer, - *single room* 8
das Eis *ice cream* 1
das Element, -e *element* 6
die Eltern (*pl.*) *parents* 1
die Empfangsdame, -n *receptionist* 8
der Empfangssekretär, -e *receptionist* 8
der Empfangstisch, -e *reception desk* 8
das Ende, -n *end* 5
endlich *finally* 2
die Energie, -n *energy* 6
das Englisch *English* 3
die Englischklasse, -n *English class* 11
entfernen *to remove* 12

entfremden *to alienate* 17
enthalten *to contain, to include* 6
enthielt *see* enthalten 6
die Entschuldigung, -en *excuse* 15
Entschuldigung! *Excuse me!* 15
entweichen *to escape* 6
entwickeln *to develop* 6
die Erfahrung, -en *experience* 8
ergänzen *to complete* 1
erhalten *to keep, to maintain* 5
erhielt *see* erhalten 5
erklären *to explain* 1
erscheinen *to appear* 5
erschien *see* erscheinen 5
ersetzen *to substitute* 1
erst- *first* 1
die Erstaufführung, -en *first performance, debut* 17
die Erste Hilfe *first aid* 4
erstens *firstly, first of all* 7
erwarten *to expect* 8
erwecken *to awaken* 4
erzählen *to tell* 1
erzeugen *to produce* 6
es gab *there was, there were* 2
es gibt *there is, there are* 2
es ist egal *it doesn't matter* 11
es klappt *everything is OK* 14
Es hat geklappt. *Everything was OK.* 14
das Essen *food* 7
essen *to eat* 1
das Esszimmer, - *dining room* 7
es tut weh *it hurts* 12
etwas *something* 1
euch *you (pl.)* 1
eur- *your* 1

309

das Examen, - *exam* 16
die Existenz, -en *being, existence* 5
explodieren *to explode* 6
die Explosion, -en *explosion* 6

F

das Fach, ¨er *compartment* 4; *subject in school* 10
das Fachwerkhaus, ¨er *house built in "gingerbread" half-timber style* 13
fahren *to drive, to ride* 1
der Fahrstuhl, ¨e *elevator* 8
die Fahrzeugpapiere (*pl.*) *papers for car, registration* 3
fallen *to fall* 17
die Familie, -n *family* 1
der Familienname, -n *last name* 9
fand *see* finden 2
fangen *to collect, to catch* 6
fantastisch *fantastic* 3
faszinierend *fascinating* 5
faul *lazy* 1
feierlich *festive* 13
feiern *to celebrate* 1
die Ferien (*pl.*) *vacation* 9
  Ferien machen *to take a vacation* 9
der Feriengast, ¨e *vacationer* 1
die Ferienreise, -n *vacation trip* 14
das Ferngespräch, -e *long-distance call* 9
das Fernsehprogramm, -e *television program* 1
fertig *finished* 6
fertig machen *to finish* 14
fertig verpackt *pre-packaged* 11
die Fete, -n *party* 1

das Feuer, - *fire* 1
die Feuerwand, ¨e *wall of fire* 1
das Fieber *fever* 4
fiel *see* fallen 17
der Film, -e *film* 2
finanziell *financial* 16
finanzieren *to finance* 16
das Finanzwesen, - *finance* 8
der Finger, - *finger* 17
die Firma, Firmen *firm, company* 10
der Fisch, -e *fish* 15
der Fischer, - *fisherman* 13
der Fischerort, -e *fishing town* 13
die Flamme, -n *flame* 6
das Fleisch *meat* 4
fleissig *industrious* 2
fliegen *to fly* 1
flog *see* fliegen 17
das Flötenspielen *flute playing* 17
der Flug, ¨e *flight* 4
der Fluggast, ¨e *plane passenger* 1
der Flughafen, ¨ *airport* 4
das Flugzeug, -e *airplane* 3
der Flur, -e *hall, corridor* 2
das Flurfest, -e *party for everyone on the hall* 16
der Fluss, ¨e *river* 5
folgen *to follow* 1
die Forelle, -n *trout* 15
die Form, -en *form* 1
formell *formal* 2
die Forschung, -en *research* 4
das Foto, -s *photo* 7
die Frage, -n *question* 1
  eine Frage stellen *to ask a question* 10
fragen *to ask* 1
der Franc, -s *French currency* 10
das Frankreich *France* 2
französisch *French* 3
frass *see* fressen 17

die Frau, -en *woman, wife; Mrs., Ms., Miss (form of address)* 2
das Fräulein, - *young woman; Miss (form of address)* 11
frei *vacant, available* 2
freier Tag *day off from work* 8
freitags *Fridays* 11
fremd *strange, foreign* 2
das Fremdwort, ¨er *foreign word* 6
fressen *to eat, feed (animals); to gorge (humans)* 17
sich freuen *to be glad* 13
sich freuen auf *to look forward to* 15
sich freuen über *to be glad about* 15
der Freund, -e *friend* 1
die Freundin, -nen *friend* 1
freundlich *friendly* 1
frieren *to freeze* 5
frisch *fresh* 3
froh *glad* 1
früh *early* 1
der Frühsport *morning calisthenics* 6
das Frühstück *breakfast* 2
fühlen *to feel* 16
fuhr *see* fahren 11
der Führerschein, -e *driver's licence* 3
füllen *to fill* 6
fünfhundert *five hundred* 1
fünft- *fifth* 3
für *for* 1
furchtbar *awful, terrible, awfully* 1
der Fuss, ¨e *foot* 3
  zu Fuss gehen *to walk* 11
der Fussball, ¨e *soccer ball* 9
die Fussgängerzone, -n *pedestrian mall* 6

310

G

gab *see* geben 2
die Gabel, -n *fork* 7
ganz *really, quite, all* 1; *whole, complete* 8
gar nicht *not at all* 13
der Garten, ⸚ *garden* 10
das Gas, -e *gas* 6
der Gast, ⸚e *guest* 2
das Gasthaus, ⸚er *restaurant* 17
die Gastwirtschaft, -en *inn, restaurant* 2
geben *to give* 2
geblieben *see* bleiben 18
gebracht *see* bringen 5
die Geburt, -en *birth* 4
der Geburtstag, -e *birthday* 1
das Geburtstagsgeschenk, -e *birthday present* 4
das Gedächtnis, -se *memory* 17
gefallen *to like, to be pleased by* 8
geflogen *see* fliegen 4
gefunden *see* finden 3
gegangen *see* gehen 3
gegen *against* 1; *toward* 10
gegenüber *across from* 2
gegessen *see* essen 4
gehabt *see* haben 4
gehen *to go* 1
Es geht mir gut. *I'm fine.* 12
geholfen *see* helfen 8
gehören *to belong, be part of* 16
das Geld, -er *money* 1
gelegen *see* liegen 16
geliehen *see* leihen 14
das Gemeinschaftsbadezimmer, - *common bathroom* 2
gemischt *mixed* 18
das Gemüse *vegetable* 10

der Gemüsestand, ⸚e *vegetable stand* 11
gemütlich *cozy, genial, comfortable* 2
genug *enough* 6
das Gepäck, -e *baggage, luggage* 1
geräuchert *smoked* 18
gering *minimal* 16
gern *like* 1
gern haben *to like* 1
das Geschäft, -e *store* 1
die Geschäftsfrau, -en *businesswoman* 8
der Geschäftsführer, - *manager* 8
die Geschäftsführerin, -nen *manager* 8
Geschaftsleute (*pl.*) *business people* 8
der Geschäftsmann, ⸚er *businessman* 8
das Geschenk, -e *present, gift* 1
die Geschichte, -n *story, history* 9
geschrieben *see* schreiben 16
das Gesetz, -e *law* 11
das Gespräch, -e *conversation, discussion* 2
ein Gespräch führen *to have a conversation* 2
der Gesprächsteilnehmer, - *conversation participant* 9
die Gesprächsteilnehmerin, -nen *conversation participant* 9
gesprochen *see* sprechen 3
gestern *yesterday* 3
gestern abend *last night* 12
gestern morgen *yesterday morning* 12
gestern nachmittag *yesterday afternoon* 18
gesund *healthy* 1

die Gesundheit *health* 18
getrennt *separately* 15
getroffen *see* treffen 3
getrunken *see* trinken 4
gewesen *see* sein 11
geworden *see* werden 14
giessen *to pour* 6
ging *see* gehen 2
die G.I.-Scheine *G.I. money certificates* 10
das Glasgefäss, -e *glass container* 6
das Glasröhrchen, - *glass tube* 6
glauben *to believe* 1
gleich *the same* 11
die Gleichung, -en *equation* 6
das Glück *luck* 1
glücklich *happy* 2
das Gold *gold* 1
der Gott, ⸚er *God* 1
der Graf, -en *count* 6
die Grammatik, -en *grammar* 1
gratulieren *to congratulate* 1
die Grenze, -n *border* 5
gross *large, big* 1
die Grossmutter, ⸚ *grandmother* 3
der Grossvater, ⸚ *grandfather* 3
die Grossstadt, ⸚e *big city* 11
das Grossstadtkind, -er *child raised in a big city* 13
grün *green* 1
die Grundlage, -n *basis* 10
die Gruppe, -n *group* 8
der Gruss, ⸚e *greeting* 13
viele Grüsse *best regards* 13
guck mal! *look!* 3
das Gummi *rubber* 14
der Gummipfropfen, - *rubber stopper* 6

311

der Gummischlauch, ¨e
    rubber hose 6
    günstig *favorable* 18
das Gymnasium, Gymnasien
    secondary school 8

H

das Haar, -e *hair* 17
    haarig *hairy* 17
das Hackfleisch *chopped
    meat* 18
der Hafen, ¨ *port, harbor* 4
    halb *half* 7
    half *see* helfen 2
    halten *to hold* 6
die Hand, ¨e *hand* 2
das Händeschütteln *shaking
    hands* 7
das Handschuhfach, ¨er
    glove compartment 3
    hängen *to hang* 18
    hassen *to hate* 14
    hässlich *ugly* 1
    hatte *see* haben 1
der Hauptbahnhof, ¨e *main
    railroad station* 3
das Hauptfach, ¨er *major
    (in school)* 16
das Hauptgericht, -e *main
    course* 15
die Hauptstadt, ¨e *capital* 5
die Hauptstrasse, -n *main
    street* 18
das Haus, ¨er *house* 1
    nach Hause *home
    (direction)*
    zu Hause *at home*
die Hausarbeit, -en *home-
    work* 1
die Hausaufgabe, -n *home-
    work* 15
die Haushälterin, -nen
    housekeeper 17
das Heft, -e *notebook* 2
der Heiligabend *Christmas
    Eve* 9
das Heimweh *homesickness*
    2

heiss *hot* 15
heissen *to be called* 1
der Held, -en *hero* 1
die Heldin, -nen *heroine* 1
    helfen *to help* 1
der Helm, -e *helmet* 1
das Hemd, -en *shirt* 11
    herabgesetzt *reduced* 8
der Herr, -en *man, gentle-
    man* 1
    herrlich *delightful,
    lovely, magnificent* 3
die Herstellung, -en *prepa-
    ration, production* 6
    herumfliegen *to fly
    around* 1
    herumgehen *to walk
    around* 3
    herumgelaufen *see*
    herumlaufen 12
    herumlaufen *to run
    around* 1
    herumwandern *to hike
    around* 3
das Herz, -en *heart* 1
der Herzinfarkt, -e *heart
    attack* 4
die Herzinfarktforschung, -en
    heart attack research 4
das Herzklopfen, - *palpita-
    tion* 1
der Herzspezialist, -en *heart
    specialist* 4
die Herzspezialistin, -nen
    heart specialist 4
    heute *today* 1
    heute abend *this evening*
    7
    heute nachmittag *this
    afternoon* 7
    heutig- *present-day* 10
    heutzutage *nowadays* 10
    hiess *see* heissen 2
die Hilfe *help* 4
die Himbeersosse, -n *rasp-
    berry sauce* 15
    hinter *behind* 1
das Hobby, -s *hobby* 13
    hoch *high, tall* 3
    hoch stehen *to be up* 3

die Höchstgeschwindigkeit,
    -en *speed limit* 3
der Hof, ¨e *courtyard* 4
    hoffentlich *it is to be
    hoped* 2
die Höflichkeitsform, -en
    polite form 1
    holen *to get* 6
    hören *to hear* 1
der Hörer, - *phone receiver*
    9
die Hose, -n *pants* 17
das Hotel, -s *hotel* 3
das Hotelzimmer, - *hotel
    room* 8
der Humor *humor* 5
der Hunger *hunger* 5
    hungrig *hungry* 7
der Hustensaft, ¨e *cough
    syrup* 2

I

die Idee, -n *idea* 1
die Identität, -en *identity* 5
der Idiot, -en *idiot* 5
    ihm *him, to him* 1
    ihnen *them* 1
    ihr *you, their* 1
    Ihr- *your (polite form)* 8
    ihr- *her, their* 8
    im *in the* 1
    immer *always* 1
    improvisieren *to
    improvise* 17
    in *in, into* 1
    in Ordnung *OK* 9
die Inflation, -en *inflation* 10
die Ingenieurschule, -n
    engineering school 13
die Innenstadt, ¨e *inner city*
    5
    inner *internal* 14
    innerhalb *inside of,
    within* 9
die Insel, -n *island* 13
das Institut, -e *institute* 2
    beim Institut *at the
    institute* 2

312

das Instrument, -e *instrument* 12
das Interesse, -n *interest* 4
interessieren *to interest* 1
das Italien *Italy* 5
italienisch *Italian* 3

J

die Jacke, -n *jacket* 4
die Jagdwurst, ⸚e *sausage made with beef and raw bacon* 18
das Jahr, -e *year* 1
jahrelang *for years* 17
drei Jahre lang *for three years* 16
das Jahrhundert, -e *century* 13
das Japan *Japan* 10
jed- *every, each* 2
jeden Tag *every day* 7
jemand *someone* 8
jetzt *now* 1
der Job, -s *job* 8
jobben *to work odd jobs* 16
jung *young* 4
der Junge, -n *boy* 2

K

das Kabeljaufilet, -s *cod filet* 15
der Kaffee *coffee* 2
der Kaffeeklatsch, -e *gossip over a cup of coffee* 2
die Kalorie, -n *calorie* 4
kalt *cold* 2
kam *see* kommen 2
kam ... and *see* ankommen 2
sich kämmen *to comb one's hair* 12
kämpfen *to fight* 1
kannte *see* kennen 2

kaputt *broken, destroyed* 5
die Karotte, -n *carrot* 10
die Kartoffel, -n *potato* 15
der Käse *cheese* 3
der Käsestand, ⸚e *cheese stand* 11
kauen *to chew* 7
kaufen *to buy* 1
das Kaufhaus, ⸚er *department store* 5
das Kaugummi *chewing gum* 7
kaum *hardly* 16
kein- *no* 1
der Kellner, - *waiter* 17
die Kellnerin, -nen *waitress* 17
kennen *to know* 1
kennenlernen *to meet (a person), be introduced* 2
das (der) Kilometer (km), - *kilometer* 3
das Kind, -er *child* 1
das Kino, -s *movie theater* 13
die Klammer, -n *clamp* 6
die Klasse, -n *class* 1
das Klassenzimmer, - *classroom* 8
das Klavier, -e *piano* 17
klein *small* 1
die Kleinstadt, ⸚e *small city* 11
der Kleinstädter, - *inhabitant of a small city* 13
klingeln *to ring* 9
Es klingelt! *The doorbell!, The phone!* 9
klinisch *clinical* 4
das Klopfen *knocking, palpitations* 4
der Klump, -en *lump* 6
der Knall, -e *bang, pop* 6
die Kneipe, -n *tavern, bar* 2
der Knochenbruch, ⸚e *bone fracture* 4
kochen *to cook* 1
die Kochgelegenheit, -en *cooking facilities* 2

der Koffer, - *suitcase* 3
das Kofferradio, -s *portable radio* 15
der Kofferraum, ⸚e *trunk of car* 3
kommen *to come* 1
die Komparation, -en *comparison (gram. term)* 11
der Komparativ *the comparative form of an adjective* 10
kompliziert *complicated* 10
der König, -e *king* 16
der Konjunktiv *subjunctive* 17
können *to be able, can* 1
konnte *see* können 1
der Kontakt, -e *contact* 6
das Konzert, -e *concert* 12
das Konzertstück, -e *concert piece* 17
der Kopf, ⸚e *head* 17
der Kopfsalat, -e *head of lettuce* 10
die Kopfschmerzen *headache* 1
das Kopfsteinpflaster *cobbled pavement* 13
der Korb, ⸚e *basket* 11
Korbball *basketball* 16
der Körper, - *body* 1
kosmopolitisch *cosmopolitan* 7
kosten *to cost* 3
krank *sick, ill* 1
das Krankenhaus, ⸚er *hospital* 14
der Krankenhausdienst, -e *hospital duty* 14
der Krankenpfleger, - *nurse* 4
die Krankenschwester, -n *nurse* 4
die Krankheit, -en *illness* 9
der Kranz, ⸚e *wreath* 4
der Krieg, -e *war* 5
kritisieren *to criticize* 2

313

die Küche, -n *kitchen* 2
der Kuchen, - *cake* 1
die Kuh, ⸚e *cow* 13
    kurz *short* 11
        kurz gesagt *in a word, briefly said* 16
die Kusine, -n *female cousin* 1
die Küste, -n *coast, shore* 13

L

das Laboratorium, Laboratorien *laboratory* 16
    lachen *to laugh* 11
der Laden, ⸚ *small store* 11
das Ladenschlussgesetz, -e *law regulating closing times for stores* 11
die Ladenschlusszeit, -en *store closing time* 11
    lag *see* liegen 2
die Lage, -n *situation, location* 10
das Land, ⸚er *country* 11
    lang *long* 1
    länger *longer* 2
    langsam *slow, slowly* 3
    langweilig *boring, tedious* 4
    las *see* lesen 2
der Lastwagen, - *truck* 5
die Laufbahn, -en *running track* 11
    laufen *to run* 2
    laut *loud* 1
    lauwarm *lukewarm* 7
das Leben *life* 2
    leben *to live, to exist* 2
die Lebensmittel (*pl.*) *food* 11
die Lebensmittelabteilung, -en *food department* 11
die Leberwurst, ⸚e *liverwurst* 18
    legen *to put, place* 6
der Lehrer, - *teacher* 4

die Lehrerin, -nen *teacher* 3
die Lehrveranstaltung, -en *university class* 16
    leicht *light, easy* 6
    leihen *to lend* 14
    lesen *to read* 1
das Lesestück, -e *reading selection* 1
    letzt- *last* 4
die Leute (*pl.*) *people* 1
    lieb *dear* 13
die Liebe, -n *love* 4
    lieben *to love* 1
    lieber *rather, prefer* 2
    lief *see* laufen 2
    liegen *to lie, to be located* 1
    lieh *see* leihen 17
der Lift, -s *elevator* 8
der Liftboy, -s *elevator operator* 8
    link- *left* 12
    links *on the left, to the left* 7
der Lira, -s *Italian currency* 10
das Liter, - *liter, .95 quart* 10
    loslassen *to release* 6
die Luft, ⸚e *air* 6
die Luftbrücke, -n *airlift* 5
die Luftmatratze, -n *air mattress* 1
das Luftschiff, -e *plane, dirigible* 6
    luxuriös *luxurious* 2

M

    machen *to do, to make* 1
das Mädchen, - *girl* 2
das Mal *time* 17
    mal *now (a filler word)* 3; *sometime* 13
    man *one* 1
    manch- *some, several* 16
    manchmal *sometimes* 7

der Mann, ⸚er *man* 1
die Margarine *margarine* 6
die Mark *German currency* 1
der Markt, ⸚e *market* 11
die Maschine, -n *machine* 4; *plane* 13
die Mathematik *mathematics* 6
die Mauer, -n *wall* 5
die Mayonnaise *mayonnaise* 7
der Mechaniker, - *mechanic* 3
die Mechanikerin, -nen *mechanic* 3
die Medizin, -en *medicine* 4
der Mediziner, - *medical student* 14
    medizinisch *medical* 4
das Medizinstudium, Medizinstudien *medical school* 14
die Meereskunde, -n *oceanography* 2
    mehr *more* 1
die Mehrwertsteuer *value added tax* 15
die Meile, -n *mile* 3
    mein- *my* 1
    meist- *most* 11
    meistens *usually* 17
sich melden *to identify oneself* 9; *to register* 16
    sich zum Examen melden *to register for the exam* 16
die Mensa, -s *cafeteria at a university* 16
der Mensch, -en *human being, person* 5
    menschlich *human* 4
das Menü *complete dinner* 15
der Mercedes *a German car* 3
    messen *to measure* 14
das Messer, - *knife* 7
der Messer, - *gauge, meter* 4

314

das Metall, -e *metal* 6
mich *me* 1
mieten *to rent* 1
der Mietwagen, - *rented car* 3
die Milch *milk* 10
die Milliarde, -n *billion* 10
die Million, -en *million* 13
mindestens *at least* 11
das Mineralwasser *mineral water* 15
die Minute, -n *minute* 2
mir *me, to me* 1
mischen *to mix* 15
   gemischter Salat *mixed salad* 15
die Mischung, -en *mixture* 6
mit *with* 1
mitbringen *to bring along* 2
mitfahren *to drive along, to ride along* 1
mitgebracht *see* mitbringen 2
mitgefahren *see* mitfahren 18
mitgehen *to go along* 17
mitging *see* mitgehen 17
mitkommen *to understand (slang)* 2
mitnehmen *to take along* 1
mitspielen *to play with* 7
das Mittagessen, - *lunch* 7
die Mittagspause, -n *lunch break* 4
das Mittelalter *Middle Ages* 13
die Mittelstadt, ⸚e *middle-sized city* 11
mitten *in the middle of* 5
mittwochs *Wednesdays* 11
mochte *see* mögen 1
möchte *would like* 2

die Mode, -n *fashion* 8
mögen *to like* 1
möglich *possible* 16
das Molekül, -e *molecule* 6
der Moment, -e *moment* 9
der Monat, -e *month* 9
der Montag, -e *Monday* 7
montags *Mondays* 11
der Morgen, - *morning* 2
morgen *tomorrow* 6
morgen abend *tomorrow night* 12
morgen früh *tomorrow morning* 12
morgen nachmittag *tomorrow afternoon* 12
morgens *in the morning, mornings* 2
die Mosel *Moselle* 13
der Motor, -e *motor, engine* 3
die Motorhaube, -n *hood of a car* 3
das Motorrad, ⸚er *motorcycle* 1
müde *tired* 6
der Mund, ⸚er or -e *mouth* 7
die Muschel, -n *shell* 5
das Museum, Museen *museum* 5
die Musik *music* 1
müssen *to have to, must* 1
musste *see* müssen 1
die Mutter, ⸚ *mother* 1
die Mutti, -s *mommy* 3

N

na *well* 7
nach *to (direction)* 1
der Nachbar, -n *neighbor* 2
die Nachbarin, -nen *neighbor* 2
nachdenklich *thoughtful* 5
der Nachmittag, -e *afternoon* 2
nachsehen *to check* 6
nächst- *next* 3

der Nachtisch, -e *dessert* 15
nachts *nights* 14
der Nachttopf, ⸚e *chamber pot* 17
die Nachtwache *night watch, night duty* 14
nahm ... mit *see* mitnehmen 2
der Name, -n *name* 5
nannte *see* nennen 5
die Nation, -en *nation* 5
die Natur *nature* 17
natürlich *naturally* 1
neben *next to, beside* 11
das Nebenfach, ⸚er *related subject* 16
nehmen *to take* 15
nennen *to call* 5
nervös *nervous* 1
nett *nice* 1
das Netz, -e *net* 11
neu *new* 2
neunt- *ninth* 17
das Neutrum, Neutren *neuter* 3
nicht mehr *no longer* 2
nichts *nothing* 1
nicht wahr? *isn't it so?* 1
niederschreiben *to write down* 17
niederschrieb *see* niederschreiben 17
niemand *nobody* 8
noch *still* 5
noch nicht *not yet* 5
die Nordsee *the North Sea* 9
die Nordseeküste *the North Sea coast* 13
das Normalbenzin *regular gasoline* 3
der Notartz, ⸚e *intern, doctor's assistant* 14
die Notärztin, -nen *intern, doctor's assistant* 14
die Note, -n *musical note* 17; *grade* 14
das Notenblatt, ⸚er *sheet music* 17

der Notendurchschnitt, -e *grade average* 14
der Notfall, ⸚e *emergency* 14
Numerus clausus *a student quota for certain professions* 14
die Nummer, -n *number* 9
nun *now* 1
nur *only* 2

O

ob *whether* 1
oben *up* 6
der Ober, - *headwaiter* 8
das Obst *fruit* 3
der Obststand, ⸚e *fruit stand* 11
die Obsttorte, -n *fancy fruitcake* 4
obwohl *although* 6
die Ochsenschwanzsuppe *oxtail soup* 15
oder *or* 1
offen *open* 11
offen haben *to be open (a store)* 11
die Öffnung, -en *opening* 6
oft *often, frequently* 2
ohne *without* 1
ohrenbetäubend *deafening* 17
das Oktoberfest, -e *beer festival held in Munich* 18
das Öl, -e *oil* 3
der Öldruckmesser, - *oil pressure gauge* 3
das Olympiastadion *the Olympic Stadium* 5
die Oma, -s *grandma* 1
der Onkel, - *uncle* 3
der Opa, -s *grandpa* 1
die Oper, -n *opera* 5
die Ordnung *order* 9
in Ordnung *OK* 9
organisieren *to organize* 16
der Ort, -e *place, site* 13
das Ortsgespräch, -e *local call* 9
die Ostzone, -n *Eastern zone (East Germany)* 5

P

das Paar, -e *pair* 14
ein paar *a few, a couple* 2
packen *to pack* 11
die Packung, -en *pack* 10
die Pädiatrie *pediatrics* 14
das Paket, -e *package* 12
die Panne, -n *flat tire* 3
das Papier, -e *paper* 7
das Papiergeld *paper money* 10
die Papiertüte, -n *paper bag* 11
der Park, -s *park* 9
passen *to be suitable* 18
dazu passen *to go with* 18
passend *appropriate, fitting* 1
die Pathologie *pathology* 14
der Patient, -en *patient* 4
die Patientin, -nen *patient* 4
pauken *to cram (for an exam)* 16
per *by way of, via* 3
persönliches *personal items, personal questions* 1
ein persönliches Gespräch *a person-to-person call* 9
die Petersilienkartoffel, -n *boiled potatoes with parsley* 18
der Pfennig, -e *German penny* 9
das Pfund, -e *pound (weight)* 10

der Pfund *pound (currency)* 10
englischer Pfund *English pound* 10
das Physikum *exam after premed studies* 14
die Physiologie *physiology* 14
der Plan, ⸚e *plan* 4
planmässig *according to plan, as scheduled* 13
der Plastikbeutel, - *plastic bag* 11
der Platz, ⸚e *place, area* 4
Platz nehmen *to be seated, to take a seat* 15
plaudern *to chat, to talk* 1
die Plombe, -n *filling* 12
plombieren *to fill a cavity* 12
plötzlich *suddenly* 1
der Plural, -e *plural* 1
pneumatisch *pneumatic* 6
politisch *political* 7
die Polizei *police* 3
die Pommes frites *french fries* 7
der Porsche *German car* 3
der Porter, - *porter* 8
das Porträt, -e *portrait* 17
die Post *post office, mail* 9
auf der Post *at the post office* 9
praktisch *practical* 10
der Preis, -e *price* 8
preiswert *reasonable in price* 8
prima *great* 3
pro *per* 10
das Problem, -e *problem, difficulty* 3
der Professor, -en *professor* 16
die Professorin, -en *professor* 16
das Prospekt, -e *brochure, prospectus* 14
das Prozent, -e *percentage* 5
prüfen *to test* 16

die Prüfung, -en *examination, test* 14
    eine Prüfung ablegen *to take an exam* 14
die Psychologie *psychology* 14
    psychologisch *psychological* 5
das Publikum *public* 17
der Pullover, - *pullover, sweater* 10
der Puls, -e *pulse* 4
der Pulsschlag, ̈e *pulse beat* 4
pur *pure* 18
pusten *to blow* 13

Q

die Qualität, -en *quality* 9
der Qualm *dense smoke or steam* 1
das Quartett, -e *quartet* 17

R

das Rad, ̈er *wheel, bike* 4
das Radfahren *bike riding* 13
die Rage *rage, anger* 17
    räumen *to clear* 5
    rausfallen *to fall out* 12
    rausgefallen *see* rausfallen 12
das Reagenzglas, ̈er *test tube* 6
die Reaktionsgleichung, -en *chemical equation* 6
    rechts *on the right, to the right* 7
die Rede, -n *speech* 18
    die indirekte Rede *indirect discourse* 18
das Referat, -e *oral report, lecture* 2
    ein Referat halten *to give a report* 2
    regelmässig *regular, regularly* 12

der Regen *rain* 2
die Regierung, -en *government* 10
    regnen *to rain* 2
    es regnet *it is raining* 2
    reich *rich, wealthy* 1
der Reifen, - *tire* 3
der Reifendruck *air pressure* 3
    rein *pure, clean* 6
die Reise, -n *trip* 3
der Reiseleiter, - *tour guide* 8
die Reiseleiterin, -nen *tour guide* 8
    reisen *to travel* 8
der Reisepreis, -e *cost of the trip* 14
das Reiseprospekt, -e *travel prospectus, brochure* 12
    reiten *to ride horseback* 1
das Rennen, - *running, racing* 9
der Rennwagen, - *racing car* 4
die Reserve, -n *reserve* 4
das Reserverad, ̈er *spare tire* 3
    reservieren *to reserve* 8
das Restaurant, -s *restaurant* 8
das R-Gespräch (Retour-Gespräch), -e *collect call* 9
    ein R-Gespräch führen *to make a collect call* 9
der Rhein *Rhine* 5
    richtig *correct, right* 3
das Richtige *the right thing* 17
    riechen *to smell* 3
    rief *see* rufen 2
das Rindfleisch *beef* 18
der Ring, -e *ring* 1
    roch *see* riechen 11
    roh *raw* 17

die Röntgenaufnahme, -n *X-Ray* 12
    rot *red* 1
das Rotkäppchen *Little Red Riding Hood* 3
der Rücken, - *back* 17
die Rückfahrkarte, -n *round-trip ticket* 4
der Rucksack, ̈e *knapsack* 2
    rufen *to call* 2
    ruhig *quiet* 13
der Russe, -n *Russian person* 5
die Russin, -nen *Russian person* 5
    russisch *Russian* 11
das Russland *Russia* 5

S

die Sache, -n *matter, thing* 10
    Die Sache läuft so. *It works like this.* 10
der Saft, ̈e *juice* 3
    sagen *to say, to tell* 1
    sah *see* sehen 5
    sah ... aus *see* aussehen 17
die Sahne *cream* 14
die Salami, -s *salami* 3
der Salat, -e *salad* 10
die Salzsäure *hydrochloric acid* 6
    sammeln *to collect* 6
der Samstagmorgen *Saturday morning* 18
    samstags *on Saturdays* 7
der Sand *sand* 2
der Sänger, - *singer* 17
die Sängerin, -nen *singer* 17
    sass *see* sitzen 2
der Satz, ̈e *sentence* 1
    sauber *clean* 2
der Sauerstoff *oxygen* 4
die Säure, -n *acid* 6

das SB-Geschäft (Selbstbedienung) *self-service store* 11
der Schäfer, - *shepherd* 17
die Schäferin, -nen *shepherdess* 17
der Schaffner, - *conductor* 11
die Schaffnerin, -nen *conductor* 11
die Schallplatte, -n *record* 10
der Schalterbeamte, -n *ticket clerk* 9
die Schalterbeamtin, -nen *ticket clerk* 9
der Schatz, ⸚e *treasure* 1
die Scheibe, -n *pane, slice* 4
scheinen *to shine* 2
schenken *to give, to present* 1
schicken *to send* 1
schien *see* scheinen 2
schier *pure, sheer* 18
der Schild, -e *shield* 1
der Schinken, - *ham* 3
die Schinkenwurst, ⸚e *ham sausage* 18
der Schlachter, - *butcher* 18
schlafen *to sleep* 2
der Schlag, ⸚e *beat* 4
schlagen *to beat* 14
die Schlagsahne *whipped cream* 3
die Schlange, -n *waiting line, snake* 11
Schlange stehen *to stand on line* 11
schlau *clever, sly, cunning* 3
Schleswig-Holstein *state in North Germany* 13
schlief *see* schlafen 2
schliessen *to close* 11
das Schliessfach, ⸚er *locker* 3
schliesslich *after all* 8
das Schloss, ⸚er *castle* 9

der Schlüssel, - *key* 7
schmecken *to taste* 1; *to taste good* 12
Hat's geschmeckt? *Did you like it?* 15
die Schmiede, -n *forge, a blacksmith's shop* 1
der Schmorbraten, - *stewed or braised meat* 18
schmutzig *dirty* 17
schnell *quick, quickly* 3
der Schnellimbiss, -e *snack bar* 2
das Schnitzel *cutlet* 15
Schnitzel natur *veal cutlet* 15
der Schock *shock* 2
die Schokolade, -n *chocolate* 3
schon *already,* 1
schon wieder *so soon again* 7
schön *beautiful, nice* 1
schrecklich *terrible, dreadful, terribly* 2
schreiben *to write* 1
zum Schreiben *for writing* 1
schreiben an *to write to* 15
schreiben über *to write about* 15
schreien *to scream, to cry, to shout* 1
schrieb *see* schreiben 2
der Schubkarren, - *wheelbarrow* 10
der Schuh, -e *shoe* 4
die Schule, -n *school* 1
der Schüler, - *pupil* 5
die Schülerin, -nen *pupil* 6
das Schulsystem, -e *school system* 16
die Schulter, -n *shoulder* 1
der Schutt *rubble, ruins* 5
schütteln *to shake* 2
der Schutz *protection* 4
schwach *weak* 1
schwamm *see* schwimmen 2

das Schwanzstück, -e *piece from tail* 18
schwarz *black* 6
der Schwarzwald *Black Forest* 6
schwer *difficult, heavy, serious* 4
die Schwester, -n *sister* 1
schwimmen *to swim* 1
schwitzen *to perspire, to sweat* 1
der Scirocco *German car* 14
sechst- *sixth* 9
der See, -n *lake* 5
die Seele, -n *soul, person* 2
sehen *to see* 1
sehr *very* 1
sein *to be* 1
sein *his* 1
seit *since* 6
seitdem *since (conjunction)* 6
die Seite, -n *side, page* 12
der Sekretär, -e *secretary* 11
die Sekretärin, -nen *secretary* 16
selbst *self* 2
das Selbstbedienungsgeschäft, -e *self-service store* 11
das Semester, - *semester* 14
das Seminar, -e *seminar* 2
der Senf *mustard* 7
sich setzen *to sit down* 12
Setz dich! *Sit down!* 12
sich *self* 1
für sich *for himself, for herself* 1
sicher *safe, secure* 18
siebt- *seventh* 9
die Silbe, -n *syllable* 9
das Silber *silver* 1
singen *to sing* 1
sitzen *to sit* 2
der Sitzplatz, ⸚e *seat* 13
der Ski, -er *ski* 1
das Skifahren *skiing* 9
so *so, about* 1
sofort *immediately* 1
sogar *even* 3

der Sohn, ⸚e *son* 16
der Sold *soldier's pay* 10
der Soldat, -en *soldier* 10
sollen *should, ought to* 1
sollte *see* sollen 1
der Sommer, - *summer* 1
   im Sommer *in the summer* 1
die Sommerferien (*pl.*) *summer vacation* 9
der Sommerschlussverkauf, ⸚e *summer clearance sale* 4
die Sonate, -n *sonata* 17
sondern *but* 14
die Sonne, -n *sun* 2
sonntagnachmittags *Sunday afternoons* 2
sonntags *on Sunday, Sundays* 2
sonst *otherwise* 8
   Sonst noch etwas? *Something else?* 18
so viel wie *as much as* 11
die Soziologie *sociology* 14
das Spanien *Spain* 1
sparen *to save (money)* 10
der Spass, ⸚e *fun* 3
   Das macht Spass. *That's fun.* 11
spät *late* 12
später *later* 1
spazierengehen *to go for a walk* 17
die Speisekarte, -n *menu* 15
spendieren *to treat, to pay for* 1
der Spezialist, -en *specialist* 5
die Spezialistin, -nen *specialist* 5
der Spiegel, - *mirror* 12
spielen *to play* 1
spitz *pointed* 13
der Spitzname, -n *nickname* 5

der Sport *athletics, sports* 1
   Sport treiben *to participate in sports* 16
der Sportler, - *athlete* 4
die Sportlerin, -nen *athlete* 4
sportlich *sporty, athletic* 3
die Sportmedizin *sports medicine* 4
der Sportplatz, ⸚e *playing field* 2
sprach *see* sprechen 2
die Sprache, -n *language* 8
sprechen *to speak* 2
   sprechen über *to speak about* 15
die Sprechstundenhilfe, -n *receptionist* 12
der Sprinter, - *sprinter* 4
die Sprinterin, -nen *sprinter* 4
die Spritze, -n *shot, injection* 12
der Staat, -en *state, nation* 16
stabil *stable* 10
die Stabilität *stability* 10
die Stadt, ⸚e *city* 1
der Stand, ⸚e *stand* 11
stand *see* stehen 11
stand... auf *see* aufstehehn 2
die Stange, -n *stick, pole* 7
stark *strong* 1
der Stationsarzt, ⸚e *resident physician* 14
die Stationsärztin, -nen *resident physician* 14
die Statt, ⸚e *place, spot* 14
das Steak, -s *steak* 11
stecken *to stick, to put* 7
stehen *to stand* 3; *to say so* 16
   stehen lassen *leave standing* 6
steigen *to rise, to climb* 6
der Stein, -e *stone* 14
die Stelle, -n *position, job* 14

das Stereo, -s *stereo* 16
das Stereogerät, -e *stereo set* 10
stieg... ein *see* einsteigen 17
der Stil, -e *style* 13
die Stimme, -n *voice* 1
das Stockwerk, -e *floor, story* 8
der Strand, ⸚e *beach* 1
der Strandkorb, ⸚e *beach chair* 1
die Strasse, -n *street* 3
die Strassenbahn, -en *streetcar* 5
das Streichholz, ⸚er *match* 6
der Stress *stress* 14
die Struktur, -en *structure* 1
das Stück, -e *piece* 9
das Studentenheim, -e *dormitory* 2
die Studentenkneipe, -n *a bar where students gather* 2
das Studentenzimmer, - *student's room* 16
die Studentin, -nen *student* 2
das Studienfach, ⸚er *subject of study* 14
der Studienplatz, ⸚e *acceptance for study at a university* 14
die Studienzeit *years of study, college days* 14
studieren *to study* 2
das Studium, Studien *area of study* 14
der Stuhl, ⸚e *chair* 14
die Stunde, -n *hour, class period* 2
stundenlang *for hours* 1
suchen *to look for, to search* 1
der Supermarkt, ⸚e *supermarket* 10
die Suppe, -n *soup* 15
süss *sweet* 13

319

das Süsse *sweet thing* 15
   etwas Süsses *something sweet* 15
die Symphonie, -n *symphony* 17
das System, -e *system* 16

T

das Tachometer, - *speedometer, tachometer* 3
der Tag, -e *day* 4
   von Tag zu Tag *every day, day to day* 16
das Tagebuch, ¨er *diary* 2
   tagelang *for days* 2
der Tank, -e *gas tank* 3
   tanken *to fill up with gas* 6
die Tankstelle, -n *service station, gas station* 3
die Tanne, -n *fir* 6
der Tannenbaum, ¨e *fir tree* 6
die Tante, -n *aunt* 3
der Tanz, ¨e *dance* 16
die Tasche, -n *pocket* 6
das Taschenbuch, ¨er *paperback book* 6
der Tatar *beef Tatar* 17
   taub *deaf* 17
   tauschen *to exchange* 10
die Tauschwirtschaft *barter economy* 10
das Telefon, -e *telephone* 7
   telefonieren *to telephone* 5
die Telefonnummer, -n *phone number* 8
der Teller, - *plate, dish* 17
die Temperatur, -en *temperature* 14
das Tempo, -s *tempo* 6
das Tennis *tennis* 1
der Termin, -e *appointment* 12
das Thermometer, - *thermometer* 4
   teuer *expensive* 1

das Theater, - *theater* 8
der Tisch, -e *table* 15
die Tochter, ¨ *daughter* 16
   todmüde *dead tired* 17
die Toilette, -n *toilet* 2
   toll *great* 2
die Torte, -n *fancy cake* 2
   tot *dead* 17
   töten *to kill* 1
der Tourist, -en *tourist* 8
die Touristin, -nen *tourist* 8
das Trablaufen *jogging* 11
   traf *see* treffen 2
   tragen *to carry* 10
die Tragödie, -n *tragedy* 17
das Training *sport or fitness training* 4
der Trainingsanzug, ¨e *sweat suit, training suit* 4
die Trainingsmethode, -n *training method* 4
der Trainingsschuh, -e *sport shoe, training shoe* 14
   trank *see* trinken 2
die Transaktion, -en *transaction* 10
   transportieren *to transport* 10
   traurig *sad* 5
   treffen *to meet* 7
   trennen *to separate* 15
   trinken *to drink* 15
das Trinkgeld *tip* 8
das Trio, -s *trio* 17
der Triumph, -e *victory, triumph* 5
   trotz *in spite of* 9
das Trümmerfeld, -er *area covered with ruins* 5
   typisch *typical* 7

U

   üben *to practice* 18
   über *about* 2; *over, above* 11
   überall *everywhere* 16

   überhitzen *to overheat* 16
   überlaufen *overrun* 13
   überraschen *to surprise* 18
die Übung, -en *exercise* 1; *university class* 16
die Uhr, -en *clock* 1
   um ein Uhr *at one o'clock* 11
   um *around* 1; *for* 5
   umdrehen *to turn around* 17
   umziehen *to move to another apartment or house* 17
   und so weiter (usw.) *and so forth (etc.)* 7
der Unfall, ¨e *accident* 4
   unfreundlich *unfriendly* 13
   ungemütlich *uncomfortable, not cozy* 13
   ungesund *unhealthy* 13
   unglaublich *unbelievable* 13
   unglücklich *unhappy* 2
die Uni *short for* Universität 16
die Uni-Nähe *in the vicinity of a university* 16
die Universität, -en *university* 2
die Universitätsklinik, -en *university clinic* 4
das Universitätssystem, -e *university system* 16
   unmenschlich *inhuman* 8
   unpraktisch *impractical, impracticable* 10
   unregelmässig *irregular, irregularly* 11
   uns *us* 2
   unser- *our* 8
   unsicher *insecure* 10
   unten *below* 12
   nach unten *downwards* 6

unter *under* 11
unterstützen *to support* 16
die Untersuchung, -en *examination* 12
unterwegs sein *to be on the go* 13
unverwundbar *invulnerable* 1
usw. (und so weiter) *etc.* 1

V

der Vater, ⸚ *father* 1
der Vati, -s *daddy* 3
der Vegetarier, - *vegetarian* 4
die Vegetarierin, -nen *vegetarian* 4
verbaler Ausdruck *verbal expression* 12
verband *see* verbinden 11
verbinden *to bandage* 4; *to combine* 6
sich verbinden mit *to unite, to connect* 9
verbrachte *see* verbringen 17
verbrauchen *to use up* 3
verbringen *to spend (time)* 2
verbunden *see* verbinden 13
verdienen *to earn* 13
verfliegen *to evaporate* 6
verflogen *see* verfliegen 6
verfolgen *to follow, to pursue* 10
die Vergabe *allocation* 14
vergeben *to allocate* 14
vergessen *to forget* 3
die Vergiftung, -en *poisoning* 4
verkaufen *to sell* 17
der Verkäufer, - *salesman* 13

die Verkäuferin, -nen *saleswoman* 13
verlassen *to leave* 2
verletzen *to injure* 18
die Verletzung, -en *injury* 4
sich verlieben in *to fall in love with* 17
verlieren *to lose* 10
verliess *see* verlassen 2
verlor *see* verlieren 11
verpfropfen *to seal with a rubber stopper* 6
verschieden- *different* 5
verschreiben *to prescribe* 2
verschrieb *see* verschreiben 2
versorgen *to supply, to provide for* 5
verstand *see* verstehen 2
verstehen *to understand* 1
der Versuch, -e *experiment* 6
versuchen *to try* 10
das Vertrauen *confidence* 10
der Verwandte, -n *relative* 7
die Verwandte, -n *relative* 7
viel *much* 1
vielleicht *perhaps* 1
vier *four* 2
vierjährig- *lasting four years* 16
das Viertel, - *quarter, district* 14
der Vogel, ⸚ *bird* 1
die Vokabel, -n *vocabulary word* 1
das Volk, ⸚er *people* 4
der Volkswagen, - *German car* 4
voll *full* 3
vom (von dem) *about the* 1
von *of, from, about* 1

von . . . bis *from . . . to* 4
vor *before, in front of* 3; *ago* 9
vorbei *over, past* 5
vorbereiten *to prepare* 3
der Vorgang, ⸚e *process* 6
vorklinisch *preclinical* 14
vorlesen *to lecture* 18
die Vorlesung, -en *lecture* 2
das Vorlesungsverzeichnis, -se *college catalog* 16
vorschreiben *to prescribe* 11
vorspielen *to act out* 12
die Vorwahl *area code* 9

W

die Waffe, -n *weapon, arms* 1
der Wagen, - *car* 3
wahr *true* 13
  nicht wahr? *isn't it so?* 1
  schon wahr *quite true* 13
während *while* 5; *during* 9
der Wald, ⸚er *woods, forest* 1
die Walküre, -n *Valkyrie, one of the daughters of Odin, who bring heroes to Valhalla* 1
wandern *to hike* 15
die Wanderung, -en *hike, walk* 3
wann *when* 1
die Wanne, -n *trough, tub* 6
war *see* sein 1
warf *see* werfen 7
warf . . . zurück *see* zurückwerfen 17
warm *warm* 1
warten *to wait* 1
warten auf *to wait for* 15

321

das Wartezimmer, - *waiting room* 12
warum *why* 1
was *what* 1
    Was ist los? *What's going on? What's wrong?* 3
sich waschen *to wash* 3
das Wasser *water* 3
der Wasserstoff *hydrogen* 6
wechseln *to change* 3
wegen *because of* 9
wehe *alas, oh dear* 17
weh getan *see* weh tun 12
weh tun *to hurt* 12
    es tut ihm weh *it hurts him* 12
die Weihnachten (*pl., used as singular*) *Christmas* 9
das Weihnachtsessen, - *Christmas dinner* 4
die Weihnachtsferien (*pl.*) *Christmas vacation* 11
das Weihnachtsgebäck *Christmas pastry* 12
der Weihnachtsmann, ¨-er *Santa Claus* 4
weil *because* 1
der Wein, -e *wine* 2
weinen *to cry* 2
die Weinstube, -n *wine tavern, wine cellar* 17
weiss *white* 7
weiter- *further* 2
weiterfahren *to drive further, to drive on* 5
welch- *which* 3
die Welt, -en *world* 5
weltberühmt *world famous* 5
der Weltkrieg, -e *world war* 5
die Weltstadt, ¨-e *metropolis* 5
wem *to whom* 1
wen *whom* 1
wenig *few* 14
weniger *less* 11

wenn *if, when* 1
wer *who* 1
werden *to become, to get* 1; *shall, will* 7
werfen *to throw* 7
werken *to work* 14
die Werkstatt, ¨-e *workshop* 3
der Wert, -e *value, worth* 10
wert *worth* 10
wertlos *worthless* 10
wessen *whose* 9
das Wetter *weather* 9
wichtig *important* 2
wieder *again* 2
wiederholen *to repeat* 1
die Wiederholung, -en *review* 5
wiedersehen *to see again* 7
    auf Wiedersehen *good-bye* 7
wie immer *as always* 5
Wien *Vienna* 17
die Wiese, -n *meadow* 11
wieviel *how many, how much* 7
    um wieviel Uhr? *at what time?* 7
der Wind, -e *wind* 4
die Windjacke, -n *Windbreaker* 1
die Windschutzscheibe, -n *windshield* 3
der Winter, - *winter* 9
wirken *to take effect* 12
wirklich *really* 1
der Wirt, -e *innkeeper* 2
die Wirtin, -nen *innkeeper, innkeeper's wife* 4
wissen *to know (facts and knowledge)* 2
wo *where* 1
die Woche, -n *week* 2
das Wochenende, -n *weekend* 12
wochenlang *for weeks* 2
der Wochenmarkt, ¨-e *weekly market* 11
wochentags *weekdays* 11

wodurch *through what* 10
wog *see* wiegen 17
wogegen *against what* 10
woher *where from* 5
wohin *where to* 3
wohl *probably* 10
wohnen *to live* 1
die Wohnung, -en *apartment* 17
das Wohnviertel, - *residential district* 5
das Wohnzimmer, - *living room* 3
der Wolf, ¨-e *wolf* 3
der Wolkenkratzer, - *skyscraper* 8
wollen *to want, to desire* 1
wollte *see* wollen 2
womit *with what* 7
worauf *for what* 15
woraus *out of what* 10
das Wort, ¨-er *word* 1
die Wortbildung, -en *word formation* 4
worüber *about what* 15
wovon *about what* 10
die Wunde, -n *wound, injury* 13
wunderbar *wonderful* 3
der Wunsch, ¨-e *wish* 8
wünschen *to want, to wish* 8
wurde *see* werden 2
würden *would* 17
die Wurst, ¨-e *sausage, cold cuts* 4
der Wurststand, ¨-e *sausage department* 11
wusch *see* waschen 17
wusste *see* wissen 2

Y

der Yen *Japanese currency* 10

Z

zahlen *to pay* 15
der Zahn, ⸚e *tooth* 12
der Zahnarzt, ⸚e *dentist* 12
die Zahnärztin, -nen *dentist* 12
die Zahnhöhle, -n *cavity* 12
die Zahnschmerzen (*pl.*) *toothache* 12
der Zahnstein *tartar* 12
der Zauberschlaf *enchanted sleep* 1
zeigen *to show* 2
die Zeit, -en *time* 1
der Zeitausdruck, ⸚e *time expression* 9
    adverbialer Zeitausdruck *adverbial time expression* 12
die Zeitung, -en *newspaper* 1
die Zelle, -n *booth* 9
das Zelt, -e *tent* 1
die Zentralstelle, -n *central or main office* 14
das Zentrum, Zentren *center* 8

zerstören *to destroy* 5
das Zeugnis, -se *report card* 2
ziemlich *quite* 1
die Zigarette, -n *cigarette* 10
die Zigarettenwährung, -en *cigarette currency* 10
das Zimmer, - *room* 2
die Zimmerbedienung *room service* 8
das Zimmermädchen, - *chambermaid* 8
die Zimmerwirtin, -nen *landlady* 2
das Zink *zinc* 6
das Zinkchlorid *zinc chloride* 6
zog . . . an *see* anziehen 17
zog . . . um *see* umziehen 17
die ZTA (zahntechnische Assistentin, -nen, or zahntechnischer Assistent, -en *dental technician* 12

zu *to* 1
    zur (zu der) *to the* 1
der Zug, ⸚e *train* 4
die Zukunft *future* 1
die Zulassung, -en *acceptance* 14
die Zunge, -n *tongue* 1
zurückgekommen *see* zurückkommen 18
zurückkommen *to return* 12
zurückwerfen *to throw back* 17
zusammen *together* 2
zusammenrufen *to call together, to assemble* 8
die Zwanziger *the twenties* 10
zweimal *twice* 10
zweit- *second* 1
der Zwerg, -e *dwarf* 1
die Zwergin, -nen *dwarf* 1
zwischen *between* 10
die Zwischenzeit, -en *meantime* 5
    in der Zwischenzeit *in the meantime* 5

Index

aber . . . sondern, 227–229
accusative case:
  of adjectives, plural, 72–74
    singular, with *der* or *ein* word, 56–57
  of *der* words, 74–76
  of relative pronouns, plural, 258–260
    singular, 300–302
  prepositions with, 12, 243
  time expressions with, 196–198
  word order with dative object, 243–245
adjectives:
  accusative case, singular, with *der* word, 56–57
    with *ein* word, 56–57
  comparative, 165–167, 176–178
    irregular, 178
  comparison of equality, 178

dative case:
  plural, 73–74
  singular, 42–44
  with *etwas,* 110
genitive case, singular and plural, 124–125
-ig suffix, 214
-isch suffix, 214
-lich suffix, 214
nominative, singular, with *der* word, 39–41
  with *ein* word, 39–41
  plural, accusative, dative, nominative, 72–74
  superlative, 165–167, 176–178
-un prefix, 214
alle, 74–76
als, vs. *wenn, wann,* 89–90
  with comparative, 165–166
an, with dative case, 139–140
bringen, simple past, 27–28

conditional tense, 273–274
conjunctions, word order with, 89–90
comparison of adjectives, 165–167, 176–178
  irregular, 178
comparison of equality, 178–179
compounds with *da,* 163–165
  with *wo,* 162–163
contractions, prepositional, 12, 45
conversational past tense, 212–213
da, with prepositions, 163–165
dative case, of adjectives, plural, 73–74
  singular, 42–44
  of reflexive pronouns, 196, 226–227
  of relative pronouns, plural, 258–260
  singular, 42–44

323

prepositions with, 180–181, 243
  with time expressions, 139–140
  word order with accusative object, 243–245
denken, simple past tense, 27–28
der words, 39–41, 74–76
dieser, 58–60
ein words, 39–41
future tense, 109–110
gefallen, 125–126
genitive case:
  of adjectives, 124–125
  of interrogative pronouns, 138–139
  of nouns, plural, 121–124
    singular, 121–124, 136–137
  of relative pronouns, 258–260
  prepositions with, 137–138
haben:
  simple past tense, 7–9
  present subjunctive, 276
Imperfekt (see simple past tense)
in:
  contractions with, 45
  with accusative case, 44–45
  with dative case, 44–45, 139–140, 217–218
  indirect discourse, 293–295
jeder, 74–76
kennen, simple past tense, 27–28
modal auxiliary verbs:
  simple past tense, 7–9
  present subjunctive, 277
nicht nur . . . sondern auch, 262
nominative case:
  of adjectives, plural, 72–74
  singular, with *der* word, 39–41
  with *ein* word, 39–41
  of *der* words, 74–76
  of relative pronouns, plural, 258–260
    singular, 193–196
nouns:
  compound, 60–61, 91
  formed from adjectives, 91
  formed from verbs, 229–230
-heit suffix, 296

-ig suffix, 214
-in suffix, 181
infinitives used as, 246–247
-isch suffix, 214
-lich suffix, 214
un- prefix, 214
-ung suffix, 296
  with *-en, -n* in dative and accusative, 76
passive voice, 261–262
Perfekt (see conversational past tense)
pluperfect (see past perfect tense)
prepositions:
  with accusative case, 12
  with *da,* 163–165
  with dative case, 180–181, 217–218
  with genitive case, 137–138
  with *wo,* 162–163
present perfect tense (see conversational past tense)
pronouns:
  interrogative, 138–139
    word order, 243–245
  reflexive, 196, 226–227
  relative, accusative case, plural, 258–260
    singular, 221–225
  relative, dative case, plural, 258–260
    singular, 210–212
  relative, genitive case, 241–242, 258–260
  relative, nominative case, plural, 258–260
    singular, 193–196
sein:
  simple past tense, 10–11
  present subjunctive, 276
simple past tense:
  of *haben,* 7–9
  of modal auxiliary verbs, 7–9
  of *sein,* 10–11
  of strong verbs, *a, ei → ie, i,* 25–26, 179–180
    e, o, i → a, 23–25, 179–180
  of weak verbs, 7–9, 179–180
subjunctive:
  alternates to, 274–275

indirect discourse, 293–295
modal auxiliaries, 277
past time, 290–295
polite expressions, 274–279
present time, 274–279
  strong verbs, 274–279
  weak verbs, 274–279
  wenn clauses, 278–279, 290–295
  wishes, 278–279, 290–295
superlative, adjectives, 165–167, 176–178
  irregular, 178
time expressions:
  adverbial, 198–199
  with accusative case, 196–198
  with dative case, 139–140
  word order with, 105–108
verbs:
  conditional tense, 273–274
  conversational past tense, 212–213
  future tense, 109–110
  passive voice, 261–262
  subjunctive, past, 290–295
    present, 274–279, 290–295
vor, with dative case, 139–140
wann vs. *als, wenn,* 89–90
welcher, 58–60
wenn, 89–90
  vs. *als, wann,* 89–90
  with subjunctive, 278–279, 290–295
werden, simple past tense, 41
  with conditional tense, 273–274
  with passive voice, 261–262
wessen, 138–139
wissen, simple past tense, 26–28
wo, with prepositions, 162–163
wo, wohin, woher, 77
word order:
  transposed, with conjunctions, 89–90
  with accusative and dative objects, 243–245
  with time, manner, and place, 105–108
  with two time expressions, 105–107

[heidi weber]